COMPLOT

DE NEUILLY.

IMPRIMERIE D'HIPPOLYTE TILLIARD,
RUE SAINT-HYACINTE-SAINT-MICHEL, N. 30.

PROCÈS

DE L'AFFAIRE

DITE

COMPLOT DE NEUILLY,

DEVANT LA COUR D'ASSISES DE LA SEINE,

CONTENANT

L'acte d'accusation, les interrogatoires des accusés, leurs moyens de défense, les plaidoieries des avocats, le réquisitoire de M. le procureur général, et l'arrêt de condamnation.

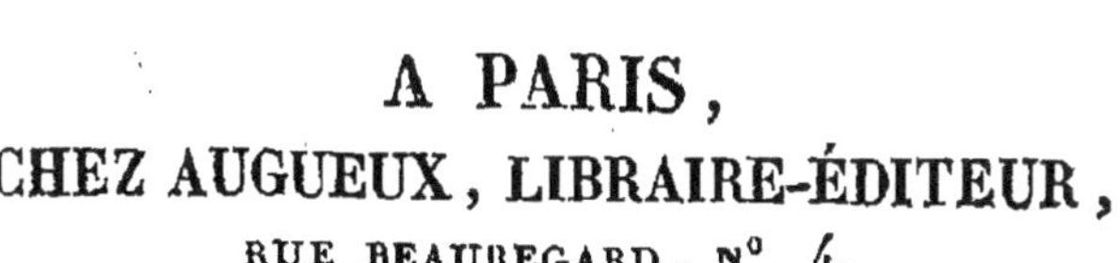

A PARIS,

CHEZ AUGUEUX, LIBRAIRE-ÉDITEUR,

RUE BEAUREGARD, N° 4.

1836.

JUSTICE CRIMINELLE.

COUR D'ASSISES DE LA SEINE.

AFFAIRE DITE DU

COMPLOT DE NEUILLY.

ACTE D'ACCUSATION.

Les accusés sont au nombre de 13 ; savoir :

1° Gabriel Chaveau, âgé de 22 ans, commis papetier, né à Paray-le-Monial (Saône-et-Loire), demeurant à Paris, rue Mauconseil, 10 ;

2° Charles Chaveau, âgé de 19 ans, courtier de commerce, né à Paray-le-Monial (Saône-et-Loire), demeurant à Paris, rue Mauconseil, 10 ;

3° Louise Joleaud, veuve Chaveau, âgé de 40 ans, ouvrière, née à Paray-le-Monial (Saône-et-Loire), demeurant à Paris, rue Mauconseil, 10 ;

4° Charles-Auguste Huillery, âgé de 20 ans, sans profession, mais ayant étudié la médecine, demeurant à Paris, carrefour de l'Odéon, 8.

5° Maximilien Husson, âgé de 21 ans, né à Courcemont (Sarthe), passementier, refusant d'indiquer son domicile, mais ayant demeuré rue St-Denis, 376.

6° Louis Hubert, âgé de 22 ans, né à Vasselone

(Bas-Rhin), ouvrier corroyeur, demeurant à Paris, rue Grenétat, 53.

7° Hippolyte Leroy, âgé de 25 ans, né à Tournant (Seine-et-Marne), ouvrier corroyeur, demeurant à Paris, rue de l'Homme-Armé, 5.

8° Louis Combes, âgé de 36 ans, né à Fort-St-Esprit (Gard), tailleur, demeurant à Paris, rue St-Honoré, 24.

9° Jean-Claude Délont, âgé de 5o ans, né à Echelon-Hemelin (Haut-Saône), marchand de bric-à-brac, demeurant à Paris, rue Mauconseil, n. 18.

10° Victor Boireau, âgé de 25 ans, né à La Flèche (Sarthe), ouvrier lampiste, demeurant à Paris, rue Quincampoix, 77.

11° Charles-Louis Dulac, âgé de 24 ans, né à Paris, tourneur en cuivre, demeurant rue du Faubourg-Saint-Martin, 33.

12° Charles-Napoléon Duval, âgé de 29 ans, né à Bernay (Eure), perruquier, demeurant à Paris, rue St-Jean-de-Beauvais, 31.

13° François Léglantine, âgé de 35 ans, né à Janey (Yonne), porteur d'eau, demeurant à Paris, rue St-Germain-l'Auxerrois, 34.

Déclare, le procureur-général, que, des pièces et de l'instruction, résultent les faits suivans :

Depuis les événemens politiques de juillet 183o, l'ordre public a plus d'une fois été troublé d'une manière grave, au sein de la capitale et sur divers points de la France. On a vu des factieux lever audacieusement l'étendard de la révolte, rougir du sang de leurs concitoyens le sol de la patrie, jeter e deuil et le désespoir dans un grand nombre de familles. Leur but, avoué, hautement proclamé, c'était de détruire le gouvernement établi, de bouleverser l'édifice social tout entier. Mais que pouvaient d'aussi coupables efforts devant la contenance intrépide de la garde nationale et le concours empressé d'une armée fidèle? Force est donc pourtant restée à la loi, à nos institutions, contre des rebelles qui n'avaient pris les armes que pour la violation de l'une et le renversement des autres.

Le procès naguère jugé par la cour des pairs nous révèle la cause principale des insurrections qui ont tourmenté le pays, et dont la dernière a été si désastreuse pour la seconde ville du royaume. Ces insurrections, la *Société des Droits de l'Homme* les a seule fomentées et produites.

Convaincus aujourd'hui de son impuissance, mais égarés par sa doctrine, fanatisés par ses prédications démagogiques, quelques-uns de ses membres ont la criminelle pensée d'arriver aux mêmes résultats, par la lâcheté du régicide. Si des hommes, que n'aveuglent point l'esprit de parti, conservaient encore quelques doutes à cet égard, la procédure actuelle leur offrirait, au besoin, les élémens de la plus entière conviction.

FAITS GÉNÉRAUX.

Le sieur Bray, ancien militaire, et maintenant fabricant de socques pour femmes, connaissait Gabriel Chaveau depuis quelques années. Celui-ci venait le voir assez fréquemment, rue de la Sourdière, n° 8 (*bis*), où il demeure. Il l'avait parfois entretenu de projets de révolte. Mais Bray s'était borné à lui répondre qu'on pouvait compter sur lui, comme ancien militaire, et non comme homme politique.

Le 25 juin dernier, vers midi, Bray reçoit la visite de Gabriel Chaveau. Ils se trouvent seuls ; ils causent ensemble pendant plus de cinq heures. Leur conversation a pour objet, d'abord, des choses indifférentes, puis la politique. Gabriel Chaveau finit par dire qu'il existe une société dont il fait partie avec son frère Charles, et qui a formé le projet d'attenter à la vie du roi. Déjà les membres de cette société se sont rendus, deux ou trois fois, sur son passage, à l'entrée des Champs-Elysées, armés de pistolets et de poignards. Ils l'y ont attendu, et si le coup a manqué, c'est que dans le nombre il se trouvait un *poltron*. Son frère Charles s'est même avancé seul contre la voiture du roi, porteur d'un poignard et d'une ceinture garnie d'armes et de munitions ; mais comme il n'a remarqué ni plan, ni ensemble parmi les conjurés, il a pris le parti de se retirer en saluant le Roi.

Ce récit terminé, Gabriel Chaveau propose à Bray d'entrer dans le complot : « Il nous faut, « dit-il, un homme sûr ; comme ancien militaire, « vous n'êtes pas homme à reculer. Au surplus, « ou brûlera la cervelle à celui qui reculera. » Le soir même, à huit heures, une réunion doit avoir lieu chez lui, rue Mauconseil, n° 10 ; il invite Bray à s'y rendre, en lui faisant observer *qu'il est indispensable de se connaître.*

Cette confidence indigne Bray et le révolte : toutefois il promet d'aller à la réunion. En agissant de la sorte, il n'a d'autre but que d'être utile à son pays, de connaître ce qui se passera parmi les conjurés et de le révéler à l'autorité.

Cependant il sent qu'il a besoin de conseil et d'appui dans cette situation délicate. Aussi, dès que Gabriel Chaveau l'a quitté, il se rend chez le baron de Breiderbach, capitaine d'état-major, rue Saint-Nicolas-d'Antin, 59. Depuis que Bray a pris son congé, cet officier le traite avec bonté, l'emploie de temps en temps comme homme de confiance, et le recommande à ses amis pour lui donner de l'occupation.

Mais le baron de Breiderbach est absent; il dîne en ville. Bray insiste pour savoir où il est. Il annonce qu'il doit lui faire une communication à la fois très urgente et de la plus haute importance. Alors seulement on lui fait connaître que M. de Breiderbach dîne chez M. Cerclet, secrétaire-rédacteur de la chambre des députés. Il y va tout de suite et demande à lui parler. M. de Breiderbach interrompt son dîner, l'entend séparément dans une pièce voisine, et lui exprime ainsi son avis sur sa conduite à tenir : « Vous êtes lancé, il faut aller jusqu'au bout et accepter les armes. » Puis il l'engagea à revenir le lendemain pour lui donner de nouveaux détails.

En sortant du palais de la chambre des députés, Bray se dirige vers la rue Mauconseil, 10. Là, dans une chambre, au troisième étage, sur le derrière, il trouve réunis la veuve Chaveau, ses deux fils et cinq ou six individus qu'il ne connaît pas. Dulac est de ce nombre : Bray ne l'a connu que postérieurement. Une table est dressée au milieu de la chambre, et le couvert mis; mais il n'y a qu'une bouteille de vin : c'est une précaution prise en cas d'intervention de la police. La veuve Chaveau veut pouvoir dire qu'elle tient une table d'hôte, pour expliquer la présence de tous ces individus dans son logement.

Dès que Bray est arrivé, on lui annonce qu'on attend Auguste; c'est Huillery, étudiant en médecine. Il l'a vu quelquefois chez la veuve Chaveau, lorsqu'elle demeurait rue Saint-Claude, 2.

Le complot contre la vie du Roi ne tarde pas à devenir le sujet de la conversation; on en parle avec beaucoup de vivacité. Tout ce qui se dit peut être entendu dans l'escalier. Vainement Bray recommande modération et prudence : Dulac et un autre individu resté inconnu, se font remarquer surtout par leur exaltation; ils la portent à un tel degré, qu'ils se disent décidés à attaquer le roi *à bras retroussés.*

Bray craint d'être compromis par la violence de leurs propos; il boit un verre de vin et s'en va le plus tôt qu'il peut, mais après que l'on est convenu de se réunir le lendemain, à midi, dans le même endroit, pour y prendre les armes.

Le 26 juin, à huit heures du matin, Bray arrive chez la veuve Chaveau : elle est absente; ses fils sont encore couchés. Charles se lève pour lui ouvrir la porte. La mère rentre bientôt après. Bray leur dit que ses affaires et l'éloignement de sa demeure ne lui permettront pas de se trouver au rendez-vous de midi, mais il promet d'être exact à celui qui sera indiqué pour la réunion définitive des conjurés.

Charles ouvre alors une malle placée à la tête de son lit, dans un cabinet noir faisant face à la porte d'entrée, et qui n'est éclairé que par le jour de la chambre, prend dans cette malle une ceinture en passementerie, la montre à Bray, le prévient qu'elle renferme deux pistolets, un poignard, des cartouches, et la lui fait toucher pour qu'il s'assure bien par lui-même de sa véracité Il lui dit, en outre, qu'il y a là (en indiquant la malle) des armes qui seront distribuées à midi. Puis il lui remet deux pistolets très longs, en l'avertissant qu'ils ont été déjà refusés par d'autres, à raison de leur longueur, et il y joint un paquet de seize cartouches. Les pistolets sont chargés et amorcés. Bray les cache sous sa blouse et répond qu'il saura bien s'en servir, lui, quelle que soit leur dimension.

Tout cela se passe en présence de, la veuve Chaveau et de son fils Gabriel. Lorsque Bray les quitte, les deux frères lui désignent, comme point de ralliement, pour cinq heures du soir, le quai d'Orsai, vis-à-vis la rue Bellechasse. C'est là que seront donnés les ordres définitifs pour se porter et s'embusquer sur le passage du roi, à l'entrée des Champs-Elysées.

Après avoir accepté ce rendez-vous, Bray se transporte chez M. de Breiderbach, lui apprend tout ce dont il a été témoin la veille, tout ce qui vient d'avoir lieu, la distribution d'armes qui doit se faire à midi, et dépose entre ses mains les deux pistolets et le paquet de cartouches.

M. de Breiderbach, on le conçoit aisément, n'avait pas manqué de faire connaître à M. Cerclet l'objet de la démarche de Bray. Ils avaient l'un et l'autre pensé que de nouveaux détails étaient nécessaires pour savoir s'il y avait lieu d'éveiller l'attention de l'autorité; mais il fut convenu entre eux que, si les renseignemens ultérieurs présentaient quelque gravité, M. de Beiderbach les communiquerait à M. Cerclet, qui, dans ce cas, ferait auprès du ministère public ou ailleurs, toutes les diligences propres à déjouer le complot, et à livrer ses auteurs à la justice.

En conséquence, M. de Breiderbach, convaincu par la représentation des armes et des cartouches, de la réalité des projets révélés par Bray, et sentant toute l'importance qu'il y a d'en prévenir sur-le-champ l'exécution, se hâte d'avertir M. Cerclet, lequel, de son côté, va d'abord chez le procureur-général soussigné, qu'il ne trouve pas, puis chez M. de Gasparin, au ministère de l'intérieur, qui demande que le révélateur soit de suite amené devant lui.

Entre onze heures et midi, Bray est conduit par M. de Breiderbach, chez M. Cerclet, au palais de la chambre des députés, et de là au ministère de l'intérieur, où il donne à M. le sous-secrétaire d'état les explications les plus circonstanciées sur le complot contre la vie du roi.

Immédiatement, des instructions sont transmises à M. le préfet de police, lequel décerne un mandat pour faire perquisition au domicile de la veuve Chaveau, saisir toutes les armes et arrêter tous individus qui pourront s'y trouver. Un commissaire de police est chargé de l'éxécution de ce mandat. A une heure et demie, il arrive rue Mauconseil, 10, assisté d'un officier de paix et de huit sergens de ville, avec la consigne de ne laisser sortir personne. Après avoir placé deux de ces agens dans l'allée de la maison, il monte au troisième étage et frappe plusieurs fois à la porte du logement occupé par la veuve Chaveau, sans que personne l'ouvre ni réponde. Un sergent de ville reçoit l'ordre d'aller s'informer auprès du portier s'il y a quelqu'un dans ce logement. Le portier répond que la veuve Chaveau n'est point sortie. Le commissaire de police frappe encore à plusieurs reprises et toujours inutilement. Toutefois, un mouvement se fait alors entendre dans l'intérieur. Le commissaire de police invite à ouvrir; pas de réponse. Il fait appeler un serrurier du voisinage, et, avant que celui-ci n'arrive, il enjoint aux deux sergens de ville restés dans l'allée, de se placer dans un escalier opposé à celui où il se trouve pour empêcher l'évasion présumée possible par ce côté, des personnes qui sont dans le logement.

A peine le serrurier a-t-il introduit son crochet ou rossignol dans la serrure, que la porte est ouverte de l'intérieur. Apparaissent alors une femme et quatre jeunes gens; c'est la veuve Chaveau. Les autres refusent de se faire connaître. Interpellés par le commissaire de police sur les motifs de leur présence dans ce local : « Nous sommes, disent-ils, libres de nous trouver où bon nous semble, cela ne vous regarde pas. »

On s'assure d'abord de leurs personnes; on les fouille ensuite, et l'on découvre une pierre à fusil dans la poche du gilet de l'un, et une balle de plomb dans la main d'un autre, qui cherche à la soustraire aux regards du commissaire de police.

Au même instant, arrive, jusqu'au deuxième étage, un grand jeune homme, vêtu d'une redingote, mais qui, s'apercevant que la police opère dans la chambre de la veuve Chaveau, redescend précipitamment et s'enfuit à toutes jambes. Les agens de police le poursuivent en vain. On ne peut savoir qui il est; mais tout porte à croire que c'était Gabriel Chaveau. Comme son frère, il était sans doute sorti pour donner des ordres aux conjurés du dehors.

Le commissaire de police commence sa perquisition. Il n'est pas plus tôt entré dans le cabinet noir, que les quatre inconnus se répandent en invectives contre lui et contre les agens qui l'assistent. Ils les traitent de *gueux*, de *voleurs*, de *brigands*, de *gredins*, de *forçats libérés*, etc. Cette explosion subite d'injures ne permet plus de douter que dans cette pièce ne soient cachées les armes dont peu d'heures après ils se proposaient de faire usage. En effet, le commissaire de police trouve sur deux malles ou dans le linge et les effets qu'elles contiennent :

1° Treize pistolets de tous calibres, dont douze chargés et amorcés, et le treizième en mauvais état ;

2° Six poignards ou stylets de diverses grandeurs, grossièrement emmanchés ;

3° Un fusil de munition, chargé et muni de sa baïonnette ;

4° Trois ceinturons, dont un garni d'un cartouchier entièrement plein ;

5° Trois cartouches, un sac rempli de plomb et treize balles ;

6° Deux tabatières en écorce, l'une remplie de balles de divers calibres, l'autre à demi remplie de poudre de chasse fine ;

7° Deux sabres, l'un d'infanterie, l'autre de fantaisie ;

8° Une poudrière en corne, remplie de poudre de guerre ;

9° Un ceinturon non achevé, trouvé dans une corbeille à ouvrage ;

1o° Une poire en plâtre, peinte en vert et représentant une face humaine.

La veuve Chaveau connaissait parfaitement l'existence de ces armes et de ces munitions dans le cabinet ; car, pendant que le commissaire de police vide l'une des deux malles, elle s'applique, avec un empressement mystérieux, à replacer les effets dans l'autre qui a déjà été visitée. Sa conduite fait naître des soupçons dans l'esprit du fonctionnaire. Les deux malles sont retirées du cabinet, vidées une seconde fois, et six ou sept pistolets retrouvés au milieu des paquets de linge, dans la malle vidée en premier lieu. « Madame, vous n'avez pas mal « travaillé, » lui dit le commissaire de police ; elle ne sait que lui répondre, ou feint ne pas le comprendre.

Survient un cinquième individu. Le commissaire de police lui demande son nom. Sans avoir égard aux gestes que font les quatre inconnus pour l'engager à ne pas répondre à cette question, il déclare s'appeler Charles Chaveau. Mais il entre aussitôt dans un accès de fureur difficile à décrire, vomit toutes sortes d'imprécations contre les agens du gouvernement, les traite de *gueux*, de *voleurs*, de *brigands*, et s'écrie, en s'adressant aux quatre inconnus : « Comment ! vous êtes armés, et vous « vous êtes laissés prendre comme des lâches , sans « vous défendre ! Si j'avais été là , j'en aurais au « moins tué un ou deux pour ma part. » Puis il s'anime et s'agite, au point que ses camarades , craignant qu'il ne commette des actes de violence, se jettent au devant de lui pour le contenir, et parviennent à l'apaiser.

Procès-verbal est dressé par le commissaire de

police pour constater les circonstances qui ont accompagné l'exécution de son mandat. Il en donne lecture aux inculpés; mais quand il arrive à la mention de l'ouverture de la porte du logement par une femme qui a déclaré être la veuve Chaveau, les inculpés le traitent *d'insolent*, lui disant que le mot *dame* est le seul convenable à employer, soutiennent que le procès-verbal énonce des faits faux, et l'empêchent ainsi d'en continuer la lecture.

Pendant que les armes sont attachées et qu'on enveloppe les munitions dans du papier pour les emporter, les injures déjà proférées se renouvellent avec la même fureur, et la veuve Chaveau y ajoute les expressions suivantes : « Nous ne déses- « pérons pas de vous voir un jour au pied de la « guillotine, où nous serons heureux de tirer la « ficelle. » Ensuite elle entonne successivement *le Chant du Départ* et *la Marseilleise*, que tous chantent en chœur. C'est en faisant entendre de pareils chants et aux cris répétés de *Vive la République! A bas Louis-Philippe! Mort au Tyran!* qu'ils arrivent dans la rue, où les attend une voiture de place, pour les conduire au dépôt de la Préfecture de police. Tout le quartier retentit de leurs vociférations séditieuses, la tranquillité des habitans est un instant troublée,

Descendus à la Préfecture de police, les quatre inconnus persistent dans leur refus de décliner leurs noms. « *Nous sommes républicains,* » voilà leur seule réponse, la seule désignation sous laquelle on ait pu les écrouer d'abord.

Plus tard, ils abandonnent ce système devant M. le juge d'instruction, et déclarent se nommer Husson, Huillery, Hubert et Leroy.

Cependant Bray, suivant sa promesse, est exact au rendez-vous sur le quai d'Orsay. Il y arrive le premier à cinq heures. Quelque temps se passe, personne ne paraît. Enfin il voit venir Gabriel Chaveau, pâle et décontenancé : « Nous sommes pris, » dit celui-ci en l'abordant, toutes les armes sont » prises. » Bray lui demande comment cela s'est fait, où est son père. — « Tout est pris, tout est ar-» rêté. »

Sur ces entrefaites, quatre ou cinq individus s'approchent. Bray ne les connaît point ; mais Chaveau lui apprend qu'ils font partie du complot. Ils demeurent quelques instans sur le quai, puis ils s'éloignent, d'après les conseils de Bray, qui pense qu'on peut les surveiller, et que leurs chuchottemens sont de nature à les compromettre. Ils remontent le quai jusques au coin de la rue du Bac, où ils se séparent. Chaveau dit à Bray qu'il lui écrira pour lui faire connaître l'endroit où ils pourront se revoir plus tard.

Deux ou trois jours après, Gabriel Chaveau passe chez Bray, qui est absent, laisse à sa femme par écrit l'adresse d'un tailleur, rue Saint-Honoré, 24, au quatrième étage, et la prie de le prévenir qu'il l'y trouvera.

Le lendemain ou le surlendemain, Bray se rend à cette adresse. Au quatrième étage, il entre chez un tailleur, qui lui dit ne connaître ni Chaveau ni le hussard (le hussard est le surnom de Bray), quelqu'un l'entend du cinquième étage prononcer ces deux noms, avance la tête et l'invite à monter. C'est Combes, tailleur. Jusques-là, Bray ne l'avait jamais vu. Combes l'introduit dans son logement composé de deux pièces. Dans la première, Bray

remarque une petite échelle de meunier servant
de communication avec le grenier au moyen d'une
trappe. Dsns la seconde, il trouve Gabriel Chaveau,
la femme Combes et un ouvrier qui travaille sur
son établi. Il s'entretient d'abord avec Chaveau,
en présence des trois autres personnes. Ensuite ils
passent tous deux seuls dans la première pièce.
Là, Bray demande à Chaveau ce qu'il se propose
de faire. Chaveau répond que les conjurés ont un
moyen nouveau et infaillible de tuer le Roi; qu'ils
comptent se servir à cet effet d'un baril qu'on
remplira de poudre, et dans lequel on mettra qua-
torze ou seize balles. Bray demande encore à voir
ce baril. Chaveau le conduit dans la secoude pièce,
et lui montre un baril qu'il retire de dessous le
coussin d'une bergère.

Bray déclare avoir vu et tenu le baril; il lui a
paru avoir douze pouces de longueur, et six pouces
environ de hauteur à la bonde. Aux extrémités
étaient deux cercles de fer assez épais, et au milieu
deux autres cercles aussi en fer. Il a cru s'apercevoir que le milieu était doublé en bois, et que cette
doublure était fixée par des cercles de fer.

Les époux Combes et leur ouvrier sont dans la
chambre au moment de la représentation du baril.
Cependant Bray ne peut affirmer si l'ouvrier a vu
ce baril, s'il en a connu la destination. Il paraissait attentif à son ouvrage et avait le dos tourné;
mais il a pu tout entendre.

Depuis lors, Bray va chez Combes cinq ou six
fois; il y rencontre Dulac et Délont; on appelle
celui-ci le *père Délont*; il lui entend parler du nouveau mode d'assassinat imaginé par eux, et lequel
consiste à se jeter sur les chevaux de la voiture du

Roi, à abattre les postillons à coups de pistolet, et à lancer dans la voiture le baril rempli de poudre, après avoir allumé la mèche que l'on doit y introduire.

Ils se trouvent un jour réunis tous quatre dans un cabaret, au coin de la rue Lenoir-St-Honoré. Ils y boivent quelques bouteilles de vin; leur conversation roule sur des choses indifférentes; mais avant de se séparer, Bray leur demande ce qu'ils comptent faire du baril. Combes répond que l'on ne peut rien décider avant le voyage du Roi, et s'engage à prendre des renseignemens à cet égard. Délont dit que l'on fixera le rendez-vous pour l'exécution du projet, quand on aura obtenu ces renseignemens.

Bray veut encore savoir si ce sera toujours aux environs des Tuileries qu'aura lieu cette exécution, et sur la réponse affirmative, il propose de se réunir dans le fossé de la place de la Concorde, derrière la ménagerie; mais on ne convient pas du jour et de l'heure où on s'y trouvera.

Le jour où Combes doit prendre des renseignemens sur le voyage du Roi, Bray va dans ce fossé. Son but unique est de s'assurer si les conspirateurs persévèrent dans leur résolution. Il les attend vainement pendant une heure. A six heures, il quitte la place de la Concorde et se dirige vers le quai des Tuileries. En arrivant près du poste, au coin de la terrasse du bord de l'eau, il rencontre Dulac et Délont. « Que faites-vous là, » leur dit-il? Ils répondent : « Nous venons examiner ce qu'il y au- » rait à faire. » Et Dulac ajoute : « Ca n'aurait pas » été commode aujourd'hui. Un piqueur a empê- » ché une femme de donner une pétition au Roi. »

Le Roi venait de passer pour retourner à Neuilly. On apercevait encore sa voiture dans les Champs-Elysées.

Bray, Dulac et Délont cheminent ensemble vers le Pont-Royal. Ils y rencontrent le nommé Castaing, que Bray n'a jamais vu, mais qui paraît être particulièrement connu de Dulac et de Délont. Ceux-ci causent avec lui, puis ils traversent le Carousel et vont chez un marchand de vin, rue de Rivoli, 8. Ils y passent une demi-heure environ et boivent deux bouteilles de vin. Dulac et Délont parlent du complot, et manifestent leur mécontentement d'être forcés d'en ajourner l'exécution. Dans l'opinion de Bray, Castaing n'est pas complice. Rien ne l'autorise à penser qu'il ait même connaissance du complot. Cependant le nouveau mode d'assassinat est toujours l'objet de l'entretien de Dulac et de Délont, en présence de Bray et de Castaing.

Au dire de Combes, le baril devait être jeté dans la voiture du Roi, par un ancien soldat de la garde royale, aujourd'hui porteur d'eau. Mais Dulac a fait depuis connaître à Bray qu'il s'était chargé de cette périlleuse mission, en disant d'un ton décidé : « Que m'importe *que j'y reste, pourvu qu'il* » *y saute.* »

Ces faits révélés encore par Bray amènent les arrestations de Combes et de Dulac. Tout se trouve alors désorganisé. Le jour où ces arrestations s'opèrent, la femme Combes charge Bray d'en avertir Duval, perruquier, rue Saint-Jean-de-Beauvais, 31, et de lui dire surtout *de se mettre en mesure pour ses armes.* Loin de se conformer à cette recommandation, Bray en donne avis au sieur Yon, officier de paix.

Il était d'une grande importance de savoir ce que les conjurés avaient fait du baril. Mais tous les efforts de Bray pour y parvenir sont restés inutiles. Délont lui a dit, tantôt qu'il l'avait détruit, tantôt qu'il l'avait caché chez un vieillard de 83 ans qui demeurait avec ses enfans. Il a prétendu l'avoir jeté dans la Seine au pont de l'Ile-Louviers. Des recherches ont été faites dans cette partie de la Seine, et elles n'ont produit aucun résultat.

Le vieillard dont a voulu parler Délont est le nommé Paulus, avec lequel il paraît avoir de fréquentes et d'intimes relations depuis nombre d'années. Il demeure chez son gendre, Delperdange, tripier, rue Saint-Antoine, 111. Une perquisition effectuée à son domicile n'a pas été plus efficace.

Les contradictions de Délont sur ce baril ne permettant pas de douter qu'il en impose, Bray se flatte tonjours de l'espoir qu'il obtiendra ce renseignement si essentiel. Il fait une nouvelle tentative qui demeure encore sans succès; il parle à Délont d'un nommé Henri, qui peut s'entendre avec les conjurés, et promet de le faire trouver, un jour fixé, à la Barrière Blanche, à l'enseigne du *Puits d'Amour*. Délont et Chaveau arrivent ensemble au lieu désigné; Bray y est déjà, mais sans Henry, et il éprouve même quelque embarras à leur expliquer cette absence.

Depuis lors Bray mange et boit plusieurs fois avec Chaveau et Délont; mais il n'en peut rien apprendre touchant le baril.

Pour que des révélations d'une telle gravité méritent une confiance absolue, il est nécessaire qu'elles émanent d'un homme d'honneur, qui agit sans passion, sans intérêt, uniquement dirigé par le besoin et le devoir d'être utile à sa patrie. Or, Bray présente toutes ces garanties. Sous l'empire il a servi dans un régiment de hussards. Par suite d'une blessure reçue à Essaux, deux jours avant la bataille de Leipsick, il a perdu un doigt de la main gauche. Quand il a quitté le service militaire, il était sous-officier vétéran. MM. de Breiderhach et Cerclet attestent qu'il vit tout-à-fait étranger à la politique, et qu'il est d'une fidélité à toute épreuve. Au reste, sa véracité n'est-elle pas complétement établie par la découverte si importante faite au domicile de la veuve Chaveau?...

Mais une autre déposition vient corroborer la sienne, pour une partie des faits sur lesquels elle porte. C'est celle de l'ouvrier qui était chez Combes au moment où Bray s'y rendit pour la première fois. Cet ouvrier se nomme Marlin; il a travaillé chez Combes pendant six jours à la fin de juin dernier. Or, dans cet intervalle, il y a vu plusieurs fois Gabriel Chaveau, Dulac et Délont; ils les a entendus s'entretenir d'abord vaguement du projet d'attenter à la vie du Roy.

Le 27 juin Marlin y a vu venir la veuve Chaveau et son fils Gabriel. Cette femme a dit en sa présence que l'affaire était manquée; que la veille, on avait arrêté chez elle un de ses fils et quatre individus; qu'enfin le commissaire de police et ses agents avaient été injuriés, maltraités, soit par elle, soit par les autres.

Peu de jours après, un inconnu vient apprendre à Combes l'arrestation de la veuve Chaveau. Gabriel continue à paraître chez ce tailleur ; il y prend quelquefois ses repas.

Jusqu'alors les conversations avaient été mystérieuses ; mais dès ce moment on a eu plus de confiance en la discrètion de Marlin. On s'exprime ouvertement près de l'établi. Chaveau, Combes, Dulac et un quatrième, qu'on dit avoir été avocat, annoncent que le complot formé par la veuve Chaveau et les autres individus arrêtés, va être poursuivi, mais sans indiquer ni le lieu, ni l'époque de l'exécution. Ils parlent des pistolets, de se jeter sur les chevaux du Roi, d'arrêter sa voiture, d'attenter à sa vie. Ce complot est l'objet habituel de leurs entretiens ; ils n'y mettent aucune réserve, aucune prudence. Marlin leur en fait lobservation ; mais ils lui répondent que plus on agit avec mystère plus on éveille les soupçons.

Délont était reçu comme l'ami de la famille. A son arrivée on disait : *Voila le père Délont*, et les enfans allaient à lui ; il s'occupait à cette époque de son déménagement.

La semaine finie, Marlin croit prudent de quitter cette maison, et s'en retourne à St-Leu-Taverny, où il raconte à son beau-père tout ce qu'il y a entendu.

A ce témoignage, confirmé d'ailleurs par celui du sieur Sigoulet, beau-père de Marlin, entendu le lendemain même à Saint-Leu-Taverny, en vertu d'une commission rogatoire, vient se joindre une autre circonstance à laquelle on ne pouvait guères s'attendre.

Le 10 juillet, un commissaire de police est délégué pour faire une perquisition au domicile de Combes. Un grenier lui a été signalé comme servant de refuge aux conjurés qui fréquentent ce tailleur. Ce grenier est au-dessus du cinquième étage, mais ne domine pas le logement de Combes : le commissaire de police le trouve fermé par un cadenas ; c'est le portier qui en a la clé. Celui-ci est appelé et l'ouvre, rien de suspect n'y est découvert ; mais un sergent de ville étant sorti par une lucarne, trouve sur le toit une botte en fer blanc, contenant quarante et une balles de fusil, quatre-vingt neuf balles de pistolet, dix-huit cartouches pleines et quatre vides, une boîte de capsules, un papier dans lequel est enveloppée une demi-once de poudre de guerre et deux pistolets de poche, l'un à piston, chargé, l'autre à pierre, non chargé. Ce dernier était sous l'égout du toit de la lucarne à gauche ; quatre balles de pistolet paraissant fondues depuis peu de temps ; elles ne sont pas encore noircies ; les cartouches le papier contenant la poudre, les pistolets, ne sont ni mouillées, ni humides. On est donc fondé à supposer que le dépôt sur le toit avait eu lieu récemment.

Le lendemain, 11 juillet, une autre perquisition est opérée au même endroit par le commissaire d police, qui fait en outre dresser un plan descripti du toit pour indiquer avec précision la partie o' se trouvait la botte en fer blanc, et charge un gar çon maçon d'y monter encore, de le visiter soi gneusement, et de lui rendre compte du résulta de ses observations. Deux lucarnes existent sur l toit ; un intervalle de huit pieds environ les sépar le maçon en rapporte deux pistolets à piston, ca nons et chiens bronzés ; 'un, chargé d'une balle sans poudre, est enveloppé dans un morceau d percaline verdâtre, paraissant provenir d'une manche d'habit. Ce pistolet étaitau-dessus d'un châssis à tabatière, situé à trois pieds environ de distance sur le côté de la lucarne du grenier de la maison, et au-dessous de cette lucarne vers le bord du toit. Le chassis éclaire un cabinet habité par un ébéniste nommé Bastide, et dont la porte d'entrée est sur le pailler du logement de Combes. En l'absence de cet ouvrier, la porte est ouverte par un serrurier commis. Aucun objet suspect n'est trouvé dans ce cabinet, et le commissaire de police constate que les pistolets n'ont pu être déposés sur le toit par la fenêtre qui l'éclaire

Uue troisième perquisition est effectuée chez Combes, le 22 août; elle a surtout pour objet de rechercher le baril, que des renseignemeus fournis indiquent être renfermé dans un carton rouge. Sous ce rapport, la mesure est sans résultat; mais le commissaire de police reconnaît que dans la seconde pièce du logement, il existe une vielle bergère en bois peint, velours d'Utrecht cramoisi, et garnie de son coussin.

Les faits qui viennent d'être exposés prouvent jusqu'à la dernière évidence qu'il y a eu complot contre la vie sacrée du Roi; c'est-à-dire, résolution concertée et arrêtée entre plusieurs personnes, dans le but de commettre cet attentat. Quels sont les auteurs de ce crime ? L'instruction a été dirigée contre un grand nombre d'individus; mais les charges n'ont paru suffisantes qu'à l'égard de treize d'entre eux.

Après cet exposé des faits généraux, l'acte d'accusation entre dans le récit des faits concernant chacun des accusés, et résume les interrogatoires.

qu'ils ont subis depuis le jour de leur arrestation.

CHARLES CHAVEAU.

Interrogé le 27 juin, Charles Chaveau refuse de faire connaître à M. le juge d'instruction les quatre individus arrêtés en même temps que lui, au domicile de sa mère. Il se borne à dire qu'ils sont ses amis. Interpellé sur les armes et munitions saisies, il répond : « Qu'il s'expliquera lorsqu'il sera au procès; mais qu'à présent il ne veut pas l faire. »

Le 3 juillet, la même question lui est adressé par le magistrat, et il s'exprime en ces termes « Je ne vous dirai pas depuis combien de temps j » suis possesseur de ces armes. Je ne dirai cela qu quand je serai en jugement. » M. le juge d'instruc tion lui fait observer qu'il est de son intérêt d répondre à la question posée : « Mon seul intérêt » répond-il, c'est que je ne veux pas le dire. Je n » sais pas ce qu'étaient venus faire chez moi le quatre individus arrêtés. » Pressé de rompre l silence à cet égard, de ne pas entraver ainsi l cours de la justice, il ajoute : « Je n'ai pas de r » ponse à vous faire. »

Le 8 juillet, sur sa demande écrite, il est e trait de la maison d'arrêt et conduit devant M. l juge d'instruction. Il refuse d'abord toute explic tion sur la possession des armes. « Nous ne somm pas tous réunis, dit-il, et je ne veux compromett personne. » En demandant à comparaître deva ce magistrat, il dit n'avoir eu pour objet que lui affirmer que sa mère n'était pour rien dans saisie des armes. Cependant il finit par déclar que les armes sont à lui seul ; qu'il les a achetées de marchands de bric-à-brac qu'il ne veut point nommer dans la crainte de les compromettre ; qu'il en a fait l'acquisition comptant partir pour l'Espagne, et que si les pistolets étaient chargés, c'est qu'avant son départ il voulait les essayer. Ces explications, il ne les a pas données tout d'abord, aigri qu'il était de son arrestation. Au reste, il convient qu'en arrivant chez sa mère, il s'est écrié : « Comment ! vous avez douze pistolets chargés et vous ne tuez pas ces gens là ! » Suivant lui, les stylets et les munitions devaient avoir la même destination que les pistolets.

Maintenant qu'il sait que les quatre individus arrêtés avec lui se sont fait connaître, il avoue qu'ils s'appellent Huillery, Husson, Hubert et Leroy ; mais il prétend qu'ils se trouvaient là par hasard.

Au sujet d'une perquisition faite chez sa mère, en sa présence, on le voit se jeter sur un papier qu'il déchire en plusieurs morceaux. Le commissaire de police parvient à les réunir presque tous, et y remarque des chiffres. Les fragmens d'un autre papier, aussi lacéré par lui, sont recueillis. Il est couvert des hiéroglyphes, au bas desquels on lit la signature Gouvenez. Le sens des chiffres n'a pu être expliqué, mais voici celui des hiéroglyphes : « Vous aurez la bonté de vouloir aller à Mont-« martre, pour voir le carliste, pour lui dire que « nous lui couperons la tête, quand nous aurons la « république. Vive la liberté, vive la...... »

Une autre perquisition opérée sous ses yeux, le 19 octobre, fait découvrir derrière des poteries et fé2railles, où ils sont cachés, un morceau de manche de parapluie, disposé pour servir de mandrin à cartouches, une ceinture dite *cartouchière*, renfermant six balles de calibre et une pierre à fusil, un poignard à manche grossier, une cuiller en fer ayant servi à fondre du plomb ou de l'étain; enfin, plusieurs morceaux de papier à registre tracé au crayon et rayé à l'encre rouge.

À la suite de cette opération, Charles Chaveau est conduit au bureau du commissaire de police pour assister à l'examen de quelques-uns des papiers saisis. Sous prétexte d'avoir un besoin à satisfaire, il sort, trompe la vigilance des agens préposés à sa garde et s'enfuit. Mais il ne tarde pas à être repris sur la voie publique.

La bourre de quelques-uns des pistolets saisis est faite avec du papier du journal *le Bon Sens*. Charles Chaveau reconnaît que sa mère achetait quelquefois cette feuille, et qu'il s'en trouvait des numéros au logement.

Confronté avec Bray, il dit d'abord ne pas le reconnaître, mais lorsque Bray affirme qu'il le reconnaît, lui, parfaitement, il avoue qu'en effet il a vu plusieurs fois Bray chez sa mère, où celui ci est venu lui demander des nouvelles de son fils avec lequel il a fait partie de l'expédition de don Pedron; mais il soutient qu'à l'époque de son arrestation il ne l'avait pas vu depuis deux mois ou deux mois et demi.

GABRIEL CHAVEAU.

Gabriel Chaveau est parvenu à se soustraire pendant quelque temps aux recherches de la police; c'est le 17 juillet seulement qu'on l'amène devant M. le juge d'instruction. Il prétend ne pas connaître l'origine des armes saisies dans le logement de sa mère. « On a pu, dit-il, les apporter sans qu'il les ait vues. Il convient avoir dîné quelquefois chez Combes, depuis l'arrestation de sa mère. A l'entendre, des inconnus lui ont proposé d'y aller, ce qu'il a fait. Mais il n'y a point apporté d'armes; jamais il n'a possédé que les armes de garde national. Il nie qu'il y ait eu une réunion chez sa mère le 25 juin dans la soirée, et par conséquent, il n'a pu y être question d'armes quelconques. Il n'a connu Huillery qu'en prison. Ce sont là les seuls rapports qu'il ait eus avec cet inculpé. Jamais il n'a eu de baril en sa possession . et Délont ne lui en a fait voir aucun. Enfin il refuse de répondre à d'autres questions , demandant à être confronté avec la personne qui l'accuse. Son agitation devient telle qu'il y a nécessité de suspendre son interrogatoire. Cependant, lorsque le magistrat lui annonce qu'il est inculpé d'avoir formé un complot contre la vie du roi, il répond : « Le complot n'est pas sorti de loin d'ici. »

Le 10 septembre, son interrogatoire est repris. Il soutient n'être rentré chez sa mère, le 25 juin, qu'en dix, onze heures du soir, et n'y avoir trouvé que son frère Charles. Le lendemain, au moment de l'arrestation de celui-ci, il était chez Lacombes relieur, rue Saint-Méry. A son retour, il s'est aperçu que la police était chez lui et il a promptement disparu. Il est allé chez Combes, depuis ce jour-là jusqu'à celui de son arrestation. Suivant lui, un inconnu le vit dans la rue et lui proposa de le conduire quelque part. Ce fut chez Combes.

Il dit n'y avoir jamais vu sa mère : elle s'était réfugiée auprès d'une personne qu'il ne veut pas nommer, et qui lui apprit l'arrestation de Charles, mais sans lui donner de détails ni lui parler d'armes saisies. Il persiste à déclarer qu'il ne connaissait pas l'existence de ces armes à son domicile, Garde national depuis six ou huit mois, il ne possédait pas d'autres armes que celles dont il a besoin pour son service en cette qualité. Il l'est devenu parce que des voisins et des amis lui en ont donné le conseil. Mais quels sont ces voisins et ces amis ? Il ne juge pas à propos de les nommer.

Son fusil a été trouvé chargé de deux balles ; voici comment il explique cette circonstance. Quelques jours avant la perquisition, il était allé à un tir avec son frère, du côté de Montmartre ; mais la pluie étant survenue, il avait négligé de décharger son fusil. Ils avaient acheté pour neuf sous de poudre chez un quincailler dont il ne peut indiquer la demeure.

Il prétend n'avoir vu chez Combes que la femme de ce tailleur, un ouvrier et quelques personnes qui venaient pour sa profession, ne connaître ni Dulac ni Délont, et n'être allé ni sur le quai d'Orsay, ni sur la route de Neuilly, depuis dix-huit mois environ. Toutefois il est forcé d'avouer qu'il a été sur le quai des Tuileries, le 22 juin, jour où il montait la garde au château.

Les 7 et 8 octobre, il est encore interrogé, notamment sur son admission dans la garde nationale. Il dit que s'il y est entré, c'est uniquement sur les représentations des voisins qui trouvaient mauvais qu'il ne fît pas ce service. Il persiste, au reste, dans son refus de signaler ces voisins. Il les nommera au jugement, si cela est utile. Il ne veut compromettre personne. Il ne croit pas que son fusil fût chargé quand il a monté la garde aux Tuileries. Mais pourquoi donc deux balles ? « C'est, « dit-il, que probablement j'aurai voulu tirer avec « deux balles. »

Il a été extrait de ce fusil une cartouche en papier rosé et collé, semblable à deux autres cartouches saisies au domicile de Duval. Comment expliquer cette identité? « Je ne connais pas Duval. « Cela n'a pu arriver que par hasard. Je ne lui « ai pas donné de cartouches, et je n'en ai pas « reçu de lui. »

Après les plus actives recherches, on est enfin parvenu à reconnaître que Gabriel Chaveau a été recensé, et appelé devant le conseil de recensement de la 5ᵉ légion, où il s'est déclaré, le 15 septembre 1834, prêt à faire le service, mais en demandant un congé de deux mois pour un voyage projeté; qu'il a reçu de sa compagnie l'équipement complet; et qu'enfin, le 22 juin, il était réellement de garde. C'est sur la présentation de Chuquet, marchand de vins, rue Montorgueil, 50, que Gabriel Chaveau a été admis dans la garde nationale. Il a faussement donné alors cette adresse comme la sienne. L'esprit d'une partie de la compagnie dans laquelle il figure, et dont le sieur Hulot était capitaine, s'est assez fait connaître par l'étrange protestation, imprimée et publiée au commencement du procès d'avril contre tout ordre de service qui lui serait donné pour les séances de la cour des pairs.

Postérieurement à cette protestation, dont l'opinion publique d'ailleurs a bientôt fait justice,

Chuquet et Chaveau reprirent leurs démarches actives pour faire inscrire sur les contrôles de la garde nationale des hommes de leur parti , et cherchèrent à être commandés pour le poste du château , dans le but d'attenter à la vie du roi, soit aux Tuileries, soit un jour de revue, selon que l'occasion s'en présenterait.

Confronté avec Bray, il a d'abord soutenu, comme son frère, qu'il ne le connaissait pas ; mais sur la déclaration contraire de Bray, qui a dit l'avoir souvent vu passage du Caire, rue Saint-Claude et rue Mauconseil, où il a successivement demeuré avec sa mère, il est convenu qu'en effet il avait déjà vu Bray venant demander des nouvelles de son fils, qui faisait partie de l'expédition de don Pedro.

Marlin croit le reconnaître, sans toutefois pou voir l'affirmer d'une manière positive. Gabrie Chauveau porte aujourd'hui une barbe qu'il n'a vait pas quand il allait chez Combes. C'est évidem ment ce qui produit l'hésitation du témoin.

Gabriel Chauveau est membre de la société de Droits de l'Homme. Conduit à la Force, le 30 juil let 1833, sous l'inculpation de complot tendant renverser le gouvernement, il a été acquitté par l Cour d'assises, au mois de décembre même an née.

Cinq rapports, extraits de la procédure instruit à la Cour des Pairs, le signalent : 1º le 26 févri 1831, comme étant au nombre des commissair les plus actifs de la société d'action ; 2º le 19 ma suivant, comme commissaire de tribun ; 3º le 22 d même mois, comme devant avoir chez lui, à mid passage du Caire, une réunion de membres de.

société des Droits de l'Homme; 4° le 24 avril, comme s'étant bien battu pendant les troubles de cette époque; 5° le 10 mai, comme ayant été remarqué à la tête de quelques hommes armés de fusils et faisant feu derrière les barricades de la rue Baubourg.

VEUVE CHAVEAU.

La veuve Chaveau ne fut arrêtée que le 28 juin, deux jours après la saisie des armes à son domicile. On crut d'abord ne devoir tenir aucun compte de ses menaces et de ses exclamations furibondes. Mais on ne tarda pas à reconnaître qu'elle était, en quelque sorte, l'âme de la conjuration. Au passage du Caire, dans la rue Saint Claude, comme dans la rue Mauconseil, elle recevait habituellement des jeunes gens, dont les opinions politiques sympathisaient parfaitement avec les siennes et avec celles de ses deux fils. On a remarqué que dans les quinze jours qui ont précédé la perquisition et les arrestations faites chez elle, ces jeunes gens arrivaient en plus grand nombre, et que leurs visites devenaient beaucoup plus fréquentes. Son logement de la rue Mauconseil ne se compose que d'une chambre et de deux petits cabinets; il eût été par conséquent impossible d'y cacher à son insu une telle quantité d'armes et de munitions. Elle prétend néanmoins avoir ignoré comment et par qui tout y a été apporté. Elle n'a rien vu.

Cette femme exerce sur ces fils la plus déplorable influence. Comme elle, ils sont tous deux sans fortune, sans moyens d'existence connus. Au lieu de les avoir de bonne heure habitués au tra-

3.

vail, de leur en avoir elle-même donné l'exemple
elle paraît ne s'être étudiée qu'à exciter leurs pas
-sions politiques, qu'à encourager leur oisiveté, e
leur offrant les chances de la loterie comme u
moyen infaillible de parvenir à la fortune. On
trouvé, en effet, dans les papiers saisis à son do
micile, des lettres qu'elle leur a écrites, remplie
de phrases politiques propres à les exalter contr
l'ordre établi, des cahiers et des calculs qui n
permettent pas de douter qu'ils ne soient tous do-
minés par la passion de la loterie.

La veuve Chaveau appartient à une famille es-
timable de Paray-le-Monial (Saône-et-Loire). Sor
père, jadis riche, est maintenant réduit à vivre
d'une pension alimentaire que lui servent ces deu
fils. L'aîné, qui jouit d'une certaine fortune, écrivait à sa sœur, le 15 novembre 1835, en ce
termes :

« Madame, vous devez vous rappeler que vou
fîtes faire, par Mad. Pioche et les demoiselles Bri
gaud, beaucoup de démarches pour obtenir de
moi que je vous fisse un prêt. Vous savez que je
ne puis le faire. Vous vous adressez de nouveau
M. Barrois, qui, pas plus que d'autres, ne peu
réussir d'aucune manière. Je vous engage donc
ne plus tourmenter personne, car ce sera toujour
inutilement. L'on m'a dit que vous aviez votre fil
aîné en prison ; s'il s'était occupé de travail, plutô
que de politique, il aurait bien mieux fait. Vou
devez, Madame, être bien satisfaite des bon
principes que vous avez donnés à vos enfans, ca
l'un est allé en pays étranger, se joindre à tout ce
qu'il y a de pire en Europe ; et l'autre, par sa

bonne conduite, se fait mettre en prison. Cessez donc, Madame, de faire ces demandes infructueuses. Vous n'avez plus à penser qu'à vous, votre travail doit vous faire vivre ; dans le cas contraire, je suis dans l'impossibilité de vous prêter, car, j'ai trois enfans pour lesquels il me faut tout ce que je possède.

« Votre serviteur,

« JOLLEAU fils aîné.

« *N. B.* Ne faites point de réponse, vos lettres restent ordinairement à la poste. »

Cependant vers la fin de 1834, la veuve Chaveau envoye ses fils à Paray-le-Monial : leur voyage n'a d'autre but que d'intéresser les parens en leur faveur, d'en obtenir quelques secours ; car ils sont dans le dénûment le plus absolu ; ils n'ont pas même de quoi acquitter au bureau de la diligence le port de la malle qui contient leurs effets, et faute de paiement, la malle est renvoyée à Paris. Leur séjour à Paray-le-Monial devenant onéreux au grand-père, M. Joleaud, leur oncle, dont nous venons de rapporter textuellement la lettre, se détermine enfin à leur abandonner 100 francs pour qu'ils puissent reprendre la route de Paris, et surtout pour débarrasser la famille de leur présence.

C'est pendant cette absence des frères Chaveau, que la mère leur écrivait ces lettres où les déclamations abondent contre le gouvernement. Dans l'une, adressée à Gabriel, on remarque le passage suivant, relatif à son frère aîné :

« J'ai envie de lui faire écrire par d'Argenson. Dis-moi si tu lui as parlé de ce brave riche et de son désintéressement; tâche de te rappeler si cette famille d'Argenson mérite dans sa pensée quelque intérêt, et s'il tient à cette famille, dont les Joleaud se sont toujours fait l'honneur d'avoir l'estime, etc. , etc. »

Suivant la veuve Chaveau, il n'y a pas eu de réunion dans son logement, ni le 25 juin au soir, ni le 26, ni les jours antérieurs. Elle ne connaît ni Dulac, ni Huillery; elle n'est jamais allée chez Combes. Bien qu'elle soit parfaitement reconnue par Bray et Marlin, elle soutient ne les avoir jamais vus; elle ignore aussi d'où provenaient le mandrin, la cuiller à fondre du plomb, la cartouchière et le poignard saisis chez elle en présence de son fils Charles.

HUILLERY.

Interrogé le lendemain de son arrrestation, Huillery répond que Chaveau est son ami depuis deux ans; qu'il était allé le voir selon sa coutume; qu'il ne connaissait pas les trois autres, et qu'il ignorait que des pistolets et d'autres armes fussent cachés dans le cabinet.

Le 1er juillet, il est conduit à son domicile, carrefour de l'Odéon, 8, pour qu'une perquisition y soit faite en sa présence. Placé près de la porte de sa chambre, au cinquième étage, il trouve le moyen de l'ouvrir et de se sauver sans qu'on puisse l'atteindre. Plus tard, il se constitue lui-même prisonnier; mais auparavant il écrit à M. le juge d'instruction qu'il est inutile de le mettre au secret, ainsi que ses complices, puisque pendant les vingt-quatre heures qui ont précédé l'exécution de cette mesure , ils ont pu tout à leur aise communiquer ensemble et s'entendre sur leurs moyens de défense.

Le 9 septembre il subit un nouvel interrogatoire dans lequel il dit avoir connu Gabriel Chaveau en prison , au sujet de l'affaire des forts détachés ; qu'il a continué à le voir depuis cette époque ; qu'il a rencontré son frère Charles chez sa mère ; qu'il n'est pas allé chez celle-ci dans la soirée du 25 juin ; qu'il n'y a rien d'étonnant à ce qu'il s'y soit trouvé le 26 , au milieu du jour   parce qu'il est habitué à consacrer ses soirées au travail , à l'étude de l'histoire naturelle, et que libre le jour, il va se promener ; qu'il ne connaissait pas Hubert, Husson et Leroy ; qu'il les voyait alors pour la première fois ; qu'il ont causé de choses indifférentes , de la pluie et du beau temps ; qu'il n'a pas vu de pistolets, qu'il n'en a pas été question, non plus que d'aller au tir ; d'enrôlement ni d'achat d'armes pour l'Espagne , ni d'aller sur le quai d'Orsay ou dans tout autre lieu déterminé.

Le 30 octobre il a été saisi chez lui un certain nombre de brochures politiques , toutes dans un sens républicain , et trois cartes indiquant l'adresse de Chuquet, marchand de vin , rue Montorgueil, 5, le même qui a favorisé l'entrée de Chaveau aîné dans la garde nationale , et chez lequel pendant long-temps se sont réunis des membres de la Société des Droits de l'Homme.

HUSSON.

Husson fut arrêté dans le logement de la veuve Chaveau. C'est lui., dans la main duquel le com-

missaire de police trouva une balle de plomb qu'il
cherchait à dérober à ses regards. Il professe des
opinions républicaines, et il paraît attacher grande
importance à ce que son extérieur et sa mise ne
puissent les démentir en aucune manière.

Interrogé le 27 juin, il répond que Charles Chaveau est son camarade, qu'il va le voir habituellement, qu'ainsi doit s'expliquer sa présence dans la
chambre de sa mère ; qu'il ne sait d'ailleurs, ni
pourquoi il y avait des armes, ni si elles étaient
chargées.

Le 2 juillet, M. le juge d'instruction veut reprendre son interrogatoire ; l'inculpé lui dit : « Il
« est inutile de m'interroger, parce que je ne ré-
« pondrai pas. » Il avait d'abord déclaré demeurer
rue Mauçonseil, 10, mais on a reconnu qu'il avait
trompé la justice à cet égard : jamais il n'y a logé.
Au reste, il en fait maintenant l'aveu, mais il refuse d'indiquer son domicile.

Le 10 septembre, il répond qu'il ne connaît que
Charles Chaveau ; qu'il le voyait quelquefois chez
sa mère ; qu'il n'a vu celle-ci qu'à cette occasion,
et qu'il ne connaît point le frère aîné. Il soutient
n'y être pas allé le 25 juin, dans la soirée. S'il s'y
est trouvé le 26, c'est qu'il allait voir Charles au
moment de son dîner. Il est à ses pièces, il a donc
pu disposer de son temps comme il l'a voulu. Il ne
s'attendait pas à y rencontrer les trois autres qui
ont été arrêtés en même temps que lui. Il ne les
connaît que depuis qu'il est en prison avec eux.

Le 31 octobre, il est soumis à un dernier interrogatoire. Le magistrat l'interpelle sur les motifs
de sa présence, le 26 juin, dans le logement de
la veuve Chaveau. Il dit : « Je n'ai rien à répondre

à cela.—S'il a travaillé le matin chez son maître?
—Je ne veux pas répondre à cette question aujourd'hui.—Où il prenait ses repas?—J'ai dit que
je ne voulais pas répondre davantage. »

Il a été trouvé dans sa malle, un assez grand
nombre de brochures politiques, entre autres celles
qui ont pour titre : *OEuvres choisies de Maximilien Robespierre* et les *Crimes des Rois de
France.*

Husson fut écroué à la Force, le 28 février 1834,
sous l'inculpation d'avoir fait partie d'un complot
tendant à renverser le gouvernement ; mais rendu
à la liberté le 13 mai suivant, à défaut de chàrges
suffisantes.

HUBERT.

Le 3 juillet, questionné par le magistrat sur les
motifs de sa présence au domicile de la veuve Chaveau, le 26 juin, Hubert répond : « J'en rendrai
compte à mes juges. Je trouve que c'est inutile de
vous donner des explications. Je n'ai pas d'autre
réponse à vous faire. »

Le 23 du même mois, Hubert insulte M. le juge
d'instruction dans son cabinet. Il lui dit, entre autres choses, qu'il ne reconnaît pas en lui un homme
de la justice et qu'il adresse cet outrage à sa personne. Lorsque procès-verbal est dressé d'une pareille conduite, il s'écrie: « Voilà la justice des
» hommes, comme cela me fait pitié! Vous ne
» rougissez pas! Je sais bien que je serai condam-
» né, parce que les juges sont payés pour cela,
» comme vous l'êtes pour...... Un jour viendra où
» la justice du peuple mettra fin à l'arbitraire. Le

» dernier des fanbouriens vous connaît vous et vos
» intrigues ; le règne de Louis-Philippe , quoiqu'il
» fasse beaucoup de mal, fait cependant beaucoup
» de bien, en ce qu'il fait connaître les hommes ,
» et que le peuple s'est éclairé. »

Puis il se livre à des violences qui nécessitent l'intervention de la force armée pour le contenir.

Husson a été condamné , le 6 août, pour raison de ces outrages, envers ce magistrat, à une année d'emprisonnement.

Le 8 septembre, M. le juge d'instruction lui demande à quelle époque il a fait connaissance avec les frères Chaveau, il répond : « Je persiste à dire que je ne veux point répondre. »

Trois autres questions lui sont adressées , il y répond dans les mêmes termes.

Une perquisition opérée chez lui le 1ᵉʳ juillet , y a fait découvrir une boîte de capsules et deux proclamations menuscrites adressées au peuple français. A la fin de l'une de ces proclamations, on remarque le passage suivant : « Roi hypocrite
» et parjure, toi qui es assis à la place des lois et
» que la force seule y soutient ; toi qui es sans pi-
» tié pour le pauvre peuple, tu ne rougis pas de
» l'affreuse misère dans laquelle tu l'as placé. C'est
» sur ta tête criminelle que retomberont toutes
» ces infamies. Entends-tu la voix du peuple qui
» te demande justice de tant de crimes et de tant
» de trahisons? Qu'as-tu à répondre?... »

Hubert était membre de la Société des Droits de l'Homme ; il appartenait à la section des *Barricades.* Ses parens lui ont fait donner une éducation qui semble le placer au-dessus de son état.

LEROY.

Interrogé le lendemain de son arrestation, Leroy répond que Chaveau est son ami, et qu'il ignorait la destination des armes saisies en sa présence. Quand le magistrat lui fait connaître l'inculpation qui pèse sur sa tête, il ajoute *qu'il ne sait pas ce que ça veut dire.*

Les 9 septembre et 31 octobre, M. le juge d'instruction cherche à continuer son interrogatoire, et lui demande de s'expliquer sur l'origine et la date de ses relations avec Chaveau, sur les motifs de sa présence chez la mère de ce dernier, le 26 juin, il dit : « Je ne veux pas répondre, je m'ex- » pliquerai quand je jugerai convenable. Mettez- » moi en jugement si vous me croyez coupable. » Quelles que soient les réflexions du magistrat, il persiste à dire : « Je n'ai rien à répondre. »

Leroy faisait partie de la Société des Droits de l'Homme. Comme Hubert, son ami, il appartenait à la section des *Barricades.* Dans un état joint à la procédure instruite à la cour des pairs, il est signalé comme un homme d'action.

On remarque aussi dans un interrogatoire par lui subi le 21 juillet 1834, qu'il répond n'être entré dans la Société des Droits de l'Homme *que pour s'instruire.*

COMBES.

Combes est amené devant M. le juge d'instruction le 10 juillet ; il prétend ne connaître Gabriel Chaveau que depuis une dixaine de jours. A l'entendre, un jeune homme nommé Paul, dont il ne

4

peut indiquer la demeure, est venu lui annoncer que la veuve Chaveau était arrêtée et son fils Gabriel poursuivi. C'est ainsi qu'il a fait dire à ce dernier de venir chez lui, et qu'il lui a donné quelquefois à dîner. Au reste, il ne connaît point Hubert, Husson, Leroy, Huillery, ni même Dulac. Il n'a vu celui-ci que dans la matinée et en prison. Il convient que Léglantine est son porteur d'eau. Questionné sur ses rapports politiques avec cet homme, sur les renseignemens qu'il en devait recevoir au sujet de l'heure précise à laquelle le Roi partirait du château des Tuileries pour retourner à Neuilly, il répond qu'il ne sait pas ce dont on veut lui parler. Des brochures politiques ont été saisies en sa possession. Il dit les avoir eues pendant qu'il faisait partie de la Société des Droits de l'Homme. A l'égard des pistolets et des munitions trouvés sur le toît de la mansarde voisine de son logement, il répond qu'il n'y comprend rien, et que d'ailleurs il n'a pas l'usage de cette mansarde.

Il avoue qu'il a reçu quelquefois Chaveau aîné et Délont, mais en protestant qu'il n'a jamais été question entre eux d'un complot contre la vie du roi. Quand le magistrat lui fait observer que Dulac, qu'il prétend n'avoir connu qu'en prison, le 10 juillet, a plusieurs fois agité dans son logement et en sa présence divers points relatifs au projet d'assassinat et surtout aux moyens de l'exécuter, il répond : *Ça n'est pas possible, je suis innocent.*

DUVAL.

Ainsi qu'on l'a déjà vu, aussitôt après l'arrestation de son mari, la femme Combes recommande à Bray d'en avertir Duval , perruquier, rue Saint-Jean-de-Beauvais ; *de se mettre en mesure pour ses armes.* Cette sollicitude éveille l'attention de l'autorité , et Duval est arrêté le même jour 10 juillet. On trouve, dans son arrière-boutique, servant de chambre à coucher, sous un globe de verre sur la cheminée, une cocarde tricolore, mais dont les couleurs sont disposées autrement qu'elles ne doivent l'être ; et dans un escalier noir, conduisant de cette pièce au premier étage , mais condamné à la partie supérieure , sur les dernières marches , un fort pistolet d'arçon enveloppé dans du papier gris , un petit paquet de papier gris contenant cinq cartouches et un tire-point, grossièrement emmanché en forme de poignard. Le pistolet est chargé et amorcé.

Duval est interrogé tout de suite ; il ne peut dire d'où lui proviennent les pistolets, les cartouches et le poignard. Il prétend cependant que le pistolet est chargé depuis une année. On l'avait entendu parler des arrestations de Léger, de Dulac, de Combes, et de celles qui avaient été opérées le 26 juin, rue Mauconseil. M. le juge d'instruction l'interroge sur ce point, et il répond que s'il l'a fait, c'est sans y attacher aucune espèce d'intérêt, et parce qu'il croit l'avoir lu dans le journal *le Populaire*, auquel il est abonné. Il convient avoir des opinions républicaines , mais il n'a jamais participé à aucun complot contre la vie du roi. S'il faut l'en croire , il ne connaît ni les époux Combes , ni la famille Chaveau.

Huit jours après , il est encore interrogé, et voici la version qu'il imagine pour sa défense. Il y a trois semaines, un inconnu est venu chez lui, pendant qu'il était absent. A son retour, il vit cet inconnu qui, sortant de l'escalier noir, au fond de l'arrière-boutique, lui dit, d'un air embarrassé, qu'il venait le chercher. Cet homme avait de la poussière sur ses habits, comme s'il sortait d'un endroit mal propre et semblait pressé. Il aura peut-être déposé dans l'escalier, ce pistolet, les cartouches et le poignard.

La découverte des armes le met dans une fausse position ; il le sent à merveille. Toutefois il affirme qu'il est étranger au complot. Père de deux enfans, et ayant des charges, il ne peut songer à des actes de cette nature. Mais, Duval n'a sans doute pas oublié qu'à l'occasion des événemens d'avril 1834, il fut arrêté et placé sous mandat de dépôt ; que dans son interrogatoire, subi le 21 juillet suivant, il avoua qu'il était membre de la Société des Droits de l'Homme, et qu'il avait été chef de section dans la section des 5 et 6 juin, où l'on faisait des collectes d'argent et des distributions d'écrits politiques.

Il prétend ne pas connaître les époux Combes, ni la famille Chaveau. Cependant le commissaire de police a saisi chez lui, le 23 octobre, un fragment de papier sur lequel on lit ces mots : *Diligo excellentissimam mulierem Chaveau et filiam Mariettam* (La veuve Chaveau a une fille qui s'appelle Mariette).

Duval dit qu'il est fils d'un huissier de Bernay, qui a cherché à lui donner un peu d'éducation ; mais qu'il n'a pas appris le latin, et que dès lors ce n'est pas à lui que peut être attribuée cette phrase latine. Pour expliquer la possession du papier sur lequel cette phrase se trouve, il prétend que durant sa captivité à Ste.-Pélagie , en 1834, le détenu Mulnier fit son portrait et le lui donna roulé dans ce papier. Le sieur Mulnier reconnaît en effet l'avoir fait à l'époque indiquée ; mais il affirme que Duval l'a retiré de son portefeuille tel qu'il est ; c'est-à-dire sans papier lui servant d'enveloppe. D'ailleurs il est facile de s'apercevoir que l'écriture de la phrase en question n'a aucune espèce de rapport avec celle du sieur Mulnier.

Une autre circonstance grave , et sur laquelle Duval ne peut donner aucune explication satisfaisante, c'est que deux des cinq cartouches saisies chez lui, sont, comme la cartouche extraite du fusil de Gabriel Chaveau , en papier rosé et roullé avec colle.

DULAC.

Dulac fut arrêté le 10 juillet. On saisit dans sa chambre un moule à balles, une petite quantité de blomb de chasse, quatre-vingt-dix capsules, un petit bonnet rouge, un écrit intitulé *Moi*, attaché derrière la porte d'entrée, et un petit dessin colorié représentant des faisceaux surmontés d'un bonnet phrygien, de trois drapeaux, et appuyés sur un globe.

Interrogé le lendemain , il avoua qu'il connaissait Combes depuis cinq ou six ans, et que, dans cet intervalle, ils s'étaient constamment vus. Ils avaient soupé ensemble la veille de leur arrestation. Questionné sur l'emploi de son temps pendant la journée du 9 juillet, il répondit l'avoir passé entièrement chez lui et s'y être occupé d'histoire naturelle ; il nia qu'il se fût trouvé chez Combes en même temps que Gabriel Chaveau,

4.

qu'il y eût conduit celui-ci et qu'il fût allé avec eux sur la route de Neuilly. Il soutint n'avoir jamais eu de relations avec la famille Chaveau ; il dit, enfin, qu'il n'était jamais allé dans un fossé, en face du Garde-Meuble. Sur tous les autres points, il se renferme dans le même système de dénégation.

LÉGLANTINE.

Léglantine est le porteur d'eau signalé d'abord comme s'étant chargé de jeter dans la voiture du Roi un baril rempli de poudre et de balles ; puis, comme devant aussi donner à Combes des renseignemens précis sur l'heure du départ du Roi pour Neuilly. Interpellé, le 10 juillet, sur ces faits, il les a formellement déniés. Il a soutenu, en outre, qu'il ne connaissait ni Chaveau, ni Dulac, et qu'il n'était jamais allé avec Combes dans un café, place de la Concorde. Les indices de culpabilité ne paraissant pas suffire à son égard, M. le juge d'instruction a cru devoir ordonner sa mise en liberté ; mais il a été repris postérieurement.

Interrogé de nouveau, le 7 août Léglantine assure n'avoir jamais eu connaissance du complot, et n'en avoir jamais parlé à personne. « Il est faux. dit-il, que je me sois offert pour faire le coup. » Il n'a jamais rencontré plusieurs individus réunis chez Combes ; il n'y a vu que celui-ci, sa femme et un ouvrier. Sans doute depuis sa mise en liberté, il a continué à porter de l'eau à la femme Combes. Mais elle le lui a demandé et il ne pouvait s'y refuser. Quand elle lui a parlé de l'arrestation de son mari, il s'est contenté de lui répondre que c'était un malheur, puisqu'elle assurait qu'il était innocent.

Mais une perquisition a été faite chez Léglantine et a procuré la saisie de deux cartouches et de trois balles de calibre. Ces cartouches ne sont pas sorties des arsenaux militaires, et le papier dont elles sont formées provient de la *Jérusalem délivrée*, épisode de Renaud. Or, on trouve ce même papier dans quelques-unes des cartouches déposées par Bray, chez le baron de Breidsrbach, et dans la bourre de l'un des pistolets saisis dans le logement de la veuve Chaveau. Léglantine prétend que ces cartouches lui ont été données à Rouen, lorsqu'il était au régiment.

Léglantine a fait partie du 3e régiment de l'ex-garde royale. Six semaines avant la révolution de juillet, il l'avait quitté, après avoir obtenu son congé. Depuis cette époque, il est devenu membre de la Société des Droits de l'Homme ; il appartenait à la *Section Barras*.

BOIREAU.

Dans un interrogatoire que lui a fait subir M. le président de la Cour des pairs, Fieschi dit être allé voir Boireau dans son atellier, le jour où furent arrêtés Charles Chaveau, Huillery, Husson, Hubert et Leroy. Boireau lui parla ainsi de cet événement : « Tu ne sais pas, ils ont arrêté cinq ou » six de mes amis, ce dont je suis bien fâché. Ils » étaient allés sur la place de la Révolution pour as- » sassiner le Roi. Il y en a un avec lequel je suis bien ami. » Il lui fit en même connaître leurs noms. Mais Fieschi n'a pu se les rappeler. Boireau lui en désigna un plus particulièrement, qu'on appelait le père..... (Il ne se souvient plus du nom), brocanteur, âgé d'environ cinquante ans, qui l'avait chargé plusieurs fois de lui proposer, à lui Fieschi, d'aller hors des barrières pour se trouver avec les conjurés.

Boireau avait rempli sa mission, mais Fieschi n'en avait pas tenu compte.

Le 24 septembre, Fieschi s'exprime ainsi devant M. le juge d'instruction :

« Voici exactement ce que Boireau m'a dit au
« sujet du complot. Il m'a raconté que trois ou
« quatre jeunes gens étaient venus le trouver, lui
« avaient demandé s'il avait des armes et, montré
« des pistolets dont ils étaient porteurs ; que, lui,
« Boireau, leur ayant répondu qu'il n'avait point
« d'armes, ces jeunes gens lui avaient confié qu'ils
« étaient une quinzaine environ qui avaient ren-
« dez-vous pour le soir même sur la place Louis XV
« et qu'ils devaient tirer sur le Roi. Entrant dans de
« plus grands détails, Boireau ajouta que le chef
« de ces jeunes gens était âgé d'environ 50 ans,
« marchand de bric-à-brac, et un homme solide.
« Il m'apprit qu'il avait parlé de moi à cet indi-
« vidu qui, d'après ce que Boireau lui avait dit,
« voulait me voir et me connaître, mais je n'ai
« voulu ni me mêler de cette affaire, ni même les
« connaître. (Fieschi était alors tout entier à l'exé-
« crable projet dont l'exécution a depuis con-
« sterné la France.) Boireau m'a dit, continue
« Fieschi, qu'il connaissait particulièrement le
« marchand de bric-à-brac, ainsi que quatre ou
« cinq autres des complices de cette affaire, dont
« il lui cita les noms. C'était surtout dans les cinq
« arrêtés d'abord que Boireau en connaissait
« quelques-uns. Il me le dit lui-même et il vint me

« faire part de cette arrestation le lendemain
« même du jour où elle eut lieu. Il me dit qu'il
« avait été dîner avec un individu qu'il appelait le
« père.... C'était hors des barrières et même à
« près d'une lieue hors des barrières ; je crois que
« c'était la barrière de Ménilmontant ou une des
« barrières du levant. Je me rappelle qu'il me dit
« qu'ils étaient plusieurs à dîner. »

Ces révélations de Fieschi donnèrent à penser
que Boireau, son complice, était aussi l'un des
conjurés qui avaient résolu d'assassiner le Roi sur
la route de Paris à Neuilly. En conséquence, Boireau fut appelé à s'expliquer sur ce nouveau chef
d'inculpation. Il prétendit n'avoir eu connaissance
du complot que par la voie des journaux qu'il lisait, c'est-à-dire du *National* et du *Réformateur*,
et n'en avoir parlé à Fieschi qu'à la suite de cette
lecture. M. le juge d'instruction lui ayant fait observer que ces journaux ne désignaient point no-
minativement les individus arrêtés et ne contenaient aucun des détails par lui donnés à Fieschi,
il soutint qu'il n'avait point nommé ces individus,
ni tenu les propos que Fieschi lui attribuait. Fieschi lui fut alors confronté, et non seulement il
persista dans ses révélations, mais encore il ajouta
que Boireau lui avait dit avoir donné 5o sous à l'un
des individus arrêtés dans la rue Mauconseil. Boireau répondit qu'il connaissait Husson seulement,
et qu'il n'avait donné 5o sous à personne. Fieschi
dit encore que, selon Boireau, un homme de 48 à
5o ans, brocanteur, fin et adroit, conduisait la
société des jeunes gens. « Je n'accuse que ma mé-
« moire, reprit Boireau ; je n'accuse personne
» d'être menteur ni imposteur ; je ne crois pas avoir

« tenu ce propos-là à Fieschi. » — Comment expliquez-vous, lui demande M. le magistrat, les détails donnés par Fieschi et surtout de Délont, que vous connaissez évidemment? — *Je n'explique rien du tout.* Voilà son unique réponse.

Une note fut saisie au domicile de Boireau, lors de son arrestation pour l'attentat déféré à la Cour des pai.s. Elle est écrite au crayon, sur un petit fragment de papier, et conçue en ces termes :

« Chez Rossignol, traiteur, rue de la Fontaine, au parc Saint-Fargeau, en haut de Belleville. On demandera Dulong. »

Cette note est évidemment un rendez-vous ou une invitation à dîner donnée à Boireau de la part de Délont. Boireau ne peut dire comment elle s'est trouvée en sa possession, et déclare ne connaître ni Délont, ni Rossignol; mais tout ce qui précède autorise à considérer ses réponses comme dénuées de sincérité et de vraisemblance. Nul doute qu'il n'ait fait partie du complot et transmis à Fieschi la proposition d'y entrer.

DÉLONT.

Délont ne fut arrêté que le 16 juillet. Il avait une boutique rue Meslay, 3. Le 2 du même mois il fit vendre son mobilier par le ministère d'un commissaire-priseur, et sans avoir reçu congé, alla demeurer rue Mauconseil, 18. Comme on le le remarque, c'était peu de jours après les arrestations opérées au domicile de la veuve Chaveau. Il craignait le même sort et voulait se soustraire aux recherches de la police. Pendant les huit ou dix nuits qui précédèrent son arrestation, il crut prudent de découcher et de les passer chez le sieur Bertrand, comme lui, marchand de bric-à-brac, rue des Petites-Écuries, 31, en se disant poursuivi pour opinion politique.

Interrogé le lendemain 17, Délont prétendit ne pas connaître Chaveau, Combes et Dulac. M. le juge d'instruction lui rappela qu'on l'avait vu avec ces individus sur la place de la Concorde et sur le quai des Tuileries. Il répondit qu'il ne savait pas ce qu'on voulait lui dire et n'avoir jamais découché. En entendant l'inculpation dirigée contre lui d'avoir formé un complot pour assassinat du Roi : « Rien que cela, dit-il (ironiquement), c'est peu » de chose. »

Bray et Marlin, confrontés avec lui, ont déclaré le reconnaître pour celui dont ils ont parlé dans leurs dépositions. Délont a soutenu au contraire ne les avoir jamais vus. Il prétend aussi ne pas reconnaître Boireau et ne lui avoir jamais donné ni rendez-vous, ni avis d'un complot contre la vie du Roi.

Cependant le sieur Rossignol, marchand de vin traiteur, au parc Saint-Fargeau, a été entendu, et il résulte de sa déposition qu'au mois de mai dernier, Délont lui avait vendu des tables et des meubles, moyennant le prix de 77 fr. 50 c., avec la stipulation que le vendeur irait dépenser cette somme dans l'établissement de Rossignol ; et qu'en effet Délont y était allé plusieurs fois avec sa femme, des amis et notamment avec un vieillard plus qu'octogénaire, qu'on appelait Paulus.

Délont est amené dans le cabinet de M. le juge d'instruction pour y être confronté avec Rossignol. A peine voit-il ce témoin qu'il affirme ne pas le connaître ; mais le sieur Rossignol atteste le reconnaître parfaitement. Il croit aussi reconnaître Combes et Dulac pour les avoir vus chez lui avec Délont. La femme Combes, depuis l'arrestation de son mari, est venue manger chez ce traiteur avec Délont. Elle en fait l'aveu et elle est reconnue par le sieur Rossignol.

Interpellé sur la destination du baril présenté par lui à quelques personnes et sur le motif d'une démarche qu'il aurait faite chez un limonadier de la place de la Concorde, Délont dit : « Qu'il ne répondra pas à des questions semblables, et qu'il s'aperçoit qu'on veut lui faire dire des choses qu'il ne connaît pas.

RENSEIGNEMENS PARTICULIERS.

A l'instruction se trouve annexée une lettre de M. le marquis de Strada, écuyer commandant les écuries du Roi, laquelle apprend que Sa Majesté a été s'installer à Neuilly, le 15 juin 1835, avec toute sa maison, et qu'elle a fait le voyage de Neuilly à Paris et retour, les 16, 17, 18, 19, 22, 23, 24, 26, 28, 29 et 30 juin. — Les 2, 4, 5, 6 et 9 juillet.

Il résulte aussi de la déposition de Jacques Veauclin, garçon d'attelage aux écuries du roi, qu'un jour, au commencement du mois de juillet, il vit une femme s'approcher de la voiture du Roi, pour présenter une pétition à Sa Majesté. Effrayée par le cheval que montait le piqueur, cette femme s'éloigna tout aussitôt, sans avoir remis sa pétition.

Ces faits viennent encore confirmer les révélations de Bray à l'égard des frères Chaveau, Dulac et Délont.

JUSTICE CRIMINELLE.

COUR D'ASSISES DE LA SEINE.

(PRÉSIDENCE DE M. SYLVESTRE FILS).

Audience du 28 Mars.

AFFAIRE DITE DU

COMPLOT DE NEUILLY.

L'auditoire, dans les causes politiques, présente une physionomie toute particulière. A côté des privilégiés de distinction et des dames que la curiosité amène aux débats, se trouvent assis les amis, les parens, les femmes des accusés; et, comme dans l'affaire dont les débats vont s'ouvrir devant la Cour, la plupart des accusés appartiennent aux classes laborieuses de la société, on voit aujourd'hui les petits bonnets enrubannés, les tabliers de soie, les modestes tartans, près des robes élégantes et des chapeaux empanachés, Les places réservées aux dames se trouvent aussi toutes remplies; la partie reculée de l'auditoire est entièrement envahie dès l'ouverture des portes. Les journalistes ont perdu les places qu'ils occupaient dans le prolongement du banc des accusés; ceux-ci devant en remplir toute l'étendue. Cinq ou six places ont été réservées à la presse, à la droite de l'audiencier de service; cinq autres places lui ont

5

encore été destinées dans l'un des coins de la salle, à la gauche du banc des accusés. Grande est la rumeur que cette disposition forcée dans les arrangemens de la salle excite parmi les divers représentans de la presse quotidienne. Les messages, les réclamations adressées à M. le président, se succèdent sans qu'il soit possible qu'ils produisent de résultats. Les places réservées au barreau sont, avant l'ouverture des débats, remplies par les stagiaires qui ne manquent jamais d'user du privilége de la robe pour assister aux causes célèbres. Les siéges placés derrière la Cour sont occupés par des magistrats,

A dix heures et demi, la Cour entre en séance. Elle est présidée par M. Sylvestre fils, assisté de MM. Philippon et Faure, conseillers assesseurs, et de M. Duplès conseiller-assesseur, adjoint.

M. le procureur-général Martin (du nord) assisté de M. de Monsarrat, l'un de ses substituts, requiert conformément aux dispositions du Code d'instruction criminelle, qu'il soit adjoint au jury deux jurés supplémentaires ; et à la Cour, un assesseur attendu l'étendue probable des débats,

M. le président : La Cour va en délibérer. Avant qu'elle se retire, je demanderai à MM. les jurés s'ils ont, sans aucune exception, toutes les placés qui leur sont réservées. (on remarque en ce moment que le rédacteur d'un journal politique s'est glissé inaperçu parmi les jurés, et s'est commodément assis sur le premier rang.)

Plusieurs jurés : Oui ! oui !

M. le président : C'est que nous savons que plusieurs journalistes ne sont pas placés. Nous savons qu'ils ne doivent pas avoir de places ; voici pourquoi : d'habitude les journalistes ont des places réservées dans la tribune qui est à la suite de celle des accusés. Mais aujourd'hui cette tribune est occupée en entier. Il était donc impossible d'y mettre les journalistes; nous n'avons pu leur donner aucune des places réservées à MM. les jurés ; nous n'avons pu leur donner les places réservées au barreau. Il a cependant fallu faire en sorte qu'ils entendissent les débats pour en rendre compte au public. C'est là une nécessité que nous proclamons. Nous leur avons fait réserver des places en deux différens lieux ; il y en a d'avantageuses, il y en a qui le sont moins ; mais il y a dix-sept entrées données aux différens journaux de Paris, et nous n'avons pu leur donner dix-sept places. Cela ne fait pas qu'un journaliste puisse être autorisé à prendre une place réservée à un juré. (Le rédacteur susdit plie ses papiers et se dispose à évacuer sa place où il était si bien établi.) Nous ne le souffrirons pas, ce ne serait pas de la justice. On fera sans doute cette remarque qui doit frapper tout le monde. Quelle que soit notre intention de favoriser autant que possible la publicité, nous ne pouvions prendre des places sur le banc des jurés. Ces bancs appartiennent à MM. les jurés jusqu'à la clôture de la session, alors même qu'ils ne tombent pas dans la dernière affaire. Il est impossible, d'un autre côté, d'ôter des places aux avocats pour les donner aux journalistes. Nous avons fait de notre mieux, et on reconnaîtra que nous ne pouvions faire mieux.

La Cour, après avoir fait droit aux conclusions du ministère public, se retire dans la chambre du conseil pour le tirage du jury. Elle rentre bientôt en séance, et M. le président interroge les ac cusés sur leurs noms et prénoms.

M. le président : Premier accusé, comment vous nommez-vous ?— R. Gabriel Chaveau, âgé de 22 ans, papetier, né à Paray-le-Monial (Saône-et-Loire), demeurant à Paris, rue Mauconseil, n° 10.

M. le président : Etes-vous maître papetier ou simplement commis ?

G. Chaveau : Je suis commis, vous le savez bien.

M. le président : Second accusé, comment vous appelez-vous ? — R. Charles Chaveau, âgé de 19 ans, courtier de commerce, né à Paray-le-Monial (Saône-et-Loire), demeurant à Paris, rue Mauconseil, n° 10.

M. le président : Vous n'avez que 19 ans, vous ne pouvez pas être courtier.

G. Chaveau : Eh bien ! mettez courtier-marron.

M. le président : Nous ne reconnaissons pas cette profession. Il n'y a pas de courtiers-marrons. Qui n'est pas courtier est commerçant, industriel, tout ce que vous voudrez. Etre courtier-marron, comme on dit, c'est être en état de rebellion contre la loi. Se dire courtier-marron est se dire une injure, et c'est une injure que nous n'acceptons pas, alors même que vous vous la faites à vous-même.

G. Chaveau : Comme vous voudrez.

Le troisième accusé déclare se nommer Charles-Auguste Huillery, âgé de 20 ans, professeur, demeurant à Paris, carrefour de l'Odéon, 8.

Le quatrième déclare se nommer Maximilien Husson, âgé de 21 ans, né à Courcemont (Sarthe), passementier, demeurant rue du Louvre, 19.

M. le président : C'est la première fois que vous indiquez un domicile. Jusqu'à présent vous avez refusé de répondre.

Husson : Je suis ici devant mes juges naturels, et je dis mon domicile.

M. le président : Je ne fais aucune réflexion là-dessus. Je constate seulement ce fait, que c'est la première fois que vous indiquez un domicile.

5ᵉ accusé : Louis Hubert, âgé de 22 ans, né à Wasselone (Bas-Rhin), ouvrier corroyeur, demeurant à Paris, rue Grenétat, 53.

6ᵉ accusé : Louise Joleau, veuve Chaveau, âgée de 40 ans, ouvrière, née à Paray-le Monial (Saône-et-Loire), demeurant à Paris, rue Monconseil, 10.

7ᵉ accusé : Hyppolyte Leroy, âgé de 25 ans, né à Tournant (Seine-et-Marne), ouvrier corroyeur, demeurant à Paris, rue de l'Homme-Armé, 5.

8ᵉ accusé : Louis Combes, âgé de 36 ans, né à Fort-Saint-Esprit (Gard), tailleur, rue Saint-Honoré, 24.

9ᵉ accusé : Claude Delont, âgé de 50 ans, né à Echelin-Lamelin (Haute-Saône), marchand de bric-à-brac, demeurant à Paris, rue Mauconseil, 18.

M. le président : Dixième accusé, comment vous appelez-vous ? — R. Charles-Louis Dulac, âgé de 24 ans, né à Paris, tourneur en cuiv... , sans domicile.

M. le président : Vous avez un domicile ? — R. Non, je n'en ai pas ; depuis 9 mois, je suis dans les prisons.

M. le président : Avant d'être en prison, vous aviez un domicile ; si vous n'en aviez pas, vous

vous trouveriez en état de vagabondage. — R. Depuis 9 mois, je suis domicilié en prison, avant cela je demeurais rue du Faubourg-St-Martin, 35.

11e accusé : Charles-Napoléon Duval, âgé de 29 ans, né à Bernay (Eure), perruquier, demeurant à Paris, rue Saint-Jean-de-Beauvais, 31.

12e accusé : François Leglantine, âgé de 35 ans, né à Jancy (Yonne), demeurant à Paris, rue Saint-Germain-l'Auxerrois, 34.

M. le président : 13e accusé, levez-vous. (Mouvement) Comment vous appelez-vous ?—R. Victor Boireau, âgé de 25 ans, né à La Flèche (Sarthe), lampiste.

M. le président : Quel est votre domicile ? Boireau, élevant la voix : Les cachots de la Conciergerie pendant huit mois, et maintenant la prison, vous le savez bien.

M. le président : Boireau, vous avez entendu les observations que j'ai faites à l'un de vos co-accusés relativement à son domicile. Quant à vous, je vous engagerai à vous conduire avec décence. Nous avons, dans votre position exceptionnelle, des paroles sévères à vous faire entendre, je vous invite à ne pas les provoquer.

Boireau, d'une voix éclatante : Ah ! vous pouvez bien les faire, vos observations.

M. le président : Vous pourrez vous défendre ; toute liberté vous sera donnée à cet égard lorsque votre tour viendra ; mais je vous avertis que si vous troubliez l'ordre, vous seriez immédiatement séparé de vos co-accusés, dont vous êtes déjà séparé par votre position toute particulière.

(Boireau, qui s'apprêtait à répondre, semble réfléhir et garde le silence.)

M. le président : Avez-vous un défenseur?

Boireau : Non.

M. le président : Je vous avais nommé M⁰ Paillet, vous l'avez refusé. Nous avons accompli à votre égard, une des obligations de la loi. Maintenant nous sommes libres. Toutefois, par pure convenance, nous chargerons M⁰ Plocque de suivre les débats. Quoiqu'il soit déjà beaucoup occupé dans cette affaire, nous nous en rapportons pleinement à son talent et à son zèle.

Boireau : Je remercie beaucoup M. le président, mais...

M⁰ Plocque : Je prie M. le président de me permettre une observation. J'assistai devant une autre juridiction l'avocat d'un des complices de Boireau. Boireau, dans les débats, s'est fait une position qui n'a pas permis à mon confrère et à moi de lui continuer l'assistance de notre ministère. Cette position est toujours la même.

M. le président : Votre observation est pleine de justesse.

Boireau : Je choisis M⁰ Massot pour mon défenseur.

M. le président : Cela coupe court à tout incident. M⁰ Massot va être averti. Je rappelle aux défenseurs les dispositions de l'art. 311 du Code d'instruction criminelle.

M⁰ Catherinet, greffier, donne lecture de l'acte d'accusation.

Pendant cette lecture, qui dure une heure et demie, les regards de l'assemblée se portent avec curiosité sur le banc des accusés. On remarque en général que tous ces jeunes gens, qu'une seule et même accusation réunit sur les bancs, sont habillés avec une recherche et une élégance au-dessus de leur position. Les deux frères Chaveau, à peine agés l'un et l'autre de 20 ans, paraissent encore plus jennes que leur âge. Leurs figures fraîches et roses sont pleines de douceur. Un léger duvet brunit à peine leur lèvre supérieure. Derrière eux est assise leur mère, femme à la phisionomie dure et sévère, à l'œil noir et brillant encore. Elle adresse souvent la parole à ses fils. Elle est vêtue en noir, et un chapeau de même couleur dérobe ses traits à la curiosité publique. Huillery, quoique aussi jeune que les frères Chaveau a des traits plus virils et des moustaches plus apparentes. Husson n'a pas encore de barbe; il porte de longs cheveux blonds artistement disposés *en jeune France*. Hubert a des cheveux rous, frais tondu à la *mal content*. Les autres accusés n'ont de remarquable qu'une mise au-dessus de leur état. Léglantine, le porteur d'eau, est élégamment habillé; il a un habit neuf à la mode, un gilet de satin noir, une cravate bien mise, un col habilement arrondi. Boireau est tout-à-fait habillé en fashionnable; on dirait que le fer d'un coiffeur a passé dans ses cheveux, il y porte plusieurs fois les mains et en arrondit les boucles avec une certaine complaisance. Ses favoris sont taillés *en collier* et ses petites moustaches noires coquettement disposées. Le linge le plus blanc, le gilet de piqué le plus soigné, l'habit noir à collet de velours le mieux dessiné, complètent son costume. Sa figure est pâle, plus pâle qu'elle ne l'était quand il parut devant la Cour des pairs. Il promène constamment ses regards pleins de feu et de vivacité sur l'auditoire, salue plusieurs connaissances et paraît prêter peu d'attention aux

longs détails de l'acte d'accusation. Ses distrac-
tions cessent lorsque le greffier arrive aux passages qui , après l'exposé des faits généraux , ont particulièrement rapport à lui. Il est dit dans cette
partie de l'exposé?

« Dans un interrogatoire que lui a fait subir
M. le président de la Cour des pairs , Fieschi dit
être allé voir Boireau dans un atelier, le jour où
furent arrêtés Charles Chaveau , Huillery , Husson et Leroy. Boireau lui parla ainsi dans cet
événement : « Tu ne sais pas , ils ont arrêté cinq
» ou six de mes amis , ce dont je suis bien fâché,
» Ils étaient allés sur la place de la Révolution
» pour assassiner le Roi , il y en a un avec lequel
» je suis bien ami. » Il lui fit en même temps connaître leurs noms. Mais Fieschi n'a pu se les rappeler. Boireau lui en désigna un plus particulièrement.

Ici Boireau se lève avec vivacité et s'écrie : «
Cela n'est pas vrai ! »

M. le président : Vous avez déjà entendu ce que
je vous ai dit; ne me forcez pas à m'expliquer envers vous d'une manière plus explicite que je ne
veux le faire, (Boireau se rassied,) Sachez que
dans tous les cas la Cour peut, en vertu de la loi,
séparer un accusé des autres accusés, et lui faire
rendre compte, dans sa prison, des débats qui ne
pourraient avoir lieu en sa présence sans scandale.
Ne l'oubliez pas.

Boireau : Je ne veux pas troubler l'ordre , je dis
seulement que ce que rapporte l'acte d'accusation
n'est pas vrai. Je défie qu'on trouve un mot semblable dans tous les interrogatoires de Fieschi.

M. le président : Votre avocat sera entendu;

vos explications seront aussi entendues lorsque la moment sera arrivé : pour l'administration de la justice, votre position est égale à celle de tous les autres accusés, elle n'est pas la même quant au sort qui vous attend.

La lecture de l'acte d'accusation s'achève sans aucun incident. M. le greffier fait l'appel des témoins qui sont au nombre de 66, tant à charge qu'à décharge.

Les défenseurs des accusés sont placés dans l'ordre suivant :

Me Plocque défend les frères Chaveau et leur mère ; Mes Briquet, Rittier, Moulin, Joly, Auguste Marie, Com Delisle, Virmaitre et Massot défendent les autres accusés.

La table des pièces de conviction est couverte de fusils, de pistolets, d'armes de guerre, de balles, de cartouches et autres munitions.

Après une courte suspension d'audience, M. le président procède à l'interrogatoire des accusés.

M. le président : Accusé Gabriel Chaveau, le 21 juin 1835 n'êtes-vous pas allé chez Bray, et ne lui avez-vous pas parlé d'une tentative qui avait été faite contre la vie du Roi ?

L'accusé : Non, Monsieur, cela est faux.

M. le président : vous lui avez dit que sans un poltron le coup n'aurait pas manqué. Au nom de la morale publique, je dirai que cette expression de poltron doit être prise dans un sens honorable, car elle peut indiquer un homme qui aura été arrêté par le repentir.

D. Bray ne se serait-il pas rendu chez vous le 25 juin, à 6 heures du soir ? — R. Je n'étais pas à la maison ; je ne sais pas s'il est venu.

D. Bray affirme qu'il est revenu chez vous le lendemain sur les huit heures : on lui a montré des armes, on lui a remis deux pistolets et des cartouches. — R. Je n'ai pas connaissance de ces faits ; Bray en a imposé.

M. le président : il faut bien que Bray ait dit la vérité, car c'est après être allé dans votre domicile qu'il s'est empressé de faire connaître ce qu'il avait vu: à midi on s'est transporté chez vous, on a procédé à votre arrestation, et on a saisi les armes que vous cachiez, conformément aux indications de Bray?

L'accusé : J'ignorais que des armes eussent été déposées chez nous.

M. le président : Bray fait connaître encore que le même jour, 26 juin, à cinq heures du soir, vous êtes venu le trouver au quai d'Orsay. Vous aviez l'air tout effaré, et lui apprîtes que toutes les armes avaient été saisies.

L'accusé : Le fait est faux : je n'ai point quitté mon ouvrage.

M. le président: on a trouvé un fusil chez vous : n'appartenez-vous point à la garde nationale depuis le mois de septembre 1834?

L'accusé : Oui, Monsieur.

M. le président : Vous avez demeuré rue St.-Claude, vous demeurez maintenant rue Mauconseil. Or, vous n'êtes point dans la compagnie de la rue Saint-Claude, qui serait la 2ᵉ du 3ᵉ bataillon ; vous n'êtes point dans la compagnie de la rue Mauconseil qui serait la 3ᵉ du 3ᵉ bataillon. Vous êtes dans la 3ᵉ compagnie du 4ᵉ bataillon qui est celle de la rue Montorgueil. Voici pour quel motif je vous fais cette observation: une protestation bien efficace, sans doute, est émanée de la compagnie dont vous faisiez partie.

Cette protestation avait pour objet de repousser le service dont la garde nationale était chargée à la Cour des pairs. Or, on a su qu'elle avait été faite par 48 ou 5o individus qui, comme vous, devaient être étrangers à la compagnie. N'y êtes-vous point entré dans le but de concourir à cette protestation?

L'accusé répond négativement. M. le procureur-général l'interpelle sur la même circonstance.

Mᵉ Joly s'oppose à ce qu'avant l'audition des témoins, des questions soient adressées aux accusés par M. le procureur-général. Il déclare qu'il ne reconnaît ce droit qu'à M. le président, et prend des conclusions dans ce sens.

M. Martin, procureur-général, combat cette prétention toute nouvelle, et demande sur quelle disposition de loi elle pourrait être fondée. Il fait observer que le ministère public, partie essentielle dans tout procès criminel, a le droit à chaque instant de faire entendre sa voix pour la manifestation de la vérité, que c'est même son devoir.

Mᵉ Joly invoque les dispositions des articles 268 et 319 du Code d'instruction criminelle et persiste dans ses conclusions.

La Cour, après en avoir délibéré pendant un quart-d'heure dans la chambre du conseil, rend l'arrêt suivant :

« Attendu que le procureur-général, chargé par la loi de soutenir l'accusation dans les cas seulement où elle lui paraît fondée, est nécessairement investi du droit de faire devant la Cour d'assises toutes les questions qui peuvent tendre à la manifestation de la vérité ;

» Que dès lors il doit avoir le droit d'interpeller les accusés lorsqueles observations du président lui paraissent incomplètes ; que l'exercice de ce droit ne peut porter préjudice à l'accusé, appelé à répondre devant le jury ;

» La Cour maintient le droit du procureur-général, d'adresser des interpellations aux accusés pendant le cours des débats. »

Mᵉ Rittier : Je ferai remarquer à la Cour qu'elle ne s'est pas expliquée, en même temps, relativement aux droits de même nature de la défense.

M. le président : Les droits de la défense sont sans doute sacrés ; mais remarquez que la loi dit positivement que les avocats ne peuvent prendre la parole et faire des observations, sans avoir demandé la parole au président et sans l'avoir obtenue.

Mᵉ Rittier : Ce point doit faire de notre part le sujet de nouvelles conclusions ; je tiens à m'expliquer sur ce fait.

M. le président : Si nous avons des chicanes sur chaque incident.....

Mᵉ Rittier : Il ne s'agit pas de chicane, mais d'un texte de loi.

M. le président : Si vous m'interrompez...

Mᵉ Rittier : C'est pour avoir invoqué des textes de loi formels que j'ai été interdit dans une autre occasion.

M. le président : Nous n'avons pas besoin de savoir si vous avez été interdit et pourquoi vous avez été interdit ; mais..... je vous répète....

Mᵉ Rittier : Le texte de la loi avait été formellement cité, et les droits de la défense...

M. le président : Encore une fois, si vous m'interrompez, vous violez la loi ; et si vous continuiez, je me verrais dans la dure nécessité de provoquer de sévères mesures contre vous. Ce qui s'est passé dans une circonstance antérieure ne nous regarde pas. Laissez-moi, je vous prie, continuer les débats. M. le procureur-général a la parole pour faire des interpellations à Gabriel Chaveau.

M. le procureur-général : Chaveau, vous demeurez rue Saint-Claude; pourquoi avez-vous dit que vous demeuriez rue Montorgueil, 5o ?

G. Chaveau : Je ne répondrai pas à cette question; je ne répondrai qu'à tout ce qui aura rapport à l'accusation de complot.

M. le procureur-général : Vous devez répondre à ma question, et vous devez le faire dans votre intérêt. Il est, je le répète, de votre intérêt de mettre la justice à même de vérifier ce fait, afin qu'il puisse être relevé par la défense. Si vous ne répondez pas, MM. les jurés tireront de votre silence de fâcheuses inductions contre vous. Je vous disais donc que vous demeuriez rue St.-Claude, et que pour faire partie de la 4e compagnie, 3e bataillon, vous avez dit que vous logiez rue Montorgueil, 5o. Ce n'était pas là ma seule question. J'avais à vous demander encore pourquoi vous alliez chez Chuquet, marchand de vins. Vous saviez que cet individu avait été compromis lors des affaires d'avril, que des soupçons très-graves s'étaient élevés contre lui, que des personnes connues pour avoir de très-mauvaises intentions se réunissaient habituellement chez lui ?

G. Chaveau : Je ne savais pas cela. J'allais chez lui comme j'aurais été chez un autre.

M. le procureur-général : Vous ne pouviez faire légalement partie de la garde nationale sans payer 200 fr. de loyers. (Marques générales d'étonnement). *De toutes parts:* Non , non, c'est une erreur.

G. Chaveau : Encore une fois , que voulez-vous que je réponde à cela ? c'est étranger au complot.

M. le président : Je crois que c'est un fort mauvais système pour les accusés que de s'obstiner à ne pas répondre. Ils tendent par là à priver la justice des renseignemens qu'elle a le droit d'obtenir. On n'a pu obtenir de vous aucun renseignement, et cela est d'autant plus remarquable que, dans cette affaire, l'un de vos co-accusés a dit que comme on avait communiqué à une certaine époque, on pouvait maintenant répondre et satisfaire au vœu de la justice. Quand on dit la vérité, on ne craint pas de se couper. Quand on ne veut pas la dire, on ne répond pas pour ne pas se couper.

G. Chaveau : Lorsque j'ai comparu devant M. le juge d'instruction, je n'ai vu en lui qu'un simple homme, et non la justice. Je lui ai dit que je ne répondrais que devant mes juges naturels.

M. le président : Je vous dirai que ce que vous répondez là est entièrement contraire à la loi, contraire à vos intérêts mêmes. La manifestation de la vérité peut s'obtenir aux débats, mais elle est nécessairement préparée dans l'instruction écrite.

Lecture est donnée des interrogatoires de G. Chaveau, qui se renferme dans le même système et se borne à dire qu'il ne répondra qu'aux questions relatives au complot.

M. le président : M. le juge d'instruction vous demandait des faits fort simples ; il a été obligé de suspendre votre interrogatoire à raison de votre état d'irritation. Je passe au fait relatif à votre fusil; il était chargé de deux balles ; comment cela se fait-il ?

G. Chaveau : J'avais été au tir avec mon frère quelques jours auparavant ; la pluie étant survenue, je suis rentré avec mon fusil sans le décharger.

M. le président : Au tir, on ne met pas deux balles dans son fusil.

G. Chaveau : C'était un caprice, c'était par pure fantaisie.

M. le président : Un caprice de charger son fusil avec deux balles ; cela paraît fort peu naturel. On pourrait plutôt prendre cela pour une dérision que pour une réponse véritable faite à une question sérieuse.

G. Chaveau : C'est au moment du tir que le fusil a été chargé de deux balles.

M. le président : Ce fusil était chargé d'une cartouche rosée, et je fais remarquer que ce papier, à ce qu'ont dit les experts, est celui des cartouches qui ont été trouvées au domicile de Duval. Les cartouches étaient roulées et collées de la même manière ; et il y a encore cette particularité que les experts ont dit que les cartouches ne se collent jamais.

Chaveau : Je ne puis vous répondre à cela.

Neuf pistolets d'arçon sont présentés à G. Chaveau. Il déclare qu'il ne les connaît pas. M. le président fait observer qu'ils ont été trouvés à son domicile. Quatre autres petits pistolets, six poignards ont été trouvés au même domicile et sont représentés à Chaveau.

G. Chaveau : Je ne connais pas les petits pistolets. Quant aux poignards... ce sont des alènes de cordonnier. Cela ne me regarde pas.

M. le président : Je n'examine pas si cela vous

regarde, je ne fais que constater des faits : on a trouvé aussi des *cartouchières.*

G. Chaveau : Je ne connais pas cela. Je reconnais mon fusil et mon sabre.

M. le président : Il y en a deux sabres.

G. Chaveau : Le second sabre appartient à mon frère, qui l'a apporté du Portugal.

M. le président ; Vous avez déjà été arrêté en 1833, pour accusation de complot.

G. Chaveau, étendant la main : Il y a chose jugée, vous ne devez pas en parler.

M. le président : C'est un renseignement de l'instruction; vous avez été acquitté, cela est vrai; mais il est étonnant que vous ayez été ainsi toujours poursuivi sans être coupable. Il faudrait supposer une personne acharnée après vous, qui ne vous quittât pas et par vengeance vous dénonçât toujours. Vous avez fait partie de la société des Droits de l'Homme?

G. Chaveau : Je n'ai rien à répondre à cela.

M. le président : prenez garde que MM. les jurés ne pensent que c'est que vous n'avez rien de bon à répondre.

G. Chaveau : La société des Droits de l'Homme n'est pas mise en cause, je pense...

M. le président : La Société n'est pas mise en cause; mais il importe, pour arriver à la manifestation entière de la vérité, de savoir si les accusés ont fait partie d'une société qui a causé si souvent du trouble.

G. Chaveau : J'ai été jugé et acquitté. Il n'y a plus à revenir là-dessus.

M. le président : C'est un fait accompli, sans doute, mais il serait bon d'établir s'il n'a pas xis té de mouvemens tumultueux sans que vous y ayez été mêlé.

G. Chaveau : C'est parce qu'on m'a soupçonné que j'ai été arrêté. On m'a jugé et mis en liberté.

M. le président : Je n'insisterai pas. Je me borne à faire remarquer que si vous avez fait partie de la Société des Droits de l'Homme, et que vous refusiez de répondre à cette question, il est difficile qu'on n'en tire pas contre vous une conséquence défovorable.

M. Martin (du nord), procureur-général : Vous refusez de répondre aux questions, et cependant, dans l'instruction, vous avez toujours dit : « Je répondrai devant mes juges naturels ; je me tais ici pour ne compromettre personne.»

G. Chaveau : J'ai toujours dit que je répondrais devant mes juges naturels ; mais cela seulement à raison du complot. Je ne devais rien répondre de plus, je n'ai rien voulu répondre de plus. Je réponds au complot ; le reste ne me regarde pas.

M. Martin (du nord) : Etes vous bien sûr que votre fusil n'était pas chargé le jour où vous avez monté la garde au château ? Dans une première réponse devant M. le juge d'instruction, vous avez émis un doute sur le fait, qu'il aurait été ou qu'il n'aurait pas été chargé.

G. Chaveau : J'ai répondu qu'il n'était pas chargé.

On passe à l'interrogatoire de Charles Chaveau.

M. le président : N'avez-vous pas connu le fils de Bray, pendant que vous faisiez partie de la légion française en Portugal ?

C. Chaveau : Oui, Monsieur.

M. le président : N'avez-vous pas, le 25 juin au

soir, vous trouvant chez votre frère, parlé à Bray d'un complot qui devait se réaliser le lendemain ?

—R. C'est faux. Je n'ai vu Bray que long-temps, un mois et demi, avant mon arrestation.

M. le président : Bray dit qu'on lui a remis entre les mains un pistolet avec seize cartouches.

C. Chaveau : Cela est faux. Cet homme obéit à des conseils de police. Il est évident que cet homme n'a d'autre but que de gagner de l'argent, que de vendre ses dénonciations. J'ai connu Bray, il est vrai, mais non pour un complot. Bray m'a engagé à me rendre en Portugal et à organiser une compagnie franche. Voilà comme il savait que j'avais des armes chez moi.

M. le président : La conduite de Bray, dans cette circonstance, en la supposant vraie, serait bien extraordinaire.

C. Chaveau : Elle n'est pas extraordinaire, elle est infâme !

M. le président : C'est ce qu'on aura à examiner. Mais d'abord, elle eût été fort extraordinaire. On ne concevrait pas que Bray ait attendu six semaines pour aller faire cette fausse déclaration à la justice.

Chaveau : Il faut du temps à un homme comme cil, qui veut y gagner de l'or, pour organiser son complot, arranger ses histoires et machiner son affaire.

M le président : En attendant six semaines, Bray aurait pu craindre que les armes eussent disparu.

Chaveau : Bray savait que je n'étais pas parti. savait que les armes seraient chez moi.

M. le président : Si Bray, comme vous le prétendez, avait voulu faire une fausse déclaration, il l'eût faite le lendemain. Il avait appris selon vous que vous aviez des armes. Il vous dénonçait immédiatement, et la preuve de sa dénonciation était acquise. Mais en attendant six semaines il s'exposait à ne plus trouver rien du tout, à n'avoir plus aucune preuve à administrer.

Chaveau : Oh ! cela se conçoit bien. Lorsqu'un dénonciateur veut obtenir de l'argent de quelque bonne dénonciation, il ne va pas s'amuser à dénoncer un détenteur d'armes, cela ne rapporte pas assez. Un délit de détention d'armes est trop peu de chose. Alors le dénonciateur se dit : il faut de ce petit délit faire quelque chose ; alors je machinerai un complot, un bon complot, un complot contre la vie du Roi ; par ce moyen, j'obtiendrai de la police plus d'or que pour une dénonciation faite contre un simple détenteur d'armes, Bray est un homme qui n'a pu inventer tout cela tout seul. C'est un homme de peu d'instruction, et ceux qui lui ont donné des conseils étaient des personnes intéressées dans l'affaire.

M. le Président : Si ces personnes intéressées dans l'affaire avaient l'intelligence que vous refusez à Bray, elles lui auraient dit de ne pas attendre six semaines pour sa déclaration, au risque de la rendre inutile.

C. Chaveau : On s'est concerté : un mois et demi est bientôt passé.

M. le président : L'orsqu'on vous a arrêté, vous étiez dans un état d'agitation difficile à décrire, vous avez provoqué vos complices à la résistance. Le commissaire de police et sept autres témoins ont déclaré que vous avez dit : « Comment, voilà des armes, et vous ne tuez pas ces gens-là ! »

C Chaveau : J'ai dit : «Comment vous êtes armés , et vous ne vous défendez pas !»

M. le président : Sept témoins déposent des
propos.

C. Chaveau : Ce sont des sergens de ville, on
les paie pour parler, pour déblater cotnre les individus.

M. le président : Il y avait d'autres témoins.

C. Chaveau : Si je l'ai dit, je n'avais pas concerté de tuer la force publique. Je savais que depuis quelques années les arrestations étaient nombreuses et les préventions longues ; je voulais dire,
dans mon agitation bien naturelle , que si on avait
fait bonne contenance personne n'aurait été arrêté.

M. le président : Eh quoi ! vous pensez que si
vous vous étiez défendu, que si vous aviez tué
plusieurs personnes, vous n'auriez pas été arrêté !

C. Chaveau : Je ne voulais pas les tuer. Ils
n'auraient pas exécuté leurs ordres , si on eût fait
bonne contenance; nous étions tous fort inoffensifs,
et on venait nous arrêter.

M. le président : Je vous fais remarquer que
dans vos premières réponses vous n'avez jamais
parlé du dessein d'aller en Portugal. Le 3 juillet ,
interpellé de donner des explications sur ces
armes destinées à l'Espagne, vous ne répondez
pas; Vous n'inventez ce système que le 8 juillet.

C. Chaveau : Ces réponses, je les dois aux jurés , je les leur donne. Je n'avais rien à dire dans
l'instruction.

M. le président : Vous deviez des réponses à la
justice pendant l'instruction comme aux débats.

En ne fournissant pas de réponses pendant l'instruction, vous pouviez faire présumer que vous n'aviez pas de bonnes explications à donner.

Lecture est donnée des interrogatoires de C. Chaveau. Il déclare qu'ils sont inexactement rapportés et faux pour la plupart : «Montrez-moi, dit-il, un seul interrogatoire que j'aie consenti à signer ! S'ils eussent été vrais, ces interrogatoires, je les eusse tous signés. Les procès-verbaux sont tous faux pour la plupart. »

M. le président : Les accusés doivent signer leurs interrogatoires, la loi leur en fait un devoirs sans les punir toutefois quand ils s'y refusent. Mais quand un accusé refuse de signer un interrogatoire, c'est lui, et non le juge, qui est placé en suspicion de trahir la vérité. Nous n'insisterons pas, au reste, davantage, sur cette observation. C'est là une mauvaise réponse pour un accusé, que de répondre à des interrogatoires et à des procès-verbaux, en disant : c'est faux ! Une telle réponse ne réussit jamais en justice.

C. Chaveau : M. Zangiacomi a toujours nourri, contre les accusés de ce complot, une grande animosité, et certainement...

M. le président : Prenez garde; vous savez qu'Hubert, un de vos coaccusés, a été condamné à un an de prison pour avoir injurié un magistrat, M. le juge d'instruction. Nous ne pouvons pas, dans votre intérêt même, vous laisser plus long-temps continuer à injurier un juge; vos défenseurs, dans votre intérêt bien entendu, vous donnent à ce sujet un utile avertissement.

C. Chaveau : Je n'ai rien dit d'injurieux.

M. le président : Vous ne connaissez donc pas la portée de vos paroles ?

C. Chaveau : Je les comprends assez bien pour ne pas en dire qui me mènent plus loin que je ne voudrais aller.

M. le président : Vous reconnaissez ces pistolets ; mais je vous demanderai à vous-même si l'Espagne avait besoin de ces six poignards ?

C. Chaveau : J'en avais en Portugal.

M. le président : Ces armes sont meurtrières quoique très mal faites.

C. Chaveau : Oh ! nous n'avions pas besoin d'armes de luxe.

M. le président : Où ont été fabriquées ces armes ?

C. Chaveau : C'est moi qui les ai fabriquées ; j'en ai acheté une, et j'ai fabriqué les autres.

M. le président : Où ?

C. Chaveau : Chez moi.

M. le président : Et votre frère, et votre mère n'ont rien vu ?

C. Chaveau : Ils étaient sortis quand j'y travaillais.

L'accusé est interrogé sur les bourres, trouvées dans les pistolets saisis et qui se sont trouvées être prises dans un poème de la *Jérusaleme délivrée*. Les pistolets donnés le matin à Bray étaient bourrés avec des pages de ce poëme, qu'on a retrouvées chez Charles Chaveau. Les pistolets saisi chez Léglantine étaient également bourrés avec des pages de la *Jérusalem délivrée*.

L'accussé déclare qu'il ne peut expliquer ce fait ; il se borne à le nier et à soutenir qu'il n'est pas possible. Ce fait résulte d'un procès-verbal dressé par M. Lepage, arquebusier , dont lecture est donnée au jury. Bray déclare qu'il n'a rien à dire, que ce n'est pas à lui à expliquer cela; que ces circonstances ont été arrangées à loisir par les commissaires de police.

M. le président : Je vous ai déjà dit que c'étaient là de très mauvaises réponses.

C. Chaveau : les voilà, je n'en ai pas d'autres.

M. le président : On avait disposé les apprêts d'un repas pour faire croire à la police que la réunion n'avait d'autre objet qu'un dîner.

C. Chaveau : Tout cela est faux. Bray n'était pas venu à la maison : c'est pure invention.

M. le président : Vous dites que vous avez refusé de signer vos interrogatoires parce qu'ils étaient faux. J'en tiens un où vous refusez de répondre à tout. Vous avez refusé également de le signer.

C. Chaveau : Je ne voulais répondre qu'au jury.

M. le procureur-général : Votre mère et votre frère ne connaissaient pas vos projets ? — R. Non, Monsieur. — D. Ont-il vu ces armes, ces poignards, ces pistolets ? — R. Non, Monsieur. — D. Où aviez-vous acheté ces armes ? — R. Chez des marchands ambulans; je vous l'ai déjà dit.

M. le président : Huillery , vous avez prétendu vous nommer Augustin et non Auguste , vous voulez vous en faire un moyen de défense.

Huillery : Je me nomme Charles-Augustin ; on appelle toujours un homme par son premier pré- om. Mais Bray avait nommé un Auguste, un nom en air et avec une petite variation on m'a appliqué ce om. Vous verrez, au reste, ce que c'est que ray. je le connais, Bray, et je vous le ferai connaître. Il y avait plus de cinq mois que je ne l'avais vu, ce Bray. Il viendra lui même le reconnaître.

M. le président : Vous avez été arrêté dans la chambre de Chaveau, vous êtes un des quatre arrêtés là. Quel était votre motif pour vous trouver là ?

Huillery : J'étais là par hasard, c'est vrái. Je n'ai pas d'autre explication à donner.

M. le président : Le 25 et le 26, Bray fit deux déclarations. Il indiqua le lieu où on trouverait des armes et des hommes assemblés. On y alla et le hasard ne fit pas sans doute qu'on trouva là des hommes et des armes. Vous ne pouvez expliquer cette singulière coïncidence par le hasard.

Huillery entre ici dans un détail fort étendu des circonstances qui l'amenèrent chez Chaveau. « J'étais là par hasard, dit-il, tout-à-fait par hasard. Le commissaire de police me fouilla, et il trouva sur moi une pierre. Ce fut d'abord pierre à fusil, puis pierre à pistolet. J'ai vu l'instant où cela allait devenir un fusil.

M. le président : Vous avez tort de traiter légèrement cette accusation : c'est chose fort sérieuse.

Huillery : Cependant, M. le président, pardonnez-moi le, je ne puis encore me figurer que ce soit là chose sérieuse. Il y a si peu de charges contre moi, que je m'étonne d'être ici, d'être acteur dans ce procès, tandis que je devrais être là (montrant l'auditoire), à regarder juger ce procès. Eh bien, pour cette pierre, je dirai que c'était mon briquet. J'ai demandé formellement que l'on constatât qu'on avait saisi de l'amadou et ma pipe

7

que je venais d'allumer. Cela peut paraître encore dérisoire, c'est pourtant la vérité.

M. le président : Vous étiez là par hasard, et vous avez insulté le commissaire de police; vous avez poussé des cris séditieux dans la rue.

Huillery : Cela n'est pas. Je me présente ici avec mon caractère d'homme poli, d'homme bien élevé. Je n'insulte jamais personne; quand un homme m'insulte, je le méprise et voilà tout. Je ne me suis pas amusé à insulter le commissaire de police. On sait très bien où ça va d'insulter un commissaire de police : ça va à 2 ans. Quant aux cris séditieux, voilà ce que j'ai à dire. Lorsqu'on nous arrêta et qu'on nous conduisit dans la rue, le bruit se répandit que nous étions des voleurs. Pour qu'on ne le crût pas, nous nous mîmes dans la rue à entonner la *Marseillaise*. Au reste, il y a ici un cas de médecine légale. Il est certain que j'étais fort malade par suite d'une hypertrophie du cœur. Je demande que vous nommiez deux médecins pour prouver que dans l'état où j'étais et qui a été constaté à mon arrivée à la Force, je ne pouvais ni pousser des cris, ni insulter personne à haute voix. Voilà 9 mois que je me soigne, et je ne suis pas fort On m'a vu phtysique à la Force. J'étais hors d'état de pousser des cris, surtout dans l'état d'émotion où je me trouvais.

M. le président : Et cependant, vous avez, dites-vous, entonné *la Marseillaise*?

Huillery : Je ne l'ai pas entonnée à haute voix. Je l'ai commencée à voix basse pour que mes camarades m'imitassent. J'avais entendu dans la foule des hommes qui disaient : « Ce sont des voleurs, des brigands. » C'est alors que j'ai dit : Vive la

rép.... C'est alors, reprend Huillery, que j'ai commencé la Marseillaise avec ma faible voix pour que
les autres fissent comme moi.

M. le président : Vous vous êtes évadé le 1er juillet ; je ne vous en fais pas reproche. Le 8 juillet,
en vous constituant prisonnier vous même, vous
avez écrit au juge d'instruction qu'il était inutile
de vous mettre au secret parce que vous aviez communiqué avec vos co-accusés ?

Huilery : C'était avant l'évasion que j'avais communiqué avec mes co-accusés. Je disais alors qu'il
était inutile de me mettre au secret, puisque notre
système, s'il y en avait un à concerter, devait déjà
être concerté. C'était, en me constituant prisonnier, pour éviter d'être mis au secret que j'écri-
vais cette lettre à M. Zangiacomi. J'étais malade,
je ne pouvais supporter le secret, je me suis évadé.
Un ami m'a offert de l'argent et des passeports. J'ai
refusé. Je lui ai dit : Je suis innocent, je veux paraître devant mes juges, je me justifierai bien aisément. Et je me suis rendu en prison, où j'ai attendu 9 mois.

M. le président : Je ne vous blâme pas de votre
évasion, ce n'est pas là la question. Je ne vous
fait pas plus compliment de votre constitution vo-
lontaire en prison. Je constate seulement un fait.

M. le procureur-général : Vous avez refusé de
dire votre nom.

Huillery : J'avais déjà été arrêté huit jours,
pour cris séditieux. J'ai ma mère, jeune encore,
qui a 6 enfans. Je ne voulais pas qu'elle sût mon
arrestation. Je croyais qu'une simple observation
me rendrait à la liberté, sans qu'on sût mon arrestation.

M. le procureur général : quand on vous a confronté à Bray, vous avez dit que vous ne le connaissiez pas?

Huillery : C'est vrai! je le voyais avec un gendarme, je le croyais arrêté, voilà pourquoi j'ai dit d'abord que je ne le connaissait pas. Lorsqu'il me dit « Eh quoi! vous ne me reconnaissez pas! » j'avouai que je le connaissais, que je l'avais vu long-temps auparavant.

M. le procreur général: Avez vous fait partie de le société des Droits de l'Homme?

Huillery, après réflexion : Non Monsieur.

M. le procureur-général : Cependant voici des documens......

Hullery : Ah! si vous avez des preuves, je vous dirai oui; mais je ne vois pas pourquoi je fournirais moi-même des armes contre moi, puisque vous faites des armes contre un accusé, d'avoir fait partie de la Société.

M. le procureur-général : Vous avez été arrêté pour avoir crié : à bas les forts détachés! lorsque le Roi passait.

Huillery : C'est vrai.

M. le président : On se rappelle l'indulgence avec laquelle furent traités les individus arrêtés à cette occassion. On conçoit que la question des forts détachés avait excité dans les esprits, à raisou de la diversité des opinions, une certaine irritation ; ce fait est d'ailleurs étranger à l'affaire c n'en parlons plus.

M. le procureur.général : N'avez vous pas profité de la liberté que vous avait laissée votre évasion pour changer d'habits?

Huillery : Cela est vrai, mais mon Dieu! si

vous y tenez je pourrais bien vous les montrer ces habits.

M. le président interroge l'accusé Husson sur les motifs qui l'ont jusqu'à ce jour, engagé à ne pas faire connaître son domicile. Husson répond qu'il ne voulait pas compromettre ses amis et les exposer à être arrêtés.

M. le président : Je ne prétends pas examiner la position de l'accusé Boireau. Je ne veux pas marchander avec sa position. C'est une position faite; elle l'a été par l'arrêt rendu contre lui par la Cour des pairs. Boireau a déclaré positivement que Husson lui avait fait des confidences.

Boireau : Je demande à parler.

M. le président : Husson, répondez, avez-vous fait des confidences à Boireau ?

Husson : Je n'ai jamais fait de confidences à Boireau.

Boireau : Je désirerais que vous m'accordiez un instant la parole. J'aurais les explications les plus plausibles à donner sur ces révélations.

M. le président : Elles sont notoires, et en comparant le *Moniteur* et la *Gazette des Tribunaux* on peut en avoir tout le contenu sans craindre d'être mis mis en erreur.

M. le procureur-général : Des procès-verbaux ont été tenus à la Cour des Pairs et ont tout le caractère d'authenticité.

M. le président : Boireau, vous ne pouvez avoir la parole en ce moment, cela interviendrait l'ordre qu'il est indispensable d'apporter dans ce débat.

Boireau : Tout cela est faux; je demande à donner de plausibles explications.

M. le président : Nous allons lire les réponses

que vous fîtes le 14 février, pendant votre procès devant la cour des pairs , à M. le juge d'instruction Zangiacomi. Je lirai ensuite la rétractation que vous avez faite devant moi.

Boireau : Lisez la rétraction ; tout le reste est faux.

Lecture est donnée de cet interrogatoire ; Boireau déclare qu'il ne l'a prêté et signé que parce qu'il était dans un grand état de faiblesse.

M. le président : Il résulterait de cet état de faiblesse que vous auriez fait, selon vous , des mensonges ; il n'en résulterait pas que le juge ait rédigé un faux procès-verbal.

Boireau : Je demande à m'expliquer sur ces faits. Je dis qu'ils sont faux.

M. le président : Je vais d'abord donner lecture des rétractations faites par vous il y a quelques jours sur mon interrogatoire.

Lecture est donnée de ces rétractations ; en voici les principaux et les plus importans passages :

D. Persistez-vous dans vos révélations précédemment faites à l'audience de la cour des pairs et devant M. le d'instruction ? — R. Non , Monsieur.

D. Persistez-vous à dire que Husson vous avait proposé de vous réunir à ses amis ? — R. Je n'ai pas dit cela.

D. Persistez-vous à dire que vous connaissiez Husson ? — Je persiste à dire que je le connais, ainsi que Dulac, mais fort indirectement l'un et l'autre.

D. Pourquoi rétractez-vous ce que vous avez positivement déclaré devant la cour des pairs , et le 14 février, devant M. le juge d'instruction Zangiacomi? — R. C'est pour rendre hommage à la vérité.

D. Quel était votre but lorsque vous fites, à l'égard de Husson et de Dulac, des déclarations que vous prétenddz fausses aujourd'hui? — R. Je n'avais pas de but; je les ai faites parce que pendant trois jours, je n'avais pas eu la tête à moi à l'occasion de l'accusation terrible qui pesait alors sur moi.

D. Lorsque vous n'étiez plus à l'audience, mais dans le cabinet du juge vous deviez être plus maître de vous, vous deviez être plus tranquille. —R. Je soutiens que ces déclarations ne sont pas conformes à la vérité; et d'ailleurs, dans l'nn comme dans l'autre lieu, j'avais présenté à l'esprit l'affliction profonde dans laquelle devait être plongée ma famille. C'est à cet état qu'il faut attribuer les déclarations que je rétracte aujourd'hui positivement.

M. le président : Vous voyez que notre premier soin a été de mettre en présence les charges que Boireau, par ses révélations, avait pu élever contre Husson, Dulac et Delont, et les rétractions qu'il a faites en ma présence et sur mes interrogations.

Boireau : Je ne puis donc pas répondre à ces révélations dont on parle ?

M. le président : Quand je vous interrogerai.

(On remarque que pendant cette partie des débats la pâleur de Boireau a augmenté. Il a plusieurs fois jeté des regards inquiets sur le banc des accusés et de l'auditoire,)

M. le président : Husson, quand on vous a

arrêté, vous aviez une balle de plomb dans la main ?

Husson : C'est une balle que j'avais trouvée là dans une corbeille, et que j'avais prise sans aucune importance.

Me Rittier, avocat de Husson : Ii aurai pu la jeter par terre, s'il avait voulu, on ne l'aurait pas alors trouvée sur lui.

M. le président : C'est là un argument de défense, et c'est une réponse que je demande à l'accusé.

Me Rittier : C'est une observation que j'ai cru devoir faire.

M. le président : Avez-vous fait partie de la Société des Droits de l'Homme ?

Husson : Non.

M. le procureur-général : Vous dites que non, et il résulte des pièces saisies à Sainte Pélagie que vous étiez membre de la section de l'abolition de la propriété mal acquise.

Husson : Il y a plus d'un Husson dans Paris.

M Rittier : Cela n'est pas une preuve légale, authentique, et l'accusation ne peut en apporter d'autres.

Hubert est interrogé. Il est une des quatre personnes arrêtées chez Chaveau. M. le président fait remarquer que tous les agens et tous les témoins l'ont signalé comme le plus furieux, le plus exalté de tous les individus arrêtés chez Chaveau.

Hubert : C'est faux.

M. le président : Tous les témoins ont signalé l'homme aux cheveux roux comme le plus exalté.

Hubert : C'est faux ; le commissaire ne l'a pas

dit. Est-ce que par hasard, les agens, les simples agens sont plus croyables que le commissaire ?

M. le président : On a saisi chez vous une proclamation, la reconnaissez-vous ?

Hubert : Lisez-la d'abord, je dirai ensuite s je la reconnais.

M⁰ Moulin : C'est une copie ; cette pièce n'est pas incriminée. Je ne vois pas quelle induction on peut en tirer.

M. le président : Je ne tire aucune induction, et je vous fais remarquer que votre client demandait lui-même qu'on en donnât lecture.

M⁰ Moulin : Je ne faisais pas là office de défenseur ; je remplissais un devoir en exerçant mon droit et en disant que cette pièce est manuscrite!, que je pourrais en indiquer l'origine, et qu'elle n'est pas incriminée.

M. le président commence à donner lecture de l'une des nombreuses proclamations saisies en divers lieux et contenues au dossier.

Hubert interrompant : Ce n'est pas celle-là ; la mienne commence par : *Peuple français!* Je veux la mienne, lisez la mienne.

M. le président donne lecture de cette pièce écrite tout entière dans un style figuré et ampoulé, qui paraît avoir échappé en plusieurs parties de l'intelligence du copiste. L'orthographe assez imparfaite qui y est employée rend cette lecture fort difficile. M. le conseiller Philippon vient en aide à son collègue. Voici les passages principaux de ce factum :

« Peuple français !

« Toi qui es en proie à la misère et à tous les besoins; quels sont tes droits? Tu n'es pas né pour

souffrir, mais pour jouir des biens de la terre.
N'est-ce pas toi qui travaille, qui fais croître les
moissons, ne sont-ce pas les mains qui ont construit; ces palais somptueux, fabriqué ces étoffes
magnifiques et n'est-ce pas toi sur qui pèsent tous
les impôts? Cependant tu meurs de faim, tu loges
dans un grenier ouvert à tous les vents; pourtant
tu es couvert de haillons et transi jusqu'aux os...

« Peuple, lève-toi, frappe ces maîtres impitoya-
bles qui, pendant tant d'années ont sucé ton sang!
réveille-toi, achève l'ouvrage que tes pères ont
commencé depuis 40 années! O nation puissante!
que deviendras-tu si ta main puissante ne rompt
les drames dont tu es environnée! (Il faut apparemment, dit M. le président interrompant sa lecture, lire *trames*.)

« Riches égoïstes!

» Stupides vampires engraissés de sueur et de
rapines, hommes sans pitié qui vous engraissez de
la substance du peuple en entassant tous les jours
dans vos coffres avides les trésors de l'État; vous
qui regardez comme un jour heureux celui où vous
pouvez vous rougir les mains dans le sang du peuple; vous qui *faites* des assassins avec des soldats
français en leur ordonnant de nous mitrailler, vous
forcez la loi avec de l'or, à devenir complices de
vos horribles assassinats.

» Misérables hypocrites!

» Assez, assez de tant de crimes! Voyez d'un côté
notre désintéressement et notre misère, et de l'autre vos vices. Gardez vos richesses, mais laissez au
peuple la liberté, l'honneur, du pain et du travail.

» Soldats fançais!

« Vous qui avez porté des âmes pures dans le

séjour de l'intrigue et de la corruption, deviendrez-vous les défenseurs des fripons contre le peuple ? N'êtes-vous pas comme nous les enfans de cette chère patrie? N'êtes-vous pas les valets de ces ambitieux hypocrites engraissés des sueurs du peuple? Sachez donc qu'en nous frappant vous vous frappez vous-mêmes! Criez avec nous : non! le soldat français ne se rendra pas parricide! un cœur trop généreux bat sous ces vilaines capotes pour se rendre le bourreau de son frère, pour le caprice d'un avare, d'u hypocrite , d'un traître qui fait à la fois votre malheur et le nôtre, et qui a usurpé les droits du peuple par ses lâchetés ! Soldats! souvenez-vous que vous êtes Français!.... »

« Roi hypocrite et parjure ! »

» Toi qui es assis à la place des lois et que la force seule y soutient , toi qui es sans pitié pour le pauvre peuple, c'est sur ta tête criminelle que retomberont tes infamies. Entends-tu la voix du peuple qui te demande justice de tant de crimes et de tant de trahisons ?

» Qu'as-tu à répondre ? »

M. le président : Est-ce vous qui avez écrit cette proclamation ?

Hubert : Ce n'est pas une proclamation. J'ai lu les ouvrages de Saint-Just, et j'ai appris à connaître mes devoirs et mes droits. J'ai lu les ouvrages de Laponneraye, ceux d'Armand Marrast ; je me suis instruit, et j'ai jeté sur le papier ces réflexions, résultat de mes études.

M. le président : Il serait bien possible que vous fussiez fort mal instruit. Avez-vous fait partie de la Société des Droits de l'Homme ?

Hubert : Je m'en fais honneur. Si j'avais été

capable d'entrer dans un complot comme celui-ci , je n'aurais pas été digne de faire partie de cette société.

L'accusé Hubert, interrogé sur les faits positifs de l'accusation , répond que le hasard seul l'avait amené chez Chaveau.

M. le président : On a trouvé chez Hubert une correspondance en allemand, émanée de ses parens. Dans ces lettres on lui donne les meilleurs conseils. Il ne paraît pas en avoir profité.

M. le président interroge Leroy , arrêté chez Chaveau avec Hubert, son ami, corroyeur comme lui. Il soutient que le hasard seul l'avait amené là. Il allait, disait-il , chez un nommé Poirrier chercher de l'ouvrage. Ne l'ayant pas trouvé , il rencontra Hubert qui le conduisit chez Chaveau.

M. le président : Ce qui fait penser que vos motifs de visite chez Chaveau n'étaient pas ceux que vous alléguez , c'est que vous avez été fort exalté, que vous avez montré beaucoup d'irritation lorsqu'on vous a arrêté.

Leroy : Le commissaire a dit que j'avais été fort tranquille.

Lecture est donnée des interrogatoires subis par Leroy devant M. le juge d'instruction. Il soutient que ces interrogatoires ne contiennent pas la vérité , et que ce sont autant d'inventions.

M. le procureur général : Il est impossible d'entendre toujours accuser un juge d'instruction. Il est impossible de ne pas croire que les déclarations qu'il rapporte n'ont pas été faites.

L'audience est levée à 5 heures et demie et renvoyée à demain 10 heures, pour la suite des interrogatoires.

Audience du 28 mars.

A dix heures les accusés sont introduits, et presqu'aussitôt l'audience est ouverte. L'affluence est la même à peu près qu'hier.

M. le président. — Huillerye, j'ai lu votre lettre. J'ai reconnu qu'en effet votre énonciation était exacte; vous écriviez au juge d'instruction : *j'ai pu communiquer*, et non pas *j'ai communiqué*. Je reconnais l'exactitude de votre dire dans la séance d'hier; mais très certainement je ne donnerai pas lecture de votre lettre. Elle renferme des expressions inconvenantes que, dans votre intérêt même, je ne dois pas faire connaître.

Huillerye. — Je parais devant le jury sous une accusation d'injures et insultes ; en disant que par écrit je me suis servi d'expressions inconvenantes, vous pouvez porter à croire que j'ai l'habitude de me porter à de tels excès ; je vous prie, M. le président, de donner lecture de ma lettre.

M. le président. — Je ne lirai pas votre lettre ; je n'ai pas dit qu'elle contînt des injures, mais bien des choses inconvenantes; il y a, certes, grande différence.

Huillerye. — Je vous prierai alors de faire passer à MM. les jurés cette lettre que vous ne voulez pas lire; ils apprécieront mes intentions.

M. le président. — Je ne le ferai pas: La lettre n'appartient pas au procès ; elle n'a pas été inventoriée.

Huillerye. — MM. les jurés, je m'en rapporte à vous (Sensation).

M. le président. — Veuve Chaveau, l'accusation vous reproche d'avoir souvent excité chez vos fils des sentimens anarchiques ; au lieu de les détourner, jeunes qu'ils étaient, d'une mauvaise voie, vous les avez encouragés à l'insurrection : ce fait résulte même de votre correspondance, bien que pour la justifier vous prétendiez l'avoir composée d'extraits de journaux. En prenant même votre déclaaration pour vraie, il n'en resterait pas moins établi que vous auriez copié parmi ces articles, les plus violens.

Mme Chaveau. — Les journaux ne sont pas incrimés. J'ai copié, en effet, des articles ; s'ils sont coupables, c'est aux journaux qu'il faut s'en prendre.

D. Lorsque votre correspondance n'eût dû être que l'expression de sentimens tendres, elle ne se composait que de déclamations irritantes. Je suis forcé de vous parler aussi, quoiqu'avec réserve d'un autre ordre de faits ; il semblerait que vous avez témoigné à des membres de votre famille des sentimens si peu convenables, que lorsque vous vous êtes trouvée dans dans la nécessité d'avoir recours à eux, vous avez dû essuyer un refus. N'est-ce pas l'état de gêne où vous vous trouviez qui a causé votre irritation, et par suite, vous a portée à exciter des sentimens déjà si exagérés dans vos enfans. — R. Lorsque je me suis trouvée dans la nécessité de demander des secours à mon frère, j'avais soutenu mon fils en prison lors du procès des 27. Ma demande partait d'un sentiment naturel : j'avais moi-même soutenu mon frère ; j'éprouvais des besoins, et aujourd'hui que mon frère jouit d'une fortune de 20 mille livres de rente, j'ai pu lui demander des secours, moi qui étais dans des temps plus heureux venue à son aide. Alors j'étais sa chère sœur, et assurément, je n'ai jamais rien négligé pour assurer son bonheur et son avenir.

D. Je dois faire une observation ici, sans offenser personne : un de vos frères qui habite le département de Saône-et-Loire, ne professe-t-il pas des opinions différentes des vôtres ? c'est peut-être à cette divergence d'opinion qu'il faut attribuer les divisions fâcheuses qui ont motivé le refus que vous avez essuyé.

Mme Chaveau. — Ce refus ne vient pas de la différence d'opinion ; j'ai constamment été pleine de bonté pour mon frère, j'ai un autre frère, j'ai agi avec lui de même, et aujourd'hui, s'il a vingt mille livres de rente, c'est à sa sœur qu'il le doit. Autrefois, en 1825, en 1826, à l'époque de la guerre d'Espagne, j'étais sa sœur chérie ; il fallait lui écrire tous les jours ; ce n'est plus de même à présent que je ne suis pas riche. Je souffre, assurément, d'être obligée d'entrer ici dans des détails de famille qui ne devraient pas retentir dans cette audience.

D. Nous avions besoin de ces explications : elles sont données ; maintenant, nous allons passer à d'autres points. La police s'est présentée le 26 chez vous, vous avez refusé d'ouvrir, et votre porte n'a été ouverte qu'à l'arrivée du serrurier. Pourquoi refusiez-vous au magistrat l'entrée de votre domicile? — R. Lorsque j'ai entendu du bruit, j'ai cru d'abord que c'était le portier; je regardai à l'extérieur, et je vis des personnes étrangères; je reconnus une de celles qui avaient arrêté mon pauvre fils dans l'affaire des 27; je n'ouvris pas alors, car je savais le désagrément d'une descente de police.

D. C'est justement parce que vous reconnaissiez le magistrat de police, que vous deviez ouvrir sans le contraindre à envoyer chercher un serrurier. Ce n'est cependant qu'à l'arrivée du serrurier que votre porte a été ouverte forcément. On put supporer, en voyant ce retard, que des armes étaient en évidence, et que vous avez employé ce temps, quel que court qu'il ait été, à les cacher. — R. On peut le supposer; mais, pour moi, j'ignorais l'existence d'armes dans mon domicile.

D. Lorsque le commissaire est entré, vous feigniez de renfermer du linge dans une malle; c'est dans cette malle qu'on a trouvé des armes; alors le commissaire vous fit cette observation : « Vous n'avez pas mal travaillé! » — R. Le commissaire a commis une grave erreur, j'ignorais la présence de ces armes qu'il a trouvées.

D. L'accusation vous reproche en outre des propos fort inconvenans. Vous avez dit, entre autres injures, que vous voudriez voir les sergens de ville sur l'échafaud, et que vous tireriez vous-même la ficelle.

Hubert. — C'est faux.

M. le président. — Silence, accusé!

D. Après cette saisie, vous avez excité l'exaspération de ces jeunes gens, vous avez même proféré des cris séditieux.

Chaveau. — C'est moi : j'ai chanté la *Marseillaise !*

D. Le témoin Marlin vous a vue chez Combes, et déclare que vous avez dit que l'affaire était manquée. — R. Pour dire que je me suis trouvée chez Combes, il faudrait admettre que je le connusse..

D. C'est vous, qui dites que vous ne le connaissez pas. — R. Pourquoi le délateur serait-il cru plus que moi.

D. Parce que son témoignage est désintéressé. Nous ne parlons pas ici de Bray mais de Marlin. Ce témoin n'a parlé que lorsque l'instruction a appris qu'il avait, chez un des accusés, entendu parler du complot. — R. Je ne comprends rien à la déposition de cet homme que je n'ai jamais vu.

D. Vous avez été arrêtée le 26. On a trouvé entre autres papiers chez vous, des livres de loterie; le papier qui les composait a de la ressemblance avec du papier saisi chez d'autres personnes. Expliquez la possession de ces livres, d'où venaient-ils?—R. J'ai eu un parent qui avait le goût de la loterie; j'avais sa sœur avec moi; elle perdit son père ensuite, et plus tard mourut elle-même chez moi. Ces papiers étaient en sa possession, ils sont restés à la maison et ont été saisis, puis portés au parquet. Je n'ai jamais pensé à la loterie, mon génie ne s'étend pas si loin.

D. Les ceintures qui sont ici, les connaissez-vous? — R. J'en reconnais une qui a été trouvée dans mon panier à ouvrage (On représente à Mme Chaveau les ceintures qui sont sur le bureau); je n'en ereconnais qu'une, elle n'était pas finie quand je l'ai vue, elle devait servir à remplacer les bretelles.

D. On a trouvé chez vous, encore le 19, un mandrin, une cuillère à fondre le plomb, un moule à balles.

Leroy. — M. le président, je demande la parole.

M. le président. — Silence ! si vous interrompez je vous ferai sortir.

Leroy. — Je demande la parole pour un fait?

M. le président. — Taisez-vous, accusé !

Leroy, se levant et désignant une personne debout dans l'auditoire. — Il y a un témoin à charge dans la salle: c'est le portier de la meison de Mme Chaeau. (Mouvement.)

Huillerye, Hubert, Leroy, se levant à la fois. — Hier, il est resté plus d'une heure dans l'audience.

L'huissier de service. — Ce témoin entrai, il traverse la salle; il n'y a pas d'autre passage pour aller à la salle des témoins.

M. le président. — L'observation était juste. (Cet incident, qui a causé une vive rumeur, n'a pas de snite.

(A Mme Chaveau.) Comment n'avez-vous pas vu tant d'objets, des balles,, des pistolets, des armes, des poignards? — R. Je n'ai rien vu.

D. Comme mère, on ne peut certes vous blâmer de ne pas déposer conter vos enfans. Ce qui élève une charge contre vous, c'est le récit fait à Marlin de l'arrestation opérée chez vous; cela indique la connivence. Vous avez pu savoir que vos fils avaient des armes, et ne pas avoir assez de pouvoir sur eux pour les obliger à s'en défaire ; s'ils ont refusé, vous avez pu cacher leur faute : là se borne le privilége sacré du silence d'une mère. Mais le récit des faits chez Combes, après la découverte du complot, est une charge grave contre vous. —R. Je n'ai jamais été chez M. Combes. Quand à l'influence que j'ai pu exercer sur mes enfans, elle a été tout ematernelle, et est restée étrangère à toute préoccupation politique.

M. le président. — J'ai dit, dans l'intérêt de la justice, non dans le vôtre que peut-être vous n'aviez pas eu le pouvoir de faire jeter ces armes hors des chez vous.

M. le procureur-général. — Vous travailliez chez vous? — R. Chez moi souvent, parfois dans de magasins.

D. Dans quels magasins avez-vous travaillé? — R. C'était le plus ordinairement chez moi. Je n'étais pas occupée au mois ni à l'année. Habituellement je travaille pour des magasins; quand mon ouvrage est fini, je le reporte. Quelquefois on me demande de faire un petit ouvrage sur place, alors je reste absente presque toute la journée.

D. Nous vous pressons de dire dans quels magasins vous travailliez.

— R. Je ne puis vous dire ; tel jou icitel jour là ; je travaille pour des maisons qui ne seraient certes pas contentes d'être obligées de figurer ici.

D. Vous faisiez le ménage de vos fils. Comment n'avez-vous pas vu des armes derrière des poteries où elles ont été trouvées ? — R. Si on expliquait où les objets ont été trouvés je pourrais répondre. On dit vaguement derrière de la poterie, sans désigner le lieu où elle se trouvait.

D. Le linge qui était dans la malle, sur les armes, sertne donc pas, puisque vous avez pas vu ces armes ? — R. Non, c'était de vieux linge, des chiffons.

M. le président. Je vais interroger l'accusé Combes.

D. Comment avez-vous connu Gabriel Chaveau.

Combes. — Un de mes amis me le présenta en me disant qu'il était dans le malheur par suite de l'arrestetions de son frère.

D. Comment se nommait cet ami ? — R. Philippe Allier. Je l'avais désigné sous le nom de Paul, pour ne pas le compromettre.

D. Nous verrons plus tard dans quel intérêt. — R. Je vais vous le dire tout de suite. Arrivé à la Préfecture, j'y vis l'Eglantine, mon porteur d'eau ; je ne pus pas dire au juge d'instruction qui m'avait amené, et nommer Gabriel Chaveau ; j'aurais été certain de le voir arrêter.

D. Mais le 29 septembre, il était arrêté, Gabriel Chaveau ; vous ne pouviez pas craindre de dire qui vous l'avait fait connaître. — R. C'était sans utilité. Dans neuf mois de prévention que j'ai subi, j'aurais bien pu trouver une personne à désigner comme m'ayant mis en rapport avec M. Chaveau; je ne voulais faire arrêter personne.

D. Le 27 juin, vous avez reçu Gabriel Chaveau chez vous; a-t-il parlé devant vous du complot.—R. Jamais; c'est par un bon sentiment que je l'ai reçu, non pas à cause du complot; on me le présentait comme un homme dans la peine.

D. Vous avez occupé un ouvrier nommé Marlin. Lui avez-vous parlé du complot; il l'a déclaré en donnant même des détails? — R. Jamais. Cet ouvrier s'est trompé.

D. Il ne se trompe pas; il en avait entendu parler d'abord assez vaguement; mais ce fut le 27, à l'arrivée de Mme Chaveau, qui annonça la saisie d'armes et les arrestations, que l'on parla plus ouvertement devant lui et sans faire aucun mystère.—R. Je ne connaissais pas ce Marlin. Il a travaillé trois ou quatre jours chez moi, mais je ne lui ai jamais fait confidence d'un complot.

D. Marlin dit qu'il en avait entendu parler avec tant de violence, qu'il crut devoir engager ceux qui parlaient à ne pas dire leurs projets si haut, car tout le monde pouvait les entendre. —R. Je ne comprends rien à tout ce tripotage de Marlin. A cette époque, il était question du procès d'avril; on lisait les journaux; tout le monde s'occupait de politique. Il est très possible que Marlin ait confondu.

D. Gabriel Chaveau a donné son adresse à Bray chez vous ? — R. Oui,

D. Connaissiez-vous Bray ? — R. Oh ! si je l'avais connu, il ne serait jamais entré chez moi.

D. Votre adresse avait été donnée au quatrième ; vous demeurez au cinquième : c'est au quatrième que Bray s'adressa ; vons l'appelâtes de chez vous. Vous l'attendiez donc sur le pallier, si la déclaration de Bray est vraie ? R. Oui, si elle est vraie. J'ai vu dans l'acte d'accusation qu'il disait tout cela ; mais vous savez vous-même ce que valent les déclarations de Bray.

M. le président. Je n'abandonne pas les déclarations de Bray aux récriminations des accusés. L'art. 3o du Code d'instruction criminelle sera ma réponse. (M. le président donne lecture de cet article.) C'est un devoir de révéler un complot ; et dans une circonstance récente, des citoyens honorables ont déclaré que, si un complot leur avait été communiqué, ils l'auraient révélé.—R. Messieurs les jures sauront apprécier la valeur des déclarations de ce Bray, et sa conduite chez moi.

M. le président. Je le répète, Bray a rempli un devoir. —R. (Avec énergie.) Bray devrait être ici garotté sur le banc des accusés ; le misérable ! Sa conduite est celle d'un infâme !

D. Bray a déclaré qu'on devait jeter un baril de poudre dans la voiture du roi, qu'on tuerait les postillons, les chevaux. M. le président est interrompu par les rires de la plupart des accusés.

M. procureur - général. — Les rires des accusés sont indécents dans une affaire aussi grave.

M. le président. MM. les jurés seront scandalisés de cette inconvenance : nous prenons cette accusation au sérieux, et nous marchons avec les pièces de cette procédure, instruite avec tant de soin. Bray a déclaré avoir vu le baril chez vous ; vous de votre côté vous prétendez que ce baril n'a pas existé. —R. Cet homme déclare qu'il a vu chez moi un baril de je ne sais quelle grosseur. Il l'a vu sur une bergère : chaque jour mes enfants jouent sur cette bergère, ils n'auraient pas manqué d'aller dire, car ils ne pouvaient marquer de le voir : papa a un baril chez lui. Remarquez - donc que l'autre accusateur, Marlin dit ne l'avoir pas vu, il n'y a que ce misérable Bray qui en parle.

D. Avez-vous reçu chez vous Delont et Dulac? R. Oui.

D. Combien de fois du 28 juin au 8 juillet ? R. Que sais-je, ils venaient assez souvent. Je ne puis préciser les jours ni les époques.

D. Le 10 juillet, on a fait une perquisition chez vous, ou a trouvé sur le toit une boîte, des pierres à feu, dix-huit cartouches ; aviez-vous connaissance de l'existence de ces objets ? — R. Jamais.

D. Ces objets, il est vrai, se sont trouvés sur le toit à huit pieds de votre fenêtre ; mais ils n'ont pu y être déposés que par vous, le portier Nadermaker ou un nommé Bastien, car seuls vous avez des lucarnes sur ce toit. — R. Quand le commissaire est venu faire perquisition chez moi, il n'a rien trouvé, rien absolument ; je n'ai reçu que M. Chaveau, et jamais il n'est monté en haut ; quant à Robert Macaire...... (Rires dans l'auditoire.)

M. le président. — Vous connaissez le nom de votre portier ; ne faites pas à dessein de mauvais jeux de mots. — R. Je n'ai jamais su le nom de mon portier. On l'appelle Pierre ; je le nommerai si vous voulez Nadermaker.

D. On a aussi trouvé deux pistolets enveloppés dans une manche de percaline ; croyez-vous que Nadermaker ait été capable de les déposer sur le toit. — R. Je n'ai jamais voulu inculper mon portier. Quant à ces armes, si j'avais voulu les soustraire aux recherches, j'avais chez moi une cheminée perdue et d'autres cachettes ; le commissaire Martinet en déposera.

D. L'instruction a été plus sévère que vous. On avait trouvé chez Nadermaker des écrits annonçant un homme peu ami de la tranquillité ; il a été compromis. Aujourd'hui il comparaît comme témoin seulement. (M. le président donne lecture de deux procès-verbaux qui constatent la perquisition du 10 juillet et la découverte d'armes qui en a été le résultat, et fait représenter à l'accusé quatre pistolets et une boîte remplie de poudre.)

Combes. — Comment voulez-vous que je reconnaisse des objets que l'on ne m'a montrés qu'un instant à la Préfecture de police. La perquisition a été faite hors de ma présence ; c'est Nadermaker qui m'a appris la découverte de ces armes. J'étais alors en état d'arrestation.

M. le président. — Je passe à la déposition de Marlin. Ce témoin ne s'est pas présenté à la justice. Il a fallu aller le chercher à Saint-Leu, où il s'était retiré; il avait parlé à son beau-père des propos qui se tenaient et d'après l'avis de celui-ci il était sorti de chez vous.

On a donné mission au juge d'instruction de Pontoise d'interroger son beau-père. Il a déclaré les mêmes faits que Marlin, et cette circonstance a dû donner beaucoup de poids à cette déclaration concordante, faite au même instant à une distance aussi considérable. — R. Je n'ai eu connaissance d'aucun complot; je ne connaissais pas Marlin, et si j'avais eu une confidence de cette gravité à faire ; ce n'aurait certes pas été à lui.

D. Martin a expliqué qu'il travaillait près d'une fenêtre; il n'a pas entendu tout ce qui se disait; il n'est pas supposable qu'il se soit entendu avec Bray, et il a cependant raconté les circonstances du complot. Il a ajouté que vous écoutiez ce qui se disait, mais que vous n'aviez pas l'air d'y prendre part. — R. Je n'ai jamais entendu parler de complot chez moi; je n'aurais pas été homme à le souffrir.

D. Il est constaté, par témoins, que le 10 ou le 11 votre femme a emporté de chez vous deux pistolets de fort calibre; ces pistolets ont été portés par elle chez la femme Castaing d'abord, de la chez là femme Troude; ces armes enfin sont arrivés dans les mains de Bray, à qui elles ont été remis par Chaveau.—R. J'ai trois enfans ; ma femme allaitait le plus jeune. Il y avait chez moi un commissaire de police, dix-huit agens, une foule de gens que je ne sais comment qualifier. Comment voudriez-vous, qu'entouré de tant de surveillance, ma femme ait pu enlever deux pistolets, les faire sortir, et les colporter de tous côtés. Cela est trop contradictoire ; c'est impossible.

Un débat s'engage entre M. le président et l'accusé au sujet de la visite faite chez lui le 10, et qui n'a produit aucun résultat. M. le président persiste à appliquer à Combes la découverte de pistolets trouvés sur le toit à la suite de la fouille faite dans la mansarde de Nadermaker.

M. l'avocat-général, venant à l'appui des observations de l'accusé, reconnaît que deux visites distinctes ont eu lieu.

M. le président. — Voilà notre erreur reconnu. Votre femme a dit qu'il fallait prévenir Duval.—R. Il y a deux personnes que je connaissais intimement : Delont et Dulac. Si ma femme avait eu quelqu'un à prévenir, c'eût été l'un d'eux, et non Duval qu'elle n'a jamais connu.

D. Vous avez fait partie de la société des Droits de l'Homme? — R. Oui, monsieur ; je pourrais le taire et je le déclare ; mais s'il y avait jamais été question de projets d'assassinat, je m'en serais éloigné à l'instant.

D. Quel motif vous portait à entrer dans cette société? — Comme tout homme j'y suis entré ; comme tout Paris (on rit); j'entends comme tous ceux que je connais : je ne parle pas de gens qui sont au-dessus de ma classe.

M. le procureur-général. — N'étiez-vous pas sous-chef de la section de la Propriété mal acquise? — R. Non, jamais.

D. N'avez-vous jamais été condamné? — R. Jamais, monsieur; je n'ai jamais été même en prévention.

D. Une note constate la condamnation d'un Louis Combes : c'est votre nom; il est natif de Pont-St.-Esprit : c'est votre pays. Cette condamnation à cinq ans de prison est de 1827. — R. Je suis à Paris depuis 1819, et je n'en suis jamais sorti.

Me Joly. — Quel a été le motif de la condamnation ?

M. le procureur-général. — Un vol.

Me Joly. — Nous prendrons nous-mêmes des renseignemens pour répondre à cette induction détournée.

D. C'est, dites-vous, le nommé Allier qui vous a amené Chaveau?—R. Oui; il demeure rue Mauconseil.

D. Gabriel Chaveau, vous connaissez Allier ?

G. Chaveau. — Oui; je suis allé chez lui le 26.

D. Vous avez refusé de le nommer d'abord. — R. Je ne voulais pas le compromettre.

D. Accusé Combes, vous étiez lié avec Delont ? R. Oui; les enfants l'appelaient le père Delont. Je prierai M. le procureur-général de revenir sur cette allégation d'une condamnation à cinq années. Je ne veux pas qu'une impression fâcheuse plane même à tort sur moi.

M. le procureur-général. — Personne ne croit que cette condamnation vous concerne. Il y a d'ailleurs de celui qui en fut l'objet à vous une différence de dix années. — R. Pourquoi en parlez-vous alors?

M. le président. — Mon intention est de faire dresser un plan en relief des lieux, pour éclairer davantage le point de la découverte des armes, au domicile de l'accusé.

Combes. — Je demanderai, M. le président, à être présent aux opérations de l'expert.

M. le président. — La chose est impossible ; il faudrait pour que l'opération fût contradictoire, que la Cour s'y transportât avec le jury ; dans l'impossibilité de procéder ainsi, une personne tierce doit, sous la foi du serment, recevoir mission de procéder pour tous.

M. Dauteuil, menuisier, jure de remplir avec fidélité la mission qui lui est confiée.

Il importe de préciser les différents endroits où ont été trouvées les armes.

Me Joly. — L'expert va-t-il procéder sur le champ? Mme Combes est présente à l'audience, elle accompagnerait l'expert.

(Mme Combes et l'expert quittent immédiatement la salle.)

M. le président. — Accusé Delont, alliez-vous souvent chez Combes? — Oui, monsieur.

D. Y êtes vous allé entre le 26 juin et le 10 juillet. — R. J'y allais presque tous les jours.

D. Avez-vous entendu parler d'un complot? R. Non.

D. Avez-vous vu Bray chez Combes? — R. Jamais.

D. Et Chaveau? — R. Jamais.

D. Y avez-vous vu Dulac? — R. Je ne l'ai jamais vu qu'en prison.

D. Je vous demande cela parce que Bray est en contradiction avec vous. Vous avez antérieurement été arrêté? — R. Oui, le 24 août; j'ai été relaché le 27 septembre.

D. Quel était le motif de cette arrestation? — Je l'ignore encore.

D. N'était-ce pas à propos des forts détachés? — R. Je vais vous expliquer cela en deux mots. Le 21 août, je rencontrai une connaissance; nous entrons pour prendre un verre de vin; c'était rue des Rosiers. Nous montons dans une chambre, il y avait sept personnes; nous faisons apporter une bouteille de vin. La police entre aussitôt; nous ne nous dérangeons pas, ce ne sont pas nos affaires. Le commissaire nous dit : Vous êtes de la société des Droits de l'Homme. Les uns disent oui, d'autres, non. On n'était pas en réunion; mais le commissaire dit qu'il était porteur d'un mandat signé Gisquet. Enfin, on nous arrête tous. Je suis resté coffré 28 jours. Au bout de ces 28 jours on me renvoya, même sans m'avoir conduit au cabinet d'un juge d'instruction.

D. Bray déclare que devant vous on a parlé d'un complot; on en parlait ouvertement, il a été question d'un baril. — R. Depuis mon arrestation, on me parle constamment d'un baril. J'ai été questionné par M. Zangiacomi sur ce baril.

D. Connaissez-vous Marlin ? — R. Je n'ai jamais entendu parler de complot.

D. Marlin dit que vous parliez de projets vagues ; il vous reconnaît, tout en disant que vous paraissiez l'homme le plus prudent, et que vous faisiez de courtes apparitions. — R. Je ne l'ai jamais vu ni connu.

D. Marlin, qui met beaucoup de réserve dans ses déclarations, n'a même pas prononcé votre nom. Il a parlé d'un marchand de bric-à-brac ; ce qu'il y a de frappant dans cette désignation, c'est que déjà à la chambre des pairs, il avait été question d'un marchand de bric-à-brac qui, au dire de Fieschi, allait aux barrières du côté de l'Est. — R. Je n'ai jamais connu Fieschi.

M. le président. — Cela est vrai, aussi a-t-il dit tenir cela de Boireau.

Boireau, d'une voix forte et avec un accent de colère. — C'est faux.

M. le président. — Taisez-vous !

Boireau. — Je ne peux pas laisser passer de sang-froid de tels mensonges.

M. le président. — Fieschi l'a dit.

Boireau. — Fieschi a dit tout ce que le juge d'instruction a voulu lui faire dire.

M. le président. — Vous insultez la justice ! votre impudence m'étonne. N'oubliez pas qu'hier, vous

vous êtes trouvé, an moment du tirage du jury, en présence du fils d'une des victimes du 28 juillet, vous, le complice de Fieschi.

Boireau. — Je ne suis pas son complice ; cela n'est pas vrai.

M. le président. — La position de Boireau est exceptionnelle, sans doute ; il est condamné à 20 ans de détention ; il est couvert déjà d'humiliation par ce jugement, et il n'y a que lui qui ne sente pas sa position. Sa présence ici est un témoignage de la modération de la justice ; mais la justice ne l'a pas laissé vivre pour être un objet de scandale. L'aberration de l'homme qui a poussé l'impudence jusqu'à crier hier *vive Boireau !* ne peut assurément tromper personne ; il n'en est pas moins couvert d'infamie, et l'indécence de sa conduite est d'autant plus coupable qu'elle peut avoir cette conséquence fâcheuse de nuire à ses co-accusés.

(Les accusés se lèvent, et plusieurs défenseurs manifestent l'approbation qu'ils donnent aux sévères remarques de M. le président.)

M. l'avocat-général. — Il ne faut pas que Boireau croie être entièrement au-dessus de peines qui puissent l'atteindre. S'il ose se permette encore de calomnier des magistrats respectables, nous requerrons contre lui une punition sévère.

Boireau. — Je connais mes devoirs, et je les remplirai jusqu'au bout.

Mᵉ Joly. — Boireau a été privé jusqu'à présent des

conseils d'un défenseur; peut-être est-ce à cela qu'il faut attribuer son égarement. Le jury, en tout cas, sait faire une distinction bien juste de lui à ses co-accusés.

Me Massot.—Choisi seulement hier pour défenseur, j'ai engagé Boireau à la modération; il m'avait promis d'en montrer. Peut-être son expression a-t-elle mal rendu sa pensée. Il veut dire que la déclaration de Fieschi est fausse; et l'expression ne s'applique pas au magistrat qui a recueilli cette déclaration.

M. le président. — Je fais, avant de reprendre l'interrogatoire, cette déclaration, que, si une seule fois Boireau nous interrompt, pour mettre fin à ce scandale, nous demanderons à M. le procureur-général s'il a des réquisitions à faire pour faire ordonner la disjonction de sa cause, et le séparer du débat.

(A Delont.) Nous n'admettons, il est vrai, la déclaration de Fieschi qu'avec une extrême défiance. Le nom seul d'un tel homme doit inspirer plus que du doute. Cependant, nous sommes obligé d'admettre ses renseignements, et nous y sommes portés par la réserve même de ses déclarations.

Delont. — Boireau n'a pas parlé de moi à Fieschi; car il ne me connaissait pas, et ne me connaît pas encore.

D. Boireau, cependant, qui s'est rétracté, ainsi que nous l'avons dit hier, avait d'abord déclaré qu'il s'était trouvé avec vous à Belleville. — R. Je n'ai jamais connu Boireau.

D. Une note au crayon, saisie chez Boireau, paraît vous désigner. (Ici, M. le président épèle cette note, ainsi conçue) : « Chez Rossignol, au parc Saint-Far-« geau, en haut de la fontaine, tu demanderas Delont. » — Je déclare que je n'ai jamais donné d'adresse à Boireau, il m'est tout-à-fait inconnu. Cette note dont vous arguez, n'est pas de ma main.

D. Ce sont des rapprochements de noms; mais appuyés de la première déclaration de Boireau, ils deviennent plus qu'un indice.

M. le procureur-général. — Vous dîniez parfois chez Rossignol. — R. Oui.

D. Boireau n'y vint-il pas un jour au dessert. — R. Non.

D. Dans sa déclaration écrite cependant, Boireau dit que Dulac le mena chez Rossignol, où on devait faire une collecte pour Husson et d'autres prisonniers récemment arrêtés?

M. le procureur général donne lecture de cet interrogatoire.

Delont. Je n'ai jamais vu Boireau qu'à la Conciergerie depuis qu'il y a été amené.

M. le président. L'instruction a dû constater que le 2 juillet, après l'arrestation des frères Chaveau, vous avez vendu votre mobilier. — R. Ne confondez pas; j'avais vendu le matériel de ma boutique, et je déménageais pour aller demeurer rue Montorgueil n. 18; je vendais rue Molé avant de quitter les lieux; vous savez le proverbe : deux déménagements équivalent à un incendie.

D. Rue Molé, vous aviez une boutique, vous n'en deviez pas avoir rue Mauconseil; vous deviez donc changer de commerce, d'industrie? — R. Du tout; j'avais donné congé depuis quinze ou dix-huit mois; je quittais ma boutique parce que je n'y faisais rien.

D. Bray a déclaré que dans les premiers jours de juillet, il vous a rencontré avec Dulac sur le quai d'Orsay. On a parlé du complot, et Dulac dit : « Aujourd'hui, ça n'aurait pas été commode, un piqueur a repoussé une femme qui s'approchait de la voiture du roi. » — R. C'est de l'hébreu pour moi; je n'ai pas été sur le quai d'Orsay. Je ne connais pas Bray, je ne l'ai jamais vu.

M. le procureur général. On vous a demandé dans votre premier interrogatoire si vous connaissiez Combes; vous avez niez le connaître. — R. Oui, c'est vrai, J'étais indigné de la manière dont on m'avait arrêté, en criant à l'assassin sur moi. J'étais résolu à dire ne connaître personne. Jamais proposition de complot ne m'a été faite, je l'aurais repoussée.

D. Vous avez dit ne pas connaître Rossignol. — R. Assurément, je craignais de le faire arrêter, on a tant arrêté d'innocents; jusqu'à un pauvre vieillard de 84 ans ! (Sensation).

D. Vous connaissiez Bertrand ? — R. Oui; j'ai couché six nuits chez lui, prévenu que j'étais qu'il y avait un mandat d'amener contre moi.

D. Vous avez été arrêté le 17 juillet ; le mandat est de ce jour même. Vous vous êtes donc caché avant d'être poursuivi.—R. Je n'avais jamais eu de relation avec des personnes capables de machiner un complot.

D. Enfin vous vous cachiez.—R. Oui, j'étais averti ; je me serais représenté. J'avais raison de vouloir me cacher, une prévention de neuf mois n'est pas à dédaigner. (Hilarité).

D. Etiez-vous membre de la société des Droits de l'Homme ? — R. Oui, je ne le nie pas.

D. En quelle qualité?—R. Comme simple membre.

M. le procureur-général. — Vous étiez chef de la section de l'Abolition de la propriété. — R. Jamais j'étais simple sectionnaire.

M. le procureur-général. — Delont a été arrêté dans le courant du mois d'août 1832. Il vient de dire qu'il n'avait pas été interrogé. Voici le dossier. Delont a été interrogé ; voici son interrogatoire signé de lui.

Delont.—J'ai en effet été interrogé le jour de mon arrestation, mais je suis ensuite resté trente-huit jours en prison, et l'on m'a renvoyé sans autre forme de procès.

M. le président. — Accusé Delont, vous alliez dans la maison de Combes ? — R. Combes est un de mes amis.

D. Niez-vous la déposition de Bray, qui dit qu'en votre présence on parlait du complot? —R. La déposition de Bray ! Quand j'ai été chez Combes, j'étais dans un état de convalescence.

D. Vous avez connu le projet d'attaquer la voiture du roi, d'abattre les chevaux, de tuer les postillons?

Dulac. — On a dit que je voulais attaquer la voiture du roi à bras retroussés. Regardez-moi messieurs les jurés, suis-je un colosse? (Dulac élève les bras et montre sa frêle apparence; il est pâle et ému.)

D. Dans les premiers jours de juillet, ne vous seriez-vous pas trouvé sur le quai d'Orsay? Vous étiez avec Delont : vous avez rencontré Bray ; on a parlé du complot : vous avez remarqué qu'un piqueur avait éloigné une femme qui s'approchait de la voiture. — R. M. Bray a dit m'avoir vu le 5 ou 6 juillet avec Delont. J'ai passé la journée du 5 avec ma sœur ; nous avons dîné chez ma mère, où nous avons passé la soirée. Le 6 était dimanche : nous avons été à la barrière avec ma sœur et une autre personne. J'ai recueilli mes souvenirs ; j'ai eu le temps, neuf mois. Ici, l'accusé établit qu'il était dans un état assez grave de maladie à l'époque indiquée par Bray. M. le président conteste l'exactitude de cette allégation, et rapporte le dire de témoins qui ont déclaré que Dulac travaillait et sortait comme d'ordinaire dans les premiers jours de juillet.

Dulac. Bray prétend qu'après cette rencontre du quai, nous avons été chez un marchand de vin, rue Rivoli, n. 8, avec un nommé Castaing ; eh bien? le marchand de vin ni sa femme ne m'ont reconnus, et Castaing, qui est témoin, vous déclarera qu'il ne me connaît pas, qu'il ne m'a jamais vu. Quelle créance peut-on avoir dans une déclaration qui est évidemment fausse sur deux points?

M. le président. Marlin déclare que vous avez pris part aux conversations dont le complot était l'objet; il dit même que lorsqu'on parlait de l'exécution, vous étiez le plus animé. R. Je ne connais nullement Marlin. Je ne l'ai pas reconnu chez le juge d'instruction; je ne le reconnaîtrai pas d'avantage ici. Quand m'a-t-il vu, ce Marlin? donnez des dates, M. le président.

D. M. Marlin n'est resté que six jours, huit au plus, chez Combes : c'était entre le 27 juin et le 1er ou 2 juillet que les conversations les plus graves ont eu lieu. — R. Eh bien, j'ai travaillé sans quitter mon atelier, jusqu'au 22 juin, chez M. Droz, fabricant de bronzes; je suis tombé malade; alors dans ma convalescence, il est vrai, je suis sorti quelquefois, mais jamais je n'ai été sur le quai d'Orsay.

D. Apparteniez-vous à la Société des Droits de l'Homme? — R. Oui; je l'ai dit devant M. Zangiacomi. Je pouvais le nier; rien ne le prouve; mais je m'en fais gloire, parce que j'y ai puisé des principes de vertu. Ne croyez pas qu'on y lût des ouvrages anarchiques; on y lisait les écrits qui font la gloire de notre langue : Montesquieu, Fénélon, Jean-Jacques, les philosophes enfin. C'était moi qui fournissais les ouvrages.

D. D'où provenaient le moule à balles et les capsules trouvées chez vous? — R. De la révolution de juillet. Au reste, M. Lepage a constaté que le moule à balles était encore vierge, et n'avait jamais été employé.

M. le procureur-général. Connaissez-vous Boireau?
— R. Oui, ma connaissance avec lui est, non pas intime, mais indirecte. Je suis tourneur en cuivre, il est ferblantier-lampiste; nos professions sympathisent (légère hilarité). Je ne veux pas faire ici l'éloge de Boireau; mais quand on parlait d'un bon ouvrier, son nom venait naturellement sur le tapis. Il était employé chez M. Verner dont il dirigeait, en quelque sorte, la maison.

D. L'avez-vous rencontré sur le boulevart? — R. Je ne l'ai jamais rencontré.

D. L'avez-vous vu chez Rossignol? — R. Je ne connais pas Rossignol; il ne me connaît pas non plus, et vous le dira.

M. le président. Nous allons suspendre l'audience pendant vingt minutes, avant de commencer l'interrogatoire des trois derniers accusés.

L'accusé Huillerye. Voudriez-vous bien donner des ordres, M. le président, pour qu'on nous fît reconduire dans nos corridors de la Conciergerie; car depuis dimanche, nous sommes au secret, et le manque d'air nous tue.

M. le président. Sans doute, il y a ici erreur; j'ai donné des ordres pour qu'on vous laissât communiquer avec vos amis : il y a loin de là au secret.

Huillerye. Depuis dimanche cependant, monsieur, nous sommes renfermés dans nos chambres.

M. le procureur-général. Peut-être est-ce par quelque mesure de sûreté intérieure ; mais nous l'ignorions entièrement.

M. le président et M. le procureur-général se consultent un moment ; et M. le président, en annonçant la suspension d'audience, assure aux accusés qu'il donnera des ordres pour que l'on fasse droit à leur réclamation.

A deux heures un quart, les accusés sont ramenés à l'audience. La Cour entre en séance.

M. Le président, s'adressant à l'Eglantine. — Vous étiez le porteur d'eau de Combes ?—R. Oui, monsieur.

D. Le connaissiez-vous intimement? — R. Non.

D. Avez-vous rencontré chez Combes quelques-uns des accusés qui sont ici? — R. Aucun.

D. N'y avez-vous pas vu Bray? — R. Je ne connais pas Bray ; je ne l'ai jamais vu.

M. le président. Vous avez été désigné par Bray comme devant jeter un baril de poudre dans la voiture du Roi? — R. C'est faux.

D. On a trouvé chez vous des cartouches faites avec du papier de la *Jerusalem Délivrée*, du papier semblable a été saisi chez les frères Chaveau. Ce papier ne viendrait-il pas de chez eux? — R. Ce papier ne peut venir de chez les frères Chaveau, car je n'ai eu aucune relation avec eux.

D. Vos cartouches étaient-elles collées? —R. Je ne me le rappelle pas.

D. Le papier était-il imprimé? — R. Elles ne sont pas faites avec du papier imprimé.

M. le président. Nous vérifierons plus tard le papier de ces cartouches.

M. le président. Dans votre premier interrogatoire, vous avez déclaré que l'on vous couperait en morceaux, plutôt que de vous en faire dire davantage?— R. Je n'ai pas dit cela.

Mᵉ Coin de Lisle. L'Eglantine a dit, non pas qu'on le couperait en morceaux plutôt que de lui en faire dire davantage, mais qu'on le couperait par morceaux, qu'il ne pourrait en dire davantage, ce qui est très différent.

M. le président. L'Eglantine, vous avez vu la femme Combes après l'arrestation de son mari? — R· Oui, monsieur, j'ai continué à lui porter de l'eau.

D. Lui avez-vous parlé de l'arrestation de son mari? — R. Il n'a été nullement question de cela.

D. Etiez-vous membre de la société des Droits de l'Homme? — R. Oui, monsieur; j'ai été deux ou trois fois aux réunions, et j'ai laissé tout cela là. (On rit.)

D. A quelle section apparteniez-vous? — R. A celle Marat.

D. Dulac n'était-il pas dans cette section?—Je n'en sais rien; je n'ai jamais connu Dulac.

M. le procureur-général se dispose à adresser une question à l'Eglantine.

Mᵉ Coin de Lisle se lève et déclare qu'il prend des conclusions tendantes, comme celles déjà posées par

Mᵉ Joly, à ce qu'aucune question ne soit adressée par le ministère public à son client avant l'audition des témoins. Il annonce qu'il se borne à déposer ses conclusions, s'en référant aux développements qui ont été donnés hier par son confrère Mᵉ Joly.

Puis il ajoute : J'ai pensé d'abord que l'arrêt rendu hier par la Cour était commun à tous les accusés ; des doutes se sont élevés dans mon esprit à cet égard , je demande que la Cour rende un nouvel arrêt relativement à l'Eglantine. Je n'ai pas la prétention de faire revenir la Cour sur sa jurisprudence, je veux seulement qu'il soit constaté par un arrêt rendu avec l'Eglantine, que c'est nonobstant son opposition que des questions lui ont été adresées par le ministère public.

M. le procureur général. Dès que le défenseur de l'Eglantine pense qu'il est de l'intérêt de son client que le droit que nous a reconnu la Cour soit de nouveau constaté , nous déclarons ne pas nous opposer à ce qu'un nouvel arrêt soit rendu par la Cour.

Mᵉ Joly. Nous avons plaidé hier l'incident dans l'intérêt de tous les accusés ; et encore bien que les conclusions aient été signées par Chaveau seul , elles concernaient évidemment tous ceux qui sont aujourd'hui sur les bancs de la Cour d'assises.

L'arrêt de la Cour a eu aussi ponr but de statuer relativemeut à tous les accusés ; nous demandons, en conséquence , que si la Cour juge convenable de statuer de nouveau, elle déclare que l'arrêt qu'elle a rendu hier est commun à tous.

La Cour après en avoir délibéré, par les motifs donnés dans son premier arrêt.

« Maintient au procureur-général le droit de poser des questions à l'Eglantine. »

M. le procureur-général. Vos cartouches sont-elles des cartouches militaires? — R. Oui ; je les avais étant au service. Il n'y avait, dans chacune , qu'un dé de poudre tout au plus.

D. N'étiez-vous pas chef de section dans la Société des Droits de l'Homme? — R. Il n'y avait pas de chef; chacun l'était à son tour : le mien n'est jamais venu. (Hilarité).

M. le président passe à l'interrogatoire de Duval , accusé. — On a trouvé chez vous un pistolet d'arçon et des cartouches. — R. J'ignorais que ce pistolet et ces cartouches fussent chez moi.

M. le président donne lecture des interrogatoires de l'accusé, desquels il résulte qn'un individu qu'il ne connaît pas, s'est introduit chez lui, et y a déposé , sans qu'il s'en apperçut, le pistolet et les cartouches à balles qui ont été saisis à son domicile. Cet individu qui l'entretenait de la politique et du procès de la Cour des pairs lui a paru suspect.

M. le président. Si cet individu eût voulu se débarrasser du pistolet et des cartouches, il les aurait jetés dans la Seine ou dans un lieu retiré, cela eût été plus naturel et moins dangereux que de venir les déposer chez vous. — R. Il avait sans doute un autre but que de se débarrasser de ces objets : il voulait me compromettre.

D. Cet individu qui voulait vous compromettre est-il Bray ou Marlin? — R. Je n'en sais rien ; je ne l'ai vu que quelques instants ; je ne pourrais le reconnaître.

M. le président. On a trouvé le pistolet et les cartouches que vous prétendez avoir été apportés chez vous par un inconnu, dans un lieu retiré, sur un petit escalier noir. Comment l'inconnu aurait-il pu les placer là? R.—La porte qui conduit à cet escalier est souvent ouverte : tout le monde peut y aller.

D. Vous avez dit dans l'instruction, et vous soutenez encore que vous ne connaissez pas Chaveau, comment expliquez-vous la possession d'un papier sur lequel on lit ces mots latins : *Diligo excellentissimam mulierem Chaveau ?* — R. Ce papier m'a été donné à la Force par Meunier.

M. le président. Meunier a déclaré qu'il ne vous avait pas remis ce papir. — R. C'est Meunier ou Chaveau, je ne me rappelle pas précisément lequel.

D. Vous avez été membre de la société des Droits de l'Homme ? — R. Oui, j'appartenais à la section des 5 et 6 juin.

D. Etiez-vous président ? — R. Non.

M. le procureur-général. Quand avez-vous découvert le pistolet et les cartouches saisis chez vous ? — R. Lorsque le commissaire de police s'est présenté à mon domicile et les a trouvés.

D. Vous avez eu une conversation avec l'individu qui, selon vous, aurait déposé le pistolet et les cartouches ; vous auriez pu, par conséquent, le reconnaître. — R. Il ne m'a dit que quelques mots et a disparu immédiatement.

D. Vous avez été confronté avec un grand nombre de personnes, notamment avec Bray et Marlin ; vous n'en avez reconnu aucune. Avez-vous des soupçons sur l'homme dont vous parlez ? pensez-vous qu'il ait voulu vous compromettre ? — R. Oui. Je ne puis expliquer autrement la présence chez moi d'un pistolet et de cartouches qui ne m'appartiennent pas.

D. Vous avez dit que le papier sur lequel se trouve le nom Chaveau, vous avait été donné par Meunier ; vous venez de dire tout à l'heure, pour la première fois, que vous l'aviez reçu de Chaveau. Est-ce bien Chaveau qui vous l'a donné, et dans quelles circonstances ? — R. Un de mes camarades avait esquissé mon portrait ; pour l'envoyer à ma mère, j'avais besoin d'un papier d'enveloppe, Chaveau, je crois, m'en a sans doute donné un. Je répète que je ne me rappelle pas précisément qui m'a remis ce papier, je sais seulement qu'il m'a été donné à la Force.

M. le procureur général rectifie une énonciation de l'acte d'accusation, relative à un fait concernant les frères Chaveau.

Gabriel Chaveau. Cette erreur aurait pû être rectifiée plus tôt, car elle était connue lorsque l'acte d'accusation a été fait.

Me Joly. Puisque M. le procureur-général tient à rectifier les erreurs de l'acte d'accusation, je vais lui en signaler une autre, sur laquelle j'appelle une rectification. L'acte d'accusation énonce que des pistolets ont été remis par la dame Combes à la dame Castaing. Or, il résulte de la deuxième déposition de cette dame, que c'est Bray et non la dame Combes qui a fait cette remise. Il y a là inexactitude, erreur évidente.

M. le procureur-général. Nous maintenons l'énonciation de l'acte d'accusation. Lorsque deux dépositions contradictoires ont été faites, nous avons le droit de choisir celle qui nous paraît contenir la vérité. Or, nous déclarons ici que nous nous en tenons à la première déclaration de la dame Castaing, de laquelle il résulte qu'elle a reçu les pistolets de la dame Combes. Au surplus, la défense pourra argumenter comme elle l'entendra de la seconde déposition, où la dame Castaing déclare que c'est Bray qui lui a remis ces pistolets.

Me Joly insiste pour que la remise des pistolets soit reconnue comme ayant été faite par Bray.

M. le président. Je ne pense pas que dans la circonstance il y ait lieu à prendre des conclusions et à soulever un incident. Je ferai d'ailleurs observer à Me Joly que nous n'avons pas une force surhumaine, et qu'il nous serait impossible de suffire à ces débats déjà si pénibles s'il fallait engager à chaque instant des discussions avec les avocats.

M. le président, à Boireau. Vous avez entendu hier la lecture de vos premières déclarations ; vous vous êtes rétracté depuis, et j'ai donné également lecture de l'interrogatoire portant votre rétractation. Dites à MM. les jurés quelles ont été vos relations avec Husson, Dulac et Delont.

Boireau. MM. les jurés, M. le président, je suis ici pour jouer un rôle très important ; je serais bien coupable, quand je suis ici pour éclairer la justice, si je pouvais parler à faux. C'est d'après les journaux, d'après *le Messager*, d'après le *National* et le *Réformateur* que j'ai parlé. Je n'ai pas dit que les conjurés dussent se réunir à la barrière ; je n'ai jamais parlé à Fieschi du père de Dulont, de Dulac, de Husson. MM. les jurés, je dois déclarer mon caractère : je suis républicain ! Je proteste....

M. le président. Cette protestation, faite en public, est un délit. Vous n'ête pas ici pour jouer un rôle, et vous avez pu remarquer que vous avez soulevé contre vous l'opinon publique.

(Boireau, qui jusqu'à ce moment a conservé son attitude fière et presque arrogante, paraît interdit et reste sans réponse, après avoir jeté les yeux sur le banc de ses co-accusés, qui se retournent et évitent son regard interrogateur avec un sentiment de dégoût.)

D. Vous aviez parlé à Fieschi du complot. Assurément vous ne pouviez savoir par les journeaux les noms des personnes arrêtées, aucun journal ne les donnait.

Boireau, d'un ton emphatique. — Si vous me laissez dire ce qui est la vérité, on connaîtra comment tout cela s'est passé, et alors la solennelle enceinte pourra me comprendre. Moi Messieurs, comme tous les hommes politiques, je suis très vaniteux; j'ai pu pour me donner plus d'importance dans mon parti que je n'en avais réellement, dire comme étant à moi personnels, de faits dont je n'avais connaissance que par le journal. Il y avait peut-être un complot, je l'ai entendu dire du moins; par qui? je ne puis le dire positivement. Ah! Messieurs, je serais bien coupable si je venais dire à la justice des mensonges.

D. Avez-vous parlé à Fieschi d'un marchand de bric à brac? — R. Fieschi est un lâche, un misérable assasin. (Sensation prolongée.) Il a dit tout ce qu'a voulu le juge d'instruction. Il voulait sauver sa tête. On lui demandait : Boireau vous a-t-il parlé d'un brocanteur? Il a répondu oui; mais voyez donc, messieurs, Fieschi s'est rappelé tous les noms, toutes les circonstances, même les plus futiles, dans notre autre affaire. Ici, aucun nom ne se représente à sa mémoire; il n'en sait aucun; il répond oui à toutes les questions, mais ne dit rien de son chef.

D. Il n'a pas pu deviner que Delont fût marchand de bric à brac; c'est une qualité qu'il n'a pu inventer? — R. On demande à Fieschi : connaissez-vous Huillerye? — Non, répond-il. — Duval? — Non. — Connaissez-vous un homme de cinquante ans, un brocanteur? Celui-là lui convenait mieux par son âge, il devait être le chef. Alors il dit : Oui , Boireau m'a parlé d'un brocanteur. Eh ! bien, je le jure sur la tête de mon père , jamais je n'ai parlé de brocanteur à Fieschi.

D. Nous lisons dans sa déclaration du 17 août : « Boireau était informé que 5 personnes avaient été arrêtées rue Montorgueil ; leur projet etait d'assassiner le roi sur la route de Neuilly. Il m'a dit leurs noms, mais je ne me les rappelle pas. » Ainsi il déclare que c'est le 25, jour de l'arrestation, que vous lui avez parlé de l'arrestation même ; les journaux n'avaient pu encore l'annoncer ? — R. J'ai repondu, moi, en présence de Fieschi, que le fait n'est pas exact, et M. le procureur-général, qui est ici, et qui siégait à la Chambre des pairs , sait bien que Fieschi n'a jamais pu prouver ce qu'il a dit. Je défie en outre, que dans les interrogatoires de Fieschi, on trouve le nom de Père.

M. le président. Voici l'interrogatoire du 17 août , et le nom de Père (le brocanteur) s'y trouve tout au long.

Boireau. M. Lavocat était son intime ami , à Fieschi Celui-ci ne voulait pas parler , mais M. Lavocat l'instruisait de tout ce qui se passait au dehors. Je ne veux rien dire de M. Lavocat, ça ne me regarde pas ; mais il a bien pu lui dire : dites telles et telles choses, et à l'aide de révélations vous parviendrez à sauver votre tête. Boireau vous a-t-il parlé de telles et telles choses? voilà ce qui se passe au dehors. Que sais-je moi ?

M. le procureur général. Vous offensez le caractère d'un homme honorable ; sa conduite n'a pas besoin d'être justifiée; elle a reçu de la Cour des pairs et de tous ceux qui savent apprécier une bonne action des éloges mérités.—R. Je ferai remarquer à la Cour qu'il est bien extraordinaire que Fieschi, qui s'est rappelé des centimes pour l'achat de bois notamment, ne se rappelle pas les noms dans une circonstance si importante.

M. le président. On a pu connaître l'atroce fierté de Fieschi ; elle était telle qu'il a dédaigné un complot qui n'avait pas germé dans sa tête.

Boireau. Ah ! de la fierté.

M. le président. Il regardait cela peu de chose, le complot de Neuilly, il en avait un autre. Ici la mémoire lui a manqué, et cette fois, du moins, il a été consciencieux. — R. Consciencieux ! ça vous plaît à dire. Mais, moi, je sais que non. Je persiste à dire que moi , moi qui pourrais peut-être améliorer ma position , si malheureuse par cette condamnation à 20 ans de prison, je ne puis consentir à aggraver celle d'hommes que je sais dans ma conscience innocents. (Avec une extrême agitation). Moi à la Chambre des pairs, et c'est un grand reproche que j'ai à me faire, je n'ai dit que ce que j'avais entendu dire.

M. le président donne lecture des interrogatoires subis dans l'instruction par Boireau. Ce sont ceux qu'il a rétractés depuis, et que l'acte d'accusation a reproduits presqu'en entier. Après cette lecture, Boireau s'écrie : M. le président, tout cela est de ma pure invention ! Jamais Husson n'est venu chez moi me demander si j'avais des armes. Je ne connais pas De-lont, je ne connais que Dulac, et encore est-ce bien indirectement. Je l'ai vu chez M. Lapierre une fois que j'allais y commander des couverts. Tout ce que j'ai dit est une pure invention. Cela se conçoit, quand un homme a la hache du bourreau suspendue sur sa tête, il doit tout faire pour se sauver.

M. le président, avec sévérité. Vous poussez bien loin votre morale. Quoi ! vous avez pu dénoncer des innocents ?—R. Il faudrait avoir vu mon abattement, j'avais le spectacle du désespoir de ma mère, j'avais encore d'autres remords : tout homme a les siens ; j'étais toujours à temps pour me rétracter.

D. Vous avez pu livrer des innocents à la justice ! Taisez-vous, nous croirions faire injure à la morale en la discutant avec vous !

M. le procureur-général. Il y a autant d'invraisemblance dans son dire d'aujourd'hui, que de probabilités et de preuves dans sa première déclaration.—R. J'étais aveuglé par l'orgueil ; je voulais pénétrer le secret de Fieschi, que je n'ai jamais su. J'avais vu l'arrestation dans le *Messager,* c'est ce qui m'a fourni le sujet de mon dire.

D. Je vais lire le *Messager* du 27 dont vous parlez. « Hier, une forte brigade s'est transportée rue Mauconseil, et a arrêté les nommés Huillerye, Maximilien et Hubert. On ignore les motifs de cette nouvelle ri-

gueur.» Comment avez-vous pu parler d'une tentative
de complot sur la route de Neuilly ? Dans le journal,
il n'en est pas question. Vous voyez bien que l'on ne
peut expliquer votre révélation à Fieschi, que par une
confidence à vous faite par Husson ? — R. M. le procureur-général, vous connaissez bien peu le caractère
des jeunes gens; et cependant vous êtes ici pour juger
les hommes politiques ; et vous devriez apprécier les
erreurs de leur caractère. Je suis très vaniteux, moi ;
j'ai voulu me donner une importance que je n'avais
pas. Aujourd'hui, je déclare que tout ce que j'ai dit
à la Cour des pairs est faux ! Boireau poursuit en s'a-
nimant par degrés :

Quand je suis arrivé à Paris, en 1833, Husson travaillait chez un de mes compatriotes ; je l'ai connu là ;
mais je ne le voyais jamais ; Dulac n'a été qu'une fois
en rapport avec moi chez Lapierre.

D. Et Delont ? — R. Je me suis trouvé avec lui il y
a deux ans, au carnaval, à la Porte-Saint-Martin :
Suireau pourrait le dire, mais c'est une canaille !

M. le procureur-général. Comment pouvez-vous
parler ainsi d'un témoin qui a reçu à la Chambre des
pairs les plus honorables témoignages, et qui a rendu
un grand service à son pays ?

M. le président. N'insultez pas les témoins, vous
qui ne devriez montrer que du repentir.

Boireau. Quand on n'a pas fait de faute, on n'a pas
de repentir. Je reviens à ce Delont. Au bal du mardi
gras, je fis connaissance d'un jeune homme qui se

nommait Delont ; nous avons passé la nuit ensemble : c'est de lui que me vient cette note. J'ai fait mes efforts pour rappeler ma mémoire ; je viens aujourd'hui vous dire la vérité.

M. le procureur-général donne tour-à-tour lecture de l'interrogatoire où Fieschi parle de la proposition à lui faite par Boireau, et des interrogatoires subis par celui-ci, par suite des révélations de Fieschi, ainsi que le compte rendu de leur confrontation, et des audiences de la Cour des pairs où Boireau a été interrogé, relativement au complot de Neuilly.

Dans cette lecture, qui dure une demi-heure environ, Boireau, resté debout, promène des regards assurés sur l'auditoire et la Cour, et fait, à diverses reprises, d'énergiques signes de dénégation.

M. le procureur-général. Comment, après des détails aussi circonstanciés, peut-on supposer que vous les ayez inventées?

Boireau. Cela s'explique naturellement ; je n'ai pas eu à citer des noms : il me disait lui-même, l'interrogateur, connaissez-vous Huillerye? Connaissez-vous Husson ? Je n'avais qu'à répondre oui! oui!

D. Ce serait une horreur, une infamie, que de désigner ainsi des innocents à la vindicte publique. —
R. Oui! oui! je ne dis pas le contraire ; et cependant permettez : Fieschi dit que quatre ou cinq individus sont venus me demander si j'avais des armes ; moi, j'ai toujours dit que c'était Husson seul. Pour le brocanteur, Fieschi a dit : « C'est un homme habile, un

tacticien, un génie.» : depuis huit jours que je suis avec lui, je n'ai rien remarqué de semblable.

M. le président fait représenter aux accusés les pièces à conviction.

L'audience est suspendue pendant quelques instants.

La représentation des pièces à conviction continue. Chaque paquet est présenté aux accusés pour qu'ils examinent l'intégrité du cachet.

Des bourres trouvées dans les pistolets des frères Chaveau, sont successivement examinées par les défenseurs des frères Chaveau, M. le procureur-général et les jurés. La plupart ne présentent que quelques fragments de papier, sur lesquels on cherche vainement le texte de la *Jerusalem délivrée*.

Ils sont si fragiles, et en si mauvais état, que M. le président recommande de ne les toucher qu'avec précaution.

A cinq heures, M. le président déclare l'audience levée, et renvoyée à demain dix heures.

Delont. M. le président voudrait-il donner des ordres pour que nous puissions communiquer.

M. le président. Cela ne nous regarde pas : adressez votre demande à ceux qui sont chargés de la police de l'intérieur de la prison.

Audience du 3o mars.

A dix heures les accusés sont introduits ils échangent des signes d'amitié avec quelques-unes des personnes placées dans l'enceinte réservée : l'épouse de Combes cause affectueusement avec son mari, dont elle s'est approchée, et à qui elle paraît rendre compte de l'expertise ordonnée à la précédente audience. Boireau n'est pas au nombre des accusés, et son absence, après avoir causé une sorte de murmure d'étonnement, devient le sujet de toutes les conversations dans la salle. Le bruit se répand que les menaces de M. le procureur-général et de M. le président ne sont pas demeurées inefficaces, et que sa cause a été distraite de celle de ses co-accusés ; bientôt des renseignements donnés par les accusés eux-mêmes expliquent le motif de cette singulière absence. Boireau qui donne des soins tout particuliers à sa toilette, et était hier entièrement vêtu de noir, avait mis ce matin à son cou, au moment de se présenter à l'audience, une cravate de soie rouge ; on a sans doute vu là une démonstration républicaine, et Boireau a été sommé de quitter la cravate séditieuse. Quelques instants avant l'entrée de la Cour, il arrive en effet avec un col élégant et d'une blancheur éclatante. Il tient à la main un de ces chapeaux gris qui excitèrent si vivement, il y a deux ans environ, la brutale colère des assommeurs de la place de la Bastille.

A dix heures et demie la Cour entre en séance, et l'audience est reprise.

M. le président. Je préviens les défenseurs que j'ai procédé ce matin, avec M. le procureur-général, et M. son substitut, à l'examen des pièces à conviction

dont on a fait l'ouverture hier. Je propose aux défenseurs des frères Chaveau, de Huillerye et de Delont,
de procéder de concert, demain matin, à un examen
contradictoire. M. de Monsarrat nous accompagnera,
si les défenseurs n'y voient pas d'inconvénients ;
nous nous réunirons demain à neuf heures du matin,
dans la chambre du conseil de la Cour d'assises. (Les
défenseurs manifestent leur assentiment.)

M. Barlet, âgé de 45 ans, commissaire de police du
quartier Montorgueil, prête serment. — Je reconnais,
dit-il, l'accusé Charles Chaveau (il désigne Huillerye),
il n'avait pas de barbe lors de l'arrestation ; je reconnais aussi Duval.

Le 26 juin dernier, j'ai reçu un mandat de M. le
préfet de police ; il s'agissait de saisir des papiers, des
armes. Je fus assisté de M. Yon, officier de paix, et de
plusieurs agents. On se rendit rue Mauconseil, n° 10.
Je plaçai deux agents à la porte, et je demandai au
portier si madame Chaveau était chez elle ; sur sa réponse affirmative, je frappai. Comme on ne répondait
pas, je descendis et parlai de nouveau au portier. Il
répéta que madame Chaveau y était, et monta avec
nous. Il parla, je dis ma mission , j'usai même de menaces, on n'ouvrait pas ; j'envoyai chercher un serrurier. Dix à douze minutes s'écoulèrent, le serrurier
arriva , en ce moment je sommai de nouveau madame
Chaveau d'ouvrir. Le serrurier mit son crochet dans la
serrure ; alors seulement on ouvrit. Une femme et
quatre individus se trouvaient dans la chambre. Etes-

vous madame Chaveau , lui dis-je ? — Oui , reprit elle. Les quatre individus refusèrent de décliner leurs noms. Un d'eux avait dans sa poche une pierre à feu ; un second, vêtu d'une blouse, la tête couverte d'une casquette , tenait une main fermée et semblait cacher quelque chose : c'était une balle de fusil. Les deux autres n'avaient rien sur eux. Je procédai à la perquisition ; nous trouvâmes des armes, des munitions, des poignards grossièrement emmanchés. Il y en avait derrière des malles , sous du linge. Madame Chaveau m'aida à visiter le tout me en demandant si une seule malle pourrait contenir tous les objets saisis. Son empressement me rendit sa démarche suspecte ; elle remplissait une malle avec du linge, j'ordonnai de la fouiller ; on y trouva des pistolets. En ce moment j'entendis une rumeur sur l'escalier. C'était un nouvel individu qui était monté jusqu'au deuxième, et qui, voyant la police, avait fui précipitamment. Je rédigeai mon procès-verbal , sommant les quatre individus de décliner leurs noms. À peine avais-je écrit trois lignes, qu'un jeune homme arriva et entra résolument, bien qu'on lui fît signe de fuir. Je lui demandai son nom ; il n'hésita pas à dire qu'il était Charles Chaveau. Je continuai mon procès-verbal. Lorsqu'en en donnant lecture, presqu'au commencement, je dis : j'ai trouvé *une femme* : « Une femme ! s'écria le jeune Chaveau ; vous êtes un grossier , un malhonnête ; alors des criailleries, des injures, parmi lesquelles je distinguai l'épithète d'insolent. Je n'en continuai pas moins. J'interpellai chacun de dire son nom. Huillerye demanda à faire consigner un dire. Je refusai, disant que du moment qu'il ne se nommait pas je ne pouvais tenir compte de son dire. J'entendis alors qu'on disait que je faisais un faux procès-verbal. Ce propos était tenu surtout par Huillerye. De ce moment ils firent entendre des chanrs inconvenants : *la Marseillaise...* (Rumeur dans l'auditoire).

Je dis inconvenants, parce que quand quelqu'un écrit, on ne doit pas chanter. Je ne veux pas *inculper* le chant de *la Marseillaise*; mais ils en chantaient d'autres : le *Chant du Départ*, par exemple. Ils refutèrent de marcher. Je leur fis observer que s'il arrivait des malheurs ce serait leur faute. Charles Chaveau dit:Marchons! Le *Chant du Départ* fut de nouveau entonné. Je fermais la marche; des cris séditieux furent proférés, je ne pus savoir par qui, placé comme j'étais derrière les accusés et les agents.

M. le président. Il est nécessaire de préciser la part qui appartient à chaque accusé. Des injures ont été proférées : pouvez-vous dire par qui ?

Le témoin. Charles Chaveau m'a adressé l'épithète *d'insolent*. Il m'est impossible de dire si c'est Hubert plutôt qu'un autre qui a dit *canaille* et d'autres injures. Les voisins étaient ameutés.

D. Et les cris séditieux? — Je les ai entendus, mais dans la rue seulement.

D. La pierre à fusil, sur qui a-t-elle été trouvé ? — R. Sur celui qui était vêtu d'une redingote brune, et que j'ai su depuis être Huillerye. Elle avait l'apparence d'une pierre de gros pistolet. (M. le président fait représenter à Huillerye et Husson le paquet qui contient la pierre et la balle, pour leur faire reconnaître si le cachet est intact; il procède ensuite à son ouverture.)

M. le président. Avez-vous entendu de la bouche de madame Chaveau quelques injures? — R. Elle a été insolente, arrogante même ; elle a poussé l'ironie jusqu'à dire que si la république venait, on me conserverait ma place, parce que j'avais l'air d'un bon enfant. (Rires dans l'auditoire.)

D. Vous avez fait aussi la perquisition chez Duval? — R. J'y ai saisi un pistolet d'arçon, caché dans un escalier placé derrière sa boutique. Quelques cartouches se trouvaient à côté du pistolet. Duval manifesta son étonnement, disant qu'il ne comprenait rien. (Le témoin, au moment de retourner à sa place, revient sur ses pas.) Mais j'oubliais, dit-il. Dès son entrée, Charles Chaveau s'écria: Vous êtes des lâches! Si j'avais été là, j'en aurais tué deux ou trois. Je lui dis alors vous êtes un misérable, si vous aviez tué quelqu'un de nous, l'échaffaud est là pour faire justice des criminels.

M. le procureur-général. Vous êtes sûr d'avoir entendu ces paroles? — R. Oui, j'ai entendu distinctement ces paroles, ainsi que les épithètes *canaille*, *gueux*, *brigand*. Mais je ne puis préciser quant à celles-ci, par qui elles ont été proférées.

D. Et les cris séditieux ? — R. On a crié : *V ive la république* ; mais qui, je ne sais.

Me Plocque. N'est-il pas à la connaissance de M. le commissaire que les agents aient déclaré qu'ils reconnaîtraient le sixième individu qui est monté jusqu'au second, et s'est enfui sans pouvoir être arrêté ?

Le témoin. On l'a signalé comme vêtu d'un habit bleu.

Me Plaoque. Les armes étaient-elles sur la table quand Charles Chaveau est entré ?

Le témoin. Je les faisais placer au fur et mesure dans une malle ; mais les sabres étaient en évidence, ainsi que le fusil ; des pistolets étaient encore placés sur la malle.

Me Moulin. Quel était le lieu où les cris ont été proférés ? Est-ce dans l'allée ? est-ce dans les fiacres ?

Le témoin. Les cris étaient poussés dans la rue, et les accusés étaient déjà placés dans les fiacres ?

Huillerye. Voulez-vous bien, M. le président, demander à M. le commissaire si je ne l'ai pas prié de constater que dans la poche de mon gilet il y avait un briquet et de l'amadou, outre la pierre. Voilà le dire que je voulait faire constater.

Le témoin ne se rappelle pas cette circonstance.

Huillerye. Quel était donc mon dire ?

Le témoin. Je ne l'ai pas entendu : j'ai présumé que vous vouliez expliquer le motif de votre présence chez Chaveau.

Huillerye. Ce que je voulais faire constater, c'est que mon briquet se trouvait dans une poche avec la pierre.

Le témoin. Moi, j'ai pensé que c'était le motif de sa présence qu'il voulait expliquer.

Huillerye. Vous confondez; c'est à la Préfecture, que je vous dis; oui, je veux bien avouer le motif de ma présence : il est pausible, satisfaisant ; mais je ne le dirai que si vous pouvez m'assurer que vous avez le pouvoir de me faire relacher.

Le témoin. Cela est vrai, et je vous répondis que je n'en avais pas le pouvoir.

Huillerye. C'est moi qui suis Huillerye; je vous le dis parce que vous me preniez tout à l'heure pour Charles Chaveau. Dites, M. le commissaire, vous ai-je adressé une injure, un mot offensant ?

Le témoin vous avez fait chorus avec les autres.

Huillerye. Vous en êtes sûr, monsieur ? — R. Oui, je vous reconnais à votre voix.

M. le président. Tous les jours on se trompe sur la personne d'un accusé, surtout lorsqu'il a laissé croître sa barbe, et que neuf mois se sont écoulés.

M. le procureur-général. Ne vous a-t-il pas proposé de déposer le briquet? — R. Non.

Huillerye, avec chaleur. M. le commissaire, je vous en supplie, dites la vérité ! je vous adjure de la dire.

M. le président. Un commissaire, quand on ne se nomme pas, n'a pas à consigner un dire.

M. le procureur-général, à Gabriel Chaveau. Vous

vous êtes présenté le 26 juin chez vous au moment de la descente de police ? — R. Non.

D. Que s'est-il donc passé. — R. Je l'ignore. Permettez : j'étais occupé chez M. Lacombe, relieur ; je sortis pour aller prendre mon repas : un individu me rencontra rue Saint-Denis ; il me connaissait et me dit : la police fait une descente rue Mauconseil , chez vous ; n'y rentrez pas.

M. le procureur général. Vous êtes en contradiction avec vos interrogatoires : vous avez dit : « En rentrant chez moi, je vis la police, etc. » — R. Il y encore erreur du juge d'instruction ; je n'ai jamais déclaré autre chose que ce que je déclare ici.

L'accusé Leroy. Le témoin peut-il dire que j'aie pris part au tumulte, aux injures ?

M. Barlet. Je dois déclarer que monsieur a été le plus paisible, le moins agressif.

On introduit le témoin Dayet, sergent de ville. Il reconnaît Hubert et Mme Chaveau ; il a assisté le commissaire de police Barlet dans sa descente rue Montorgueil. Mme Chaveau, dit-il, s'est écriée : « Nous vous verrons un jour au pied de l'échafaud , et je m'estimerai heureuse de tirer la ficelle !

Hubert, avec force. — Vous êtes un imposteur ! un malheureux ! (Bruit tumulte.)

M. le président. Ces interruptions sont un parti pris. Les accusés nuisent à leur défense, et je les préviens que nous sévirons contre eux si pareil scandale se renouvelle. S'ils espèrent ainsi enlever un acquittement, ils se trompent.

M. le procureur-général. Si Hubert continue à injurier les témoins, des conclusions seront prises contre lui.

Mᵉ Moulin. Je ferai remarquer que Hubert est animé ici par un sentiment généreux, car c'est contre un autre accusé que la déposition s'élève.

Mᵉ Rittier. M. le président doit sentir que ces interruptions trouvent leur source, et en quelque sorte leur excuse, dans la jeunesse des accusés. Il ne s'agit pas ici d'enlever un acquittement : nos cliens seront acquittés ; mais ce sera simplement par la force de la justice et de la raison, et la défense applique tous ses efforts à leur inspirer la modération, convaincue qu'elle est que leur emportement est le seul danger qui les menace.

M. le président (à Dayet). — On a insulté le commissaire? — R. Oui; Hubert particulièrement.

Hubert. En êtes-vous bien sûr ? — R. Oui, il l'a traité de mouchard, comme les sergens de ville, et de plus on nous appelait galériens, forçats libérés.

Mᵉ Moulin. Comment se fait-il que, devant le juge d'instruction, le témoin ait attribué les injures à madame Chaveau et à Chaveau, et n'ait pas même prononcé le nom d'Hubert. Ses souvenirs devaient être plus précis alors ; il n'y avait que trois semaines que les faits s'étaient passés; et par cela même qu'il désigne d'autres accusés, son silence disculpe Hubert.

Morel, sergent de ville, a assisté comme le précédent témoin M. Barlet ; il a entendu madame Chaveau dire, en prenant dans sa main la poire à face humaine : « Elle est mûre, la poire ! elle tombera bientôt. » Plus tard, le témoin a arrêté rue de la Vannerie, l'accusé Gabriel Chaveau, qui n'a fait aucune résistance. Il dépose des mêmes faits, et dans les mêmes termes à peu près que son camarade Dayet.

Prevet, sergent de ville, dépose de même ; il a entendu dire à Huillerye : « Tenez, M. le commissaire, je tiens si peu à la vie, que si vous voulez me donner un pistolet, je vais me détruire en votre présence. » Huillerye est, selon le témoin, celui qui, avec Hubert, a proféré le plus d'injures.

Huillerye. J'ai un assez bel avenir devant, moi pour ne pas demander à un commissaire de police un pistolet pour me détruire.

Hubert. Moi, je n'insulte pas les ennemis du peuple ; je les méprise en gardant le silence.

M⁰ Moulin. Je ferai remarquer que la mémoire revient à ces messieurs bien à propos et bien tardivement : dans l'instruction, le témoin n'a pas prononcé le nom d'Hubert.

M. le président, interrompant avec vivacité. C'est tout le contraire ; j'ai la minute de l'interrogatoire du témoin.

M⁰ Moulin. Permettez, monsieur...

M. le président. Non ! je suis fâché d'être obligé

de vous donner un démenti. (Rumeur.) Voici la déposition.

M. le président lit la minute de la déposition du témoin, où se trouve le nom d'Hubert.

Mᵉ Moulin. Me sera-t-il permis de répondre? Je n'accepte nullement le démenti de M. le président. Je n'admets comme pièces au procès, que celles signifiées aux accusés. Eh bien ! voici la déposition de Prevet (Il présente le dossier à M. le président), et le nom d'Hubert ne s'y trouve nulle part.

M. le président. C'est apparemment une erreur du copiste; je croyais que votre copie était semblable à l'original qui est entre mes mains. (Rumeur dans l'auditoire.)

Mᵉ Coin de Lisle. M. le président, le barreau tout entier exprime sa profonde affliction de voir aussi légèrement donner un démenti à un de ses plus honorables membres.

M. le président. Vous voyez bien qu'il n'y a ici qu'une erreur.

Prevet (Jules-Denis) sergent de ville, et frère du précédent témoin, fait une déposition identique. Huillerye et Husson n'ont pas pris part aux injures : c'est Hubert et Mme chaveau qui, suivant lui se sont montrés le plus exaspérés; Mme Chaveau tenait la poire à face humaine dans sa main, et disait : si elle était sur l'échafaud, je voudrais tirer la ficelle.

Mme Chaveau. Peut-être une simple observation mettra t-elle monsieur sur la voie. Cette poire était accroché contre le mur ; M. le commissaire l'a détachée lui-même ; elle ne m'a pas passé par les mains.

M⁰ Plocque. Le témoin a stationné sur le quai d'Orsay ; que s'y est-il passé?

Prevet. On nous plaça sur le quai vers cinq heures, c'était là, disait-on, que les républicains devaient se réunir ; personne ne vint, et l'on nous renvoya.

Legent (Charles) et Remy, sergens de ville, déposent des mêmes faits et leurs dépositions ne revèlent aucune circonstance nouvelle.

Vasselart, âgé de 52 ans, invalide, portier de la maison occupée par les frères et la dame Chaveau. Le 26 juin, vers une heure de l'après-midi, M. le commissaire de police et ses agens m'ont demandé la demeure de Mme Chaveau, je la leur ai indiquée. Sur l'invitation du commissaire qui m'a envoyé chercher, je suis monté, j'ai demandé qu'on ouvrît la porte, et elle a été ouverte. J'ai assisté à la perquisition ; M. Charles Chaveau est arrivé; il a dit : *Comment! vous avez de quoi vous défendre et vous ne l'avez pas fait!* Le commissaire l'a prié de se calmer. Il a écrit pendant quelque temps, et lorsqu'il a voulu lire son *verbal,* on a crié. Alors le commissaire, voyant qu'on ne l'écoutait pas, a pris ses papiers, et on s'est en allé.

M. le président. Avant l'arrivée de Chaveau, les armes étaient-elles dans la chambre, en évidence ? — R. Oui, monsieur.

D. Hubert était-il exalté?—R. Chaveau était le plus

courroucé, Hubert se promenait, chantait, et ne disait pas grand chose.

D. Les autres, et notamment la femme Chaveau, ont-ils dit des injures au commissaire de police, e proféré des cris séditieux ? — R. Non.

D. Un individu s'est présenté pendant la perquisition et a pris la fuite, n'était-ce pas Gabriel Chaveau ? — R. Je suis certain que ce n'était pas lui, je l'ai parfaitement vu : il avait une redingote bleue et était nu-tête.

D. Husson et Hubert sont-ils venus plusieurs fois dans la huitaine qui a précédé l'arrestation faite chez Chaveau ? — R. Je les ai vus venir plusieurs fois. Hubert notamment n'en bougeait pas dans les derniers jours. Le 25 juin, il y est encore venu.

M. le procureur général. Hubert, cela est-il vrai?— R. J'ai été chez Chaveau l'avant-veille de mon arrestation, et non pas la veille.

M. le président. Témoin, êtes-vous bien sûr d'avoir vu venir Hubert chez Chaveau le 25.—R. Oui, monsieur ; il y est venu deux fois et est resté longtemps.

M. le procureur-général. Quels étaient ceux qui venaient chez Chaveau ? — R. Des jeunes gens principalement.

D. Y faisait-on des réunions ?—Je ne crois pas qu'il y ait eu aucune réunion, du moins je n'en ai pas eu connaissance.

M. le procureur-général donne lecture de la déposition de Vasselart, qui reproduit les faits dont il vient de déposer, et qui de plus constate qu'il a déclaré que des réunions avaient eu lieu chez les frères Chaveau.

Vasselart. Il est vrai qu'il y a eu quelques réunions, je ne sais dans quel but ; on se séparait de bonne heure, vers les dix ou onze heures.

Mᵉ Plocque. Qu'est-ce que le témoin entend par réunion ? — R. Trois ou quatre personnes.

D. Le 25 juin au soir, y a-t-il eu réunion au domicile de madame Chaveau ? — R. Non; madame Chaveau est rentrée ce jour-là à neuf ou dix heures.

M. le président. Etes-vous sûr que ce jour-là la femme Chaveau est rentrée à l'heure que vous avez indiquée? — Oui.

Un juré. Le témoin appelle une réunion la présence de deux personnes chez Chaveau; cette réunion lui a-t-elle paru extraordinaire ? — R. Nullement.

M. le procureur-général. Leroy, vous avez dit que vous ne connaissiez pas Chaveau, que vous vous étiez trouvé par hazard chez lui le 25; et cependant vous avez déclaré dans l'instruction que c'était un de vos amis?—R. J'affirme de nouveau que je n'ai été qu'une seule fois chez Chaveau.

D. Le témoin dit qu'il vous a vu y venir plusieurs fois. — R. Vasselart a déclaré dans l'instruction qu'il ne me connaissait pas.

Le témoin. Pardon , je vous ai reconnu.

Leroy. Me reconnaissez-vous aujourd'hui.

Le témoin. Ma foi je ne sais pas! si c'est vous, *je n'en*

ai pas un fond bien personnel. (Hilarité dans l'audience et aux bancs des accusés.)

M. le procureur-général. Dans la huitaine qui a précédé le 26 juin, les frères Chaveau restaient-ils longtemps chez eux, sortaient-ils et rentraient-ils souvent, vous ont-ils paru agités?—R. Ils rentraient et sortaient comme à l'ordinaire; je ne les ai pas vus troublés, et puis je vous dirai que quand je suis à ma lecture, je ne vois pas grand chose.

Me Auguste Marie. Le témoin reconnaît-il Delont pour avoir été chez Chaveau? — R. Non, j'ai vu un jeune homme qui avait des cheveux longs, il était grand, — non il était petit, — ma foi je ne me rappelle pas. Quand j'ai le nez dans ma lecture, je ne remarque personne. (On rit.)

Me Virmaitre. Le témoin a-t-il vu Dulac? — R. Non, jamais.

Mme Chaveau. Il y avait au-dessous de moi une femme... — (Vasselart interrompant.) Bien, madame. — Qui avait un enfant. — Oui, madame. Qui criait pendant la nuit. — Oui, madame. Je vous ai prié de dire à cette femme de donner un calmant à son enfant. Vous me l'avez vraiment dit, même qu'elle m'a répondu : « S'ils n'avaient pas fait tant de bruit, mon enfant n'aurait pas crié. »

Un juré. Lorsque l'on a conduit les accusés, ont-ils dit des injures et proféré des cris séditieux?—R. Oui, c'est vrai, car ils disaient : « Dans six mois, vous irez voir couper nos têtes. »

D. Avez-vous entendu les cris de : *A bas les tyrans! vive la république* ? — Quant à ceux-là, non.

D. Chantaient-ils? — R. Oui, *la Marseillaise*. (Rires).

Femme Vasselart, femme du précédent témoin. Je connais les frèses et la dame Chaveau, je ne sais rien, j'allais travailler en journée depuis six heures du matin jusqu'à huit heures du soir; je ne suis jamais à ma loge, *c'est mon mari qui a tout vu.*

M. le président. Après huit heures du soir, est-il venu des jeunes gens demander les frères Chaveau ?— R. Je n'en ai vu aucun.

D. Etiez-vous chez vous à l'époque de l'arrestation ? —R. Oui. Je suis restée dans ma loge, je n'en suis pas sortie, je n'ai rien vu; ni entendu.

D. Est-ce que vous n'avez pas demandé ce qui ce passait dans la maison? — R. Non, c'était mon mari qui parlait, moi, je ne disais rien; je n'ai rien vu, rien entendu.

M. le président. Comment, lors d'une arrestation comme celle-là, et une aussi longue perquisition, vous qui étiez dans la maison, vous n'avez rien vu, rien entendu? C'est par trop fort pour une portière.

M. le procureur-général. La déclaration du témoin est en opposition avec celle qu'elle a faite dans l'instruction. Alors, elle déclarait avoir entendu des cris et des injures adressés au commissaire de police et à ses agents.

M. le président. Persistez-vous à dire que vous n'avez entendu aucun mouvement, aucun cri? —R. Oui, Monsieur; j'étais si troublée que je ne puis rien me rappeler.

M. président. Reconnaissez-vous, comme ayant été arrêté le 26, quelques-uns des accusés ? — R. Je ne puis en reconnaître aucun.

M. le président. Vous ne les reconnaissez pas parce que vous ne voulez pas les reconnaître. C'est vraiment un prodige qu'une femme qui n'a rien vu, rien entendu dans une pareille circonstance, et qui ne connaît personne... Allez vous asseoir.

La femme Virquin, femme de ménage, rue Mauconseil, n° 10. Je ne reconnais aucun des accusés.

D. Est-ce que vous n'avez jamais vu la femme Chaveau? — R. J'ai pu la rencontrer dans les escaliers; mais je ne la reconnais pas. Le portier m'a dit que les cris de mon enfant avaient importuné madame Chaveau; j'ai répondu que le bruit qu'on avait fait chez elle avait réveillé mon enfant, et que c'était pour cela qu'il avait crié.

D. Etait-ce un bruit comme celui d'un meuble, ou celui qui serait produit par des piétinements? — R. J'ai pensé que ce bruit était fait par des personnes qui marchaient dans la chambre.

D. A quelle époque a eu lieu ce bruit? — R. Dans les premiers jours de juin 1835.

D. Jusqu'à quelle heure s'est-il prolongé? — R. Minuit ou une heure du matin.

D. Depuis, avez-vous entendu le même bruit ? — R. Non.

D. Le jour de l'arrestation, avez-vous distingué les cris que l'on proférait? — R. J'ai entendu des cris, mais je n'ai rien distingué.

M. le procureur-général. Femme Chaveau, comment expliquez-vous le bruit qui a eu lieu chez vous dans les premiers jours de juin, et qui s'est prolongé jusqu'à une heure du matin ? — R. Mes deux fils sont somnambules, leurs camarades de prison peuvent le dire; ils se levaient quelquefois et marchaient dans la chambre : il m'est arrivé plusieurs fois de trouver, le matin, des meubles déplacés.

Delont. Ce que madame Chaveau dit est vrai. Depuis que nous sommes en prison, les frères Chaveau se sont levés plusieurs fois pendant la nuit ; ils poussaient les tables et les chaises, et faisaient tant de bruit que j'en ai été réveillé.

L'audience est suspendue à deux heures moins un quart et reprise une demi-heure après.

Dutrieux, âgé de 62 ans, ne reconnaît parmi les accusés que la dame Chaveau et ses fils qui ont habité jusqu'en avril 1835 la maison dont il est portier. Sa déposition est insignifiante.

L'huissier appelle le témoin Bray, et ce nom suffit pour causer dans l'auditoire un vif mouvement de curiosité. Bray est un homme de haute taille ; sa figure mâle et sévère est ombragée de larges favoris noirs; son front est élevé et dégarni de cheveux, d'épais sourcils couvrent ses yeux, qui, bien que profondément enfoncés dans leur orbite, sont pleins.de feu et de vivacité. Il est vêtu d'une ample redingote bleue croisée jusqu'au haut sur la poitrine; sa prestance est toute militaire. Il se pose devant MM. les jurés, et déclare être âgé de 48 ans, ouvrier en socques, demeurant rue de la Sourdière. Il reconnaît les frères Chaveau, Combes, Huillerye; il a vu trois fois Dulont et Dulac; et commence en ces termes sa déposition : Ces messieurs étaient dans le temps mes amis......

M. le président l'interrompant. J'avertis MM. les jurés que c'est le témoin Bray qui a dénoncé le complot; il a rempli en cela un devoir, comme je le disais hier, en donnant lecture de la loi.

Bray. Je connais MM. Chaveau depuis trois ans environ. Mon fils aîné servait en Portugal avec le plus jeune : de là la connaissance. Ils sont venus souvent chez moi; je les recevais comme des amis, et il n'était jamais question de la moindre chose. Le 25, M. Gabriel vint me voir; il m'engagea à venir chez lui le soir. On devait y arrêter le dénoûement d'un complot. Je reçus sa confidence comme celle d'un jeune homme d'une tête exaltée, et je lui dis que j'avais besoin de me consulter. Tout cela me troublait; je résolus de consulter quelqu'un, et je me rendis chez M. le baron de Brederbach, officier d'état-major, qui m'a rendu de grands services et toujours donné de bons conseils. On me dit qu'il était absent : il dînait chez M. Cerclet, à la Chambre des députés. Je m'y rendis, et je demandai à lui parler. Un domestique alla le prévenir : il vint, et je lui fis part de tout ce que m'avait dit M. Chaveau.

M. Cerclet vint alors et tous deux s'accordèrent à me dire : « Vous y êtes ; vous êtes lancé ; il faut aller jusqu'au bout. » J'ai donc été le soir au rendez-vous. Là, j'ai vu Gabriel, son frère, Dulac, et un autre. Ils étaient en train de causer du projet d'attenter à la vie du roi. (Ici, le témoin s'arrête, hésite, puis reprend.) C'est pénible pour moi ; je ne leur veux pas de mal ; mais enfin j'ai dit la vérité. On arrêta que le lendemain, on se réunirait à midi pour distribuer les armes. Moi, comme je suis obligé de travailler, je m'y rendis dès le matin. Mme Chaveau était absente ; j'ai pris une paire de pistolets que d'autres avaient trouvé trop longs, et un paquet de cartouches.

En sortant de là, j'allai de nouveau trouver M. le baron de Brederbach. Il me dit de continuer, d'aller tout du long, c'est ce qu'il me disait toujours. J'ai donc été tout du long. (Sensation dans l'auditoire, les accusés gardent une contenance impassible). A cinq heures, je me rendis sur le quai d'Orsay, nous y avions rendez-vous, Chaveau arriva pâle, défait, il nous apprend la saisie, les arrestations, nous nous retirions, il me dit de donner le bras à quelqu'un des messieurs qui étaient là : je refusai. Quand je fus seul avec M. Gabriel, quand nous verrons-nous ? lui dis-je. — Je vous le ferai savoir, telle fut sa réponse. Je retournai chez moi, et depuis plusieurs jours j'étais assez tranquille, quand ma sœur me dit un soir : Tiens, voilà une adresse qu'on a apportée. C'était celle de Chaveau, indiquée rue Saint-Honoré, n. 24 au quatrième, chez le tailleur. J'y allai. Personne au quatrième. Je trouvai au cinquième, M. Combes ; je demandai M. Gabriel. M. Combes me recevait plus que froidement ; alors je dis : c'est moi qui suis le *Hussard*. Il me reçut bien alors et me fit entrer. J'ai vu alors Combes, son épouse, Gabriel et l'ouvrier. Je causai ; Chaveau me dit dans la deuxième pièce : nous avons trouvé un moyen infaillible de tuer le roi. Bas ! lui dis-je, vous ne vous écœurez pas. C'est „reprit-il, un baril qu'on lancera tout enflammé dans sa voiture. Il me le fit voir ; il se trouvait dans la deuxième pièce sur une bergère avec un coussin dessus. M. Gabriel me l'apporta ; j'ai *soufflé* dessus, il était de ce volume (le témoin indique la grosseur et l'élévation à peu près d'un chapeau). Vous vous exposez, lui dis-je avant de le quitter. J'suis retourné chez Combes, trois ou quatre fois ; la dernière, il était question de se trouver sur le quai qui longe les Tuileries, entre le Pont-Royal et celui de la Concorde, le roi devant aller à Neuilly. Enfin, j'allais toujours, je me suis exposé, j'ai été partout, et heureusement il n'y a rien eu.

M. le président. Vous avez rencontré une partie des accusés sur le quai ? — R. J'ai rencontré, mais une autre fois, Delont et Dulac avec Chaveau ; j'avais une blouse et une casquette rouge. Je les abordai en disant : « Vous êtes de jolis garçons ! vous me donnez rendez-vous dans le fossé de la place Louis xv, je vous attends trois heures et vous ne venez pas ! « Ils répondirent qu'ils n'avaient pas d'ordre. Nous avons suivi le quai, et nous avons été prendre un verre de vin ensemble au bout de la rue de Rivoli. Eh ! bien, dis-je, qu'est-ce que vous décidez? Dulac, dit : il n'y a pas place ; on a repoussé une femme qui voulait re-mettre une pétition. Vous vous exposez, Dulac, lui dis-je. Qu'est-ce que ça me fait, reprit-il d'y rester pourvu qu'il y saute ! Nous avons bu une bouteille et nous nous sommes quittés.

M. le président. Vous avez connaissance d'autres faits, racontez-les. Par exemple, n'avez-vous pas fait des démarches tendantes à savoir ce qu'était devenu le baril? — R. En effet, du moment où il fut ques-tion du baril je n'ai pas quitté Gabriel Chaveau et Delont. Je dis au marchand de vin qui demeure en bas de chez Combes : allez dire à M. Combes de des-cendre. Son épouse descendit et me dit toute troublée: il est arrêté, ne le savez-vous donc pas? Quelques jours après, j'allai chez Mme Combes pour voir Chaveau; j'y trouvai Mme Castaing, je lui demandai Chaveau, elle me conduisit alors chez M. Castaing où je trouvai Chaveau Grabriel.

Une autre fois, il me fit donner son adresse chez M. Lacombe, relieur, cloître Saint-Méry. J'y allai. Chaveau était absent, et Lacombe me reçut assez mal. Je suis le Hussard, lui dis-je ; alors, il s'adoucit. C'est là que j'ai vu Delont avec Chaveau; nous ne nous sommes pas quittés pendant deux jours. On parlait de faire disparaître le baril ; je dis que je connaissais une personne qui le cacherait. Je ne savais comment me défaire d'eux ni qui nommer; c'est alors que je supposai l'existence d'un M. Henri, quoique je ne connusse personne de ce nom. Nous nous sommes réunis, à quelques jours de là, chez un marchand de vins, rue de la Féronnerie ; nous avons tranquillement dîné tous les trois. Nous nous sommes, en nous quittant, donné rendez-vous au Puits-d'Amour, en haut de la barrière Blanche. Je m'y rendis : Chaveau arriva le premier, puis, ensuite Delont. Et ce baril ? lui dis-je. Il me répondit qu'il l'avait jeté dans l'eau. Où ça donc, farceur ? puisque je connais quelqu'un qui se charge de le cacher. Il ne m'en dit pas plus. Si j'avais voulu les perdre, il ne tenait qu'à moi d'avoir le baril ; j'aurais pu le recevoir : mais je ne suis pas un délateur, un mouchard, comme on l'a dit hier (Sourde rumeur) ; je suis une père de famille ; j'ai pensé à ma femme, à mes enfants ; j'avais un exemple à donner, un service à rendre au pays. J'ai vu M. le baron Brederbach ; quant aux accusés, je ne les ai pas revus depuis.

M. le président. Vous avez reçu des pistolets à diverses reprises ? — R. Les petits m'ont été donnés par Combes ; il y en avait déjà une paire, les grands, chez M. le baron Brederbach. Je fus envoyé par M. ou Mme Castaing chez M. Prugeac, tailleur, pour demander deux autres paires de pistolets. Je m'y rendis et les reçus chargés. Ils étaient destinés, je crois à Combes et Delont.

D. Avez-vous reçu des cartouches? — R. Un paquet de 16 ou 18.

D. Avant le 25, aviez-vous reçu récemment la visite de Gabriel Chaveau? — R. Je le recevais avec amitié, parce qu'il était le frère de M. Charles. Le 26 au matin, j'ai trouvé les deux frères et leur maman. M. Charles me dit, au moment de me donner les armes : « Nous avons été trois ou quatre fois sur le chemin du roi; nous y avons été hier armés, tous en blouse, etc ; je me suis approché de sa voiture, et, sans un poltron, le coup était fait. » Jusque là, jamais Charles ne m'avait parlé du complot. J'avais manifesté mon étonnement à M. Gabriel de ce silence, en lui demandant si son frère était au courant.

D. Le 25 au soir, Charles était-il là ? — R. Oui, on a parlé de choses et d'autres, mais non pas d'assassinat. M. Huillerye n'y était pas, mais on l'attendait. M. Dulac était présent.

D. Comment êtes-vous sûr que l'on attendit Huillerye? — R. On devait se voir à neuf heures pour se connaître de physique. Dulac dit, quand on fut réuni, qu'il était sûr de l'ensemble. Il y avait là un jeune homme que je ne vois pas ici sur le banc des accusés, et qui dit : Moi je n'en suis pas si sûr; je serais bien plus assuré de mon bras (le témoin étend le bras après avoir retroussé ses manches avec le geste d'un homme qui tient un poignard). On présente à ce témoin les ceintures et les armes qu'il a vus le 26 au matin : il croit les reconnaître.

D. Où se donnait-on rendez-vous? — R. Sur le quai d'Orsay s'il y avait des ordres.

D. Qui devait donner ces ordres? — R. C'est Combes. Il devait s'informer si le roi allait à Neuilly. On s'est trouvé sur le quai au nombre de cinq ou six. Le témoin ne reconnaît aucun des accusés, Chaveau excepté, pour s'y être trouvé.

Le témoin Bray rend compte de sa visite chez Combes ; il ne s'y est rendu qu'après avoir hésité quelque temps, croyant ses jours en danger d'après ses premières révélations. Je dois le déclarer cependant, dit-il, je ne craignais rien de la part de M. Gabriel ni de M. Charles. (Il les désigne).

M. le Président. Ne parlez pas en face des accusés, cela peut causer de l'irritation.

Charles Chaveau, avec un sourire froid et ironique. Ah ! ne craignez rien, M. le président.

M. le président, au témoin. Dans l'instruction, vous n'avez pas précisé le jour du rendez-vous donné dans le fossé de la place Louis XV. Est-ce le jour où vous avez vu Combes? — R. Je l'ai vu deux ou trois fois.

D. Vous y avez attendu trois heures; avec qui aviez-vous donc parole? — R. Avec Combes, Delont, Dulac et les deux Chaveau. Personne autre ne s'y est trouvé. Nous avons rencontré plus tard Castaing, avec avec qui nous avons marché dans la direction du marchand de vins de la rue de Rivoli.

D. A-t-on parlé devant lui du complot; croyez-vous qu'il le connût, qu'il y prît part? — R. Jamais Castaing ne m'a rien dit. Il devait savoir quelque chose cependant, puisqu'il se trouvait au bout du Pont-Royal le jour du rendez-vous. Je lui ai dit : « Vous êtes un père de famille, vous êtes enjôlé, vous vous perdez.

M. le président. C'est d'après votre dire qu'il a été mis hors de cause. Combien de temps est-on resté chez le marchand de vins? — R. Une demi-heure puis on s'est quitté.

D. Sur le quai, Delont et Dulac se sont-ils parlé? — R. Je ne le crois pas.

D. Je reviens au baril. Vous l'avez vu sur une bergère, quel jour? — R. Huit jours environ avant l'arrestation.

D. Croyez-vous qu'il ait été fait exprès pour la circonstance, aurait-il pu être acheté? — R. Il avait été fait exprès sans doute; il était propre au dedans comme au dehors.

D. Qui, de Delont ou de Dulac, vous a parlé de l'emploi, et vous a désigné la personne qui devait le jeter dans la voiture du roi? — R. Combes la première fois, m'a dit que ce serait un ancien garde royal, son porteur d'eau. Bientôt on me dit que celui-ci refusait; alors ce fut Dulac qui s'en chargea; il me l'a dit lui-même sur le quai.

D. Quel but, quel résultat vous proposiez-vous en donnant un rendez-vous imaginaire avec ce préten du

M. Henri? — R. Pour prouver à ces Messieurs que je ne voulais rien recevoir d'eux et que j'appartenais à un autre complot dont faisait partie ce M. Henri ; je leur dis que je les ferais trouver avec lui au Puits d'Amour, à la barrière Blanche. C'est ce jour-là que Delont me dit que le baril avait été jeté à la rivière.

D. Savez-vous quelque chose de la conduite de Duval dans le complot. — R. Cela me coûte à dire, Monsieur; il le faut cependant. Madame Combes me dit : Pourvu que ce pauvre Duval ne soit pas arrêté ! Il a des armes chez lui. Prévenez-le , il demeure rue Saint-Jean-de-Beauvais. Je demandai s'il était père de famille, on me dit que oui; alors j'hésitai, je voulus prendre conseil, et je consultai en effet M. Yon. (Rires au barreau et dans l'auditoire).

Bray, avec impatience. Je vais me retirer alors.

M. le président. Ces rires sont pleins d'inconvenance.

Me Ploque. Nous voudrions que le témoin s'expliquât sur la supposition faite par lui d'un personnage imaginaire, un sieur Henri dont il a vaguement parlé.

Le témoin. J'avais parlé de M. Henry dans la supposition que l'on pourrait me faire des offres. Comme je voulais tout refuser , je supposais que je recevais du bien de ce Henri.

Me Plocque. Cette réponse n'en est pas une, assurément. Le témoin a proposé aux accusés de les aboucher avec M. Henri, qui formait lui-même un complot. Qu'il explique sa conduite en cette circonstance.

Le témoin. C'était pour me débarrasser de ces messieurs. (Murmures d'étonnement et d'incrédulité).

Me Ploque. C'est lui qui dans l'instruction dit qu'il a donné des rendez-vous dans les fossés de la place Louis XV et chez le marchand de la rue de la Ferronnerie. Il vient de révéler encore ici un rendez vous au Puits-d'Amour ; dans quel but ?

Le témoin, avec emportement. Moi, je ne suis pas un homme d'esprit, un avocat : je ne suis qu'un vieux soldat, un bêta, je ne peux pas me défendre. (Rumeur.)

Me Ploque. Lorsque le témoin a dit : vous avez eu tort de jeter à l'eau le baril, puique j'avais quelqu'un pour le recevoir, quel était son but, son motif?

Le témoin. Ah ! c'est que j'avais *fièrement* la consigne de ne rien laisser faire. (Sensation.)

Me Plocque. Qui avait donné cette consigne, qu'il avait fièrement ? — R. Au ministère, on me disait d'aller : j'allais, moi.

Me Plocque. Il suit des dépositions même du témoin qu'il a constamment chercher à renouer le complot ; c'est un fait acquis à la défense désormais.

Me Joly. Le véritable but du témoin n'était-il pas, comme il l'a dit dans l'instruction, en donnant ces rendez-vous, d'arriver enfin à se nantir du baril, qu'on ne voulait p lus représenter?—R. Oui; il fallait que j'obéisse.

M. le président. La consigne était d'empêcher l'affaire et de saisir le baril.

Le témoin. J'aurais pu trouver M. Henri, ça n'est pas difficile à Paris; Combes m'avait dit : Amenez Henri, je lui remettrai le baril.

Me Joly. Il y a une réponse. Le véritable Henri était connu ; Bray l'avait adressé à Combes pour avoir du travail. — R. Ce que monsieur dit est faux. (Rumeur au banc du barreau.)

Me Plocque. Le but de Bray était de se procurer le baril. C'était sa consigne, dit-il, au ministère. Delont lui avait dit, selon lui : Amenez ce Henri, je lui remettrai le baril. — R. Oui; mais je n'ai pas pu fabriquer si vite un individu.

Me Plocque. A quelle heure a eu lieu la réunion du 25? combien a-t-elle duré? — R. Je ne saurais préciser. Je ne suis resté qu'un quart d'heure, j'ai dit que je reviendrais à neuf heures, mais je ne suis pas revenu, j'avais peur d'être arrêté avec eux ; je n'étais pas en mesure. (Sensation.)

Me Plocque. Dans l'instruction, vous avez dit une fois que vous étiez venu à six heures, une fois à huit.

Bray, avec emportement. Allons! tenez, je vais, vous dire la vérité! tant pis écoute Le soir je dis à Mme Chaveau, je m'en vais, je ne suis pas habitué à rentrer tard, ça inquiétrait ma femme. Ecoutez, me dit-elle, faites mieux, prenez mes vieux socques, vous direz à votre femme que c'est pour quelqu'un qui part à la campagne, et elle ne dira rien en vous voyant partir de grand matin. Je suis revenu le lendemain. C'était la veille à neuf heures qu'on s'était réuni six ou huit.

Me Plocque. Ces paroles ne nous expliquent rien.

Un membre du jury (à Bray). Vous devez donner des éclaicissements à la justice.

M. le président. La police de l'audience appartient au président. Il n'est pas étonnant que le témoin soit ému ; les témoins doivent être séquestrés, aux termes de la loi, jusqu'à la fin des débats ; cette mesure était pratiquable sans doute avant l'invention de l'imprimerie, mais un homme qui lit les journaux, qui sait ce qui s'est passé aux deux audiences précédentes, peut paraître devant vous avec émotion.

Me Plocque. M. le président, le droit sacré de la défense, et la position des accusés, que nous croyons innocents, nous, dans notre conviction, nous imposent le devoir de presser le témoin de questions pour faire ressortir la vérité. Je demanderai au témoin, qui dit avoir tenté de détourner Castaing du complot, qui a hésité à livrer Duval à la justice, pourquoi il n'a donné aucun conseil à Gabriel Chaveau, et ne lui a fait part d'aucune réflexion propre à l'amener à résipiscence ? — R. J'ai craint de jeter du louche sur ma conduite, et j'ai voulu avant tout consulter M. le baron de Brederbach.

Me Plocque. Je demanderai à Bray s'il a servi en Espagne. R. Oui.

D. Charles Chaveau lui a-t-il fait part de son dessein d'aller en Espagne. — R. Non, monsieur.

D. Charles Chaveau lui a-t-il montré des armes mes avant le 26 juin. — R. Non.

Me Plocque. Bray n'a-t-il pas parlé d'une hache .appartenant à madame Chaveau. — R. Je ne voulais pas en parler. J'ai vu cette hache, elle ressemblait à celles des sabotiers. Cela m'a fait mal ; elle la tenait à la main et indiquait à ses enfants la manière d'ouvrir la portière du roi.

D. Quand on a saisi chez le témoin les armes, n'a-t-il pas dit que comme ancien militaire il aimait à avoir des armes, et qu'il en achetait chez les brocanteurs quand il en trouvait. R. Oui , je l'ai dit.

D. Quand il a, le 26 au matin, porté les pistolets à M. de Brederbach, les a-t-il déchargés, a-t-il ôté les couvre-feu? — R. Oui, je me le rappelle positivement.

Me Plocque. Eh bien ! dans le cabinet du juge d'instruction, il a declaré ne pas se rappeler les avoir déchargés ; devant M. de Brederbach il ne se l'est pas rappelé davantage : la mémoire lui est tout à coup revenue à l'audience.

Me Briquet. Le témoin Bray a dit que lorsqu'il a voulu, avant de signaler Duval, prendre des conseils, il s'est adressé à M. Yon. Quel est ce M. Yon que lui a demandé le témoin ?

Bray. M. Yon était à la préfecture !

M. le président (l'interrompant). — M. Yon, est un officier de paix.

Me Briquet. Très bien alors !

Le témoin. Je dis à M. Yon, voilà mon embarras : il me conduisit dans un bureau, là on a écrit, et voilà tout.

Me Briquet. Le témoin connaît-il Huillerye? — R. Je l'ai vu trois fois. La première fois, il ne m'a pas vu ; la seconde, nous avons pris un petit *canon*, rue de l'Abbaye ; il ne m'a rien dit ; la troisième, il est venu chez moi avec G. Chaveau, on a fumé la pipe comme des amis, et l'on n'a parlé de rien.

M_e Briquet. Lorsque le témoin vit Huillerye chez ce marchand de vin, rue de l'Abbaye, le procès d'avril n'était-il pas commencé? — R. Oui.

D. Ne fut-il pas question d'un projet d'enlèvement des accusés d'avril, d'une société sécrète? — R. Non.

Huillerye. Je vais rapporter ses propres paroles ; peut-être cela rendra-t-il la mémoire à Bray. Il me dit : « Ne pourriez-vous pas me faire affilier à une société secrète, moi, ainsi qu'un capitaine de mes amis ; nous désirerions tous deux n'être pas connus, ajouta-t-il. »

Bray, avec emportement. C'est une fausseté! Huillerye, vous êtes un imposteur ! (Mouvement aux bancs du jury).

Huillerye, avec calme. M. Bray est ancien militaire ; on a énuméré ici ses honorables services ; on a parlé de ses antécédents. Je ne lui ferai qu'une question : A-t-il déserté avec armes et bagages, oui ou non. — R. Jamais ?

Huillerye. N'est-ce pas à Thivars, près de Chartres, qu'il a ainsi déserté?

M. le procureur-général. J'ai ici l'état de service de Bray ; il en résulte qu'il est parti le 14 juillet 1807, il a été, il est vrai, poursuivi pour cas de désertion, le 16 novembre 1807 ; mais il a été acquitté le 14 mars 1808 et renvoyé à son corps. En 1813, il a été nommé brigadier, et bientôt après maréchal-de-logis. Enfin, il a été congédié le 27 juillet 1814.

(M. le procureur-général donne lecture du détail des services, campagnes et blessures de Bray).

Huillerye. Ce que je dis je le tiens de sa bouche même. Le cheval a été vendu par lui dans un village à côté d'Arpajon. Il a été acheté par un paysan qui lui dit : vos chevaux vont être pris, autant les vendre.

Bray. Tout cela n'est que menteries, suppositions et bassesses.

Un juré. Le témoin peut-il dire quelles étaient ses relations avec M. Yon, à qui il a demandé des conseils, à quand remontait leur connaissance? — R. Je ne le connais que depuis cette affaire-là. J'avais fait une paire de socques pour Madame Yon, et c'est ainsi que j'ai su qu'il était employé à la police. (Après quelque hésitation). Je suis très troublé, je n'ai jamais paru en public.

M. le président. Messieurs les jurés sont ici pour prononcer sur le sort des accusés ; vous devez les éclairer et leurs questions ne doivent, ce me semble, vous troubler nullement.

Un juré. Le témoin connaissait-il M. Yon avant le 25 juin ? — R. Depuis que j'ai vendu des socques à son épouse.

Le juré. Etait-ce avant le 25 juin? Le temps n'est pas considérable de ce jour au 10 juillet, où vous avez été lui demander conseil? — R. Je le connaissais avant.

Le juré. Pourquoi vous êtes-vous adressé à M. Brederbach de préférence? — R. Je le connaissais mieux; j'avais entière confiance en ses avis.

Un autre juré. Après avoir reçu vos confidences, MM. Brederbach et Cerclet vous ont-ils conduits à la préfecture de police ou au ministère.

Bray. Au ministère de l'intérieur. C'est au sous-secrétaire d'état, M. Gasparin, je crois, que j'ai parlé.

M. le président. Le témoin peut aller s'asseoir.

Tous les accusés se levant par un mouvement spontané. Oh ! non pas ! non pas encore !

M. le président. Si les questions que l'on veut adresser au témoin doivent être de peu d'étendue, je continuerai l'interrogatoire ; s'il en est autrement, je serai contraint de le suspendre. Je ne me sens pas la force de poursuivre longtemps sur ce ton un débat aussi animé.

Me Joly. Pour ma part, et dans l'intérêt de Delont, j'ai de nombreuses questions à adresser au témoin.

M. le président. Alors suspendons l'audience pour la reprendre demain.

Il est cinq heures, l'audience est renvoyée à demain dix heures.

Audience du 31 mars.

A dix heures, les accusés sont introduits; les fréres Chaveau s'entretiennent avec leurs défenseurs, et une conversation animée s'engage entre Hubert, Leroy, Duval et Boireau.

A dix heures et demie, la Cour entre en séance et l'audience est reprise.

Mᵉ Massot. Monsieur le président, l'accusé Boireau aurait une explication à donner.

M. le président. Il semble assez extraordinaire que l'accusé ne prenne pas la parole lui-même, et charge son défenseur de présenter pour lui son observation.

Mᵉ Massot. Il désire la présenter lui-même, au contraire, et me charge de vous demander pour lui la parole.

Boireau. C'est pour une explication que j'éprouve le besoin de donner. Avant hier, sur une observation qui m'a été faite, j'ai répondu que cela ne me faisait rien. Il s'agissait d'un de messieurs les jurés qui a eu le malheur de perdre son père dans le funeste attentat qui a donné la mort à tant de victimes. Cette parole m'est échappée, et cependant je regrette plus que personne les malheureuses victimes qui ont succombé dans l'horrible attentat du 28 juillet; mais c'est sur Fieschi seul qu'en doit retomber l'horreur. Je ne suis pas, je n'ai jamais été le complice de Fieschi; et c'est pour exprimer mon regret d'avoir prononcé les paroles que je rappelle, que j'ai demandé à donner cette explication.

M. le président. C'est avec plaisir que nous entendons la première partie de ce que vous venez de dire, mais vous n'avez pas le droit de protester contre le jugement rendu. Il constate à la fois le fait et l'intention. Vous êtes reconnu coupable, et si nous approuvons le sentiment qui vous porte à rétracter ce qu'ont eu d'inconvenant vos paroles, nous ne pouvons souffrir que vous protestiez contre un jugement rendu.

L'audiencier appelle le témoin Bray, qui s'avance plus pâle qu'hier, et se place en face de MM. les jurés, les bras croisés sur la poitrine et le dos tourné au banc des accusés.

M. le président. Bray, vous avez dû réfléchir cette nuit. Quoique votre position soit fâcheuse, puisque vous avez à répondre aux questions qu'aux termes de la loi les défenseurs ont le droit de vous adresser, vous ne devez éprouver aucun trouble. De votre côté, vous avez un droit, c'est celui de n'être pas offensé : aucun avocat assurément ne vous a adressé une parole blessante ; et les accusés, guidés sans doute par les sages conseils de la défense, se sont abstenus de toute interpellation. Quant à MM. les jurés, leur position et leurs droits sont ici les mêmes que les nôtres ; vous devez donc être pleinement rassuré, et répondre clairement et avec tranquillité.

Me Virmaitre. Je demanderai au témoin Bray quel jour, et à quelle heure il a rencontré la femme Combes?

Bray. Le jour même de l'arrestation de son mari.

M. le président. Dites à quelle heure.

Bray. Le matin.

Me Virmaitre. Hier, le témoin a déclaré que la femme Combes lui avait dit : « Hier, mon mari a été arrêté.» Je demanderai maintenant à quelle heure il a été prévenir la police, ou du moins parler à M. Yon.

Bray. Deux heures après, environ.

Me Virmaitre. Que lui a dit madame Combes, relativement à Duval ?

Bray. Elle a dit : « Ah ! mon Dieu, ce pauvre Duval, il a des armes chez lui, vous devriez bien aller le prévenir. » Moi, j'étais bien embarrassé, j'aurais été presque tenté de l'avertir ; mais c'était mon devoir de ne pas le faire.

Me Virmaitre. Cette réponse n'est pas satisfaisante. Si madame Combes n'a dit que cela, Bray ne savait pas l'adresse de Duval, il ne la connaissait pas, et ne pouvait l'aller prévenir.

Bray. Elle me dit : C'est le second perruquier, rue Saint-Jean-de-Beauvais, n° 31 ou 35, je crois.

Me Virmaitre. Existe-t-il quelque acte qui constate la visite faite par Bray à M. Yon.

Bray. On a écrit sur un papier, puis on a dit : « Voilà l'affaire. »

M. le président. Savez-vous qui écrivit ?

Bray. Un nommé M. Joly, je crois.

Mᵉ Virmaitre. Le papier en question était-il rédigé d'avance, ou a-t-il fallu l'écrire?

Bray. Ma foi! je ne sais pas.

Mᵉ Virmaitre. Bray avait-il entendu signaler Duval comme faisant partie du complot?

Bray. Non, jamais, j'entendais Mme Combes en parler pour la première fois.

Mᵉ Virmaitre. Il a dit hier qu'il avait hésité, il a témoigné de l'intérêt pour Duval; qu'il dise quel sentiment le portait, s'il en était ainsi, à aller prévenir la police?

M. le président. Il vous l'a dit, il avait à remplir un devoir.

Mᵉ Rittier. J'adresserai une seule question au témoin. Lorsque Chaveau lui a parlé du projet d'assassinat, lui a-t-il dit le nom de la société qui le machinait; lui a-t-il donné quelques renseignemens sur sa formation, son personnel?

Bray. Il m'a parlé de quinze ou vingt individus, mais n'a pas donné de nom particulier à cette espèce d'association.

Mᵉ Rittier. Quand devait-on se réunir chez Chaveau?

Bray. C'était le soir à neuf henres qu'on devait se réunir pour se reconnaître de figure; mais je ne m'y suis pas trouvé, comme je l'ai dit déjà.

Mᵉ Rittier. A-t-il entendu jamais nommer Husson ou Leroy comme faisant partie du complot?

Bray. Ni l'un ni l'autre.

Mᵉ Moulin. Le 23 septembre dernier, trois mois

après l'époque de ses révélations, trois mois après l'arrestation des principaux accusés, lorsque le commissaire de police se transporta chez Bray, il y trouva deux paires de pistolets cachés avec soin. Je demanderai pourquoi Bray, avait caché ces armes?

Bray. C'était dans la crainte de quelque malheur.

Me Moulin. Vous nous avez déclaré hier que vous les aviez déchargés. (Sensation.) Après avoir trouvé ces armes, le commissaire de police demande pourquoi ces armes sont là ; Bray répond si vaguement, d'une manière si peu satisfaisante, que le commissaire consigne au procès-verbal qu'il lui est tout-à-fait impossible de lui faire subir un interrogatoire.

Bray. Je ne me rappelle pas avoir été embarrassé. Je ne pouvais pas dire allez là, cherchez là. Je les ai laissé chercher, et quand on les a trouvées, et qu'on m'a dit : Ce sont des armes, qu'en faites-vous? J'ai répondu que, comme ancien militaire, j'achetais des armes en mauvais état, et que je les réparais ensuite pour les vendre.

M. le président. Pourquoi n'avez-vous pas dit la vérité : qu'on vous les avait remises pour un complot, et que vous aviez prévenu l'autorité? Cela était bien moins vague.

Me Moulin. Sa réponse, non seulement était vague, mais mensongère. Messieurs les jurés l'apprécieront. Je passe, dès ce moment, à une autre question. Bray a déclaré hier qu'on lui avait formellement recommandé d'empêcher que l'affaire ne se renouât. Pourquoi donc alors, dans les premiers jours de juillet, a-t-il lui-même indiqué un rendez-vous, dans les fossés de la place Louis XV.

Bray. En effet, c'est moi qui ai donné le rendez-vous là, parce que c'était plus près de chez moi, et que j'étais obligé de travailler.

M. le président. Je vais préciser le but de la question, moi qui ne cherche pas d'énigmes...

Mᵉ Moulin. Personne n'en cherche, M. le président.

M. le président. N'était-ce pas dans l'espérance de parvenir à mettre la main sur le baril que vous donniez ce rendez-vous?

Bray. Eh bien, oui.

Mᵉ Moulin. En 1818, Bray n'a-t-il pas été attaché à la police? en d'autres termes, n'a-t-il pas, durant le ministère de M. Decazes, fait un voyage par suite d'une mission en compagnie d'un agent dont je dirai le nom si Bray le desire.

Bray. Je suis marié depuis 1817 et n'ai jamais quitté mon ménage depuis cette époque.

Mᵉ Moulin. L'agent se nomme Frenot.

Bray. Jamais je n'ai connu personne de ce nom.

Mᵉ Moulin. Je demande formellement que cet agent soit entendu. Il est, je crois, encore attaché à la police.

M. le président. Nous ferons notre possible.

Mᵉ Moulin. Je réussirai à me procurer son adresse. et on l'entendra.

M⁰ Marie. J'aurais quelques questions à faire ; mais je désirerais, qu'avant l'accusé Delont adressât une observation lui-même.

Delont. Hier en parlant à Bray, M. le président lui a dit de se tourner du côté de MM. les jurés, et non pas du côté des accusés, de peur de causer de l'irritation. Il n'y a à craindre aucune irritation de notre part. Je proteste contre le témoignage de Bray, mais sans colère, quoiqu'il soit faux.

M⁰ Marie. Delont veut dire qu'il n'a jamais vu Bray.

Delont. Oui. Demandez-lui donc d'où et comment il me connaît ? Je ne l'ai jamais vu.

Bray (toujours le dos tourné au banc des accusés, répond sans regarder Delont). — Je vous ai vu la première fois chez Combes, une autre fois chez le marchand de vin, rue de Rivoli, et à la barrière Blanche, où vous aviez donné rendez-vous.

M⁰ Marie. Bray a dit hier que c'était lui qui avait donné le rendez-vous.

M. le président. Il n'a pas dit cela.

M⁰ Plocque. J'ai même constaté ce fait par quatre questions.

M⁰ Marie. Hier seulement il a désigné Delont sous le nom du père Gérard ; dans l'instruction, si longue et si minutieuse, il n'a pas prononcé ce nom.

Bray. Je n'y ai pensé qu'hier. Il y avait bien d'autres sobriquets, ma foi ! On appelait Gabriel Chaveau Christophe l'Effilé, et je ne l'ai pas dit non plus dans l'instruction.

Me Marie. Comment se fait-il que jamais Bray n'ait parlé à M. Brederbach ni du baril, ni du projet de le jeter dans la voiture du roi.

Bray (avec hésitation). Je ne lui parlais pas du tout.

Delont. Bray dit qu'il m'a vu chez un marchand de vins. Jamais je ne vais chez les marchands de vin, et, bien plus, jamais je ne bois de vin. On peut s'en assurer à la Force.

Me Plocque. Quand, pour la première fois, Bray a-t-il entendu parler du rendez-vous du 26 à midi?

Bray. Le 25 au soir.

Me Plocque. Combien, dans son idée, de personnes étaient engagées dans le complot?

M. le président. Il a dit 15 ou 20.

Me Plocque. M. le président voudrait-il bien faire rappeler le portier, pour lui demander s'il a vu venir Bray, le 26 à huit heures du matin, chez Mme Chaveau?

Vasselart, rappelé, déclare que Bray n'est pas venu le 26, il ne l'a même jamais vu venir. Ma femme, au reste, était ce jour-là à la maison, dit-il en terminant; car, moi, je suis sorti de bon matin.

La femme Vasselart, rappelée, assure être sortie le 26 à six heures du matin, et n'est rentrée que le soir.

M. le procureur-général. C'était une porte bien mal gardée : le mari sort de son côté, et la femme est absente tout le jour.

M. le président. Cela rentre dans la catégorie générale. (Hilarité.)

Mᵉ Joly. Bray nous a déclaré hier que le 26 juin, après avoir été le matin chercher les armes, après les avoir portées chez M. de Brederbach, et avoir enfin fait au ministère de l'intérieur ses révélations, il s'est rendu à cinq heures au rendez-vous donné sur le quai d'Orsay, où les conjurés attendaient des ordres. C'était toujours, selon lui, Combes qui devait les donner. Comment se fait-il que pour la première fois, hier, il ait dévoilé cette circonstance ?

Bray. Quand j'ai été sur le quai d'Orsay, il était de quatre à cinq heures : on devait se trouver là tout armé. Personne ne s'y trouvait rendu. C'est alors que j'ai vu Gabriel Chaveau arriver. Quant à Combes, je ne le connaissais pas le 26 ; je ne l'ai connu que lorsqu'il a été question du baril.

Mᵉ Joly. Bray a dit positivement hier que l'on attendait des ordres, et que c'était Combes qui devait les donner.

Bray. Si je l'ai dit, j'aurai fait erreur. (Sensation.)

Mᵉ Joly. Bien. Alors, je lui demanderai qui lui a ouvert la porte lorsqu'il s'est présenté chez Combes ?

Bray. Combes était sur le carré ; il était en chemise.

Mᵉ Joly. Combien de fois a-t-il vu Prugues, le tailleur ? — R. Deux fois au plus : la première fois, Castaing et sa femme me dirent qu'ils lui avaient remis des armes, alors j'allai les chercher.

M. le président. Précisez la date : déjà Combes était-il arrêté ? — R. Oui, je crois.

Me Joly. La deuxième fois, n'est-ce pas en allant l'avertir de se mettre en garde contre la police ?

Bray. Oui, je ne l'ai pas vu depuis.

Me Joly. Je constate ce point qu'il ne connaissait Prugues que pour l'avoir vu une fois lorsqu'il a été chez lui le prévenir de se mettre en garde contre la police. Eh bien ! comment, à l'égard de Prugues, cette délicatesse lui prit-elle, tandis qu'il perdait Duval en le signalant à la police ?

Bray. S'il m'avait été aussi facile de retirer les armes de chez Duval que de chez Prugues, il ne serait assurément pas ici.

M. le président. Quelle difficulté y avait-il donc ? Cette confidence faite au sujet de Duval par la femme Combes vous mettait à portée d'aller le prévenir.

Bray. J'avais un devoir à remplir ; cela me coûtait, mais enfin il le fallait.

Un juré. Qui lui inspirait tant de sécurité à lui, témoin ? Il savait que Duval était compromis par le seul fait d'avoir des armes chez lui, et lui, il en emportait, il en gardait à son domicile !

Bray. Comme j'étais chargé de surveiller l'affaire, j'étais bien persuadé que pour moi il n'y avait pas de danger.

Me Joly. Pourquoi les cacher alors derrière de la poterie ; pourquoi surtout leur assigner une origine mensongère ?

Bray. Je ne les cachais pas ; elles étaient dans mon armoire.

Me Joly. Je lis dans le procès-verbal du commissaire de police, que les armes se sont trouvées cachées derrière de la poterie. Passons à un autre point. Au dire de Bray, Castaing s'est trouvé chez le marchand de vin, rue de Rivoli, et on a parlé devant lui ouvertement, sans contrainte. Postérieurement, il a été chercher chez Castaing, des pistolets qui y étaient déposés : c'est alors que la femme Castaing l'a envoyé les chercher chez Prugues. Comment, dans son esprit, après qu'il avait entendu tout dire devant lui, après surtout s'être assuré que des armes, devant servir au complot, étaient en sa possession, a-t-il pu le trouver tellement intéressant, qu'il ait pris des précautions pour le sauver du danger, et l'empêcher d'être compromis dans le complot dont il le savait complice.

Bray. Jamais je n'ai rien entendu sortir de la bouche de Castaing. Il m'a dit une fois : « Jamais je ne me mettrai à la tête de rien ; mais si une fois la chose était commencée, je ferais comme les autres. » Chez le marchand de vin, il n'a été question de rien.

M. le président. Bray, quelle était votre opinion sur la situation de Castaing, dans cette affaire ; le regardiez-vous comme un complice, ou comme un homme qui n'avait pas l'audace, la méchanceté d'y prendre part ?

Bray. Oui, voilà ce que j'ai pensé.

Me Joly. Bien, pour la conversation chez le marchand

de viu ; mais quand il a su que Castaing avait des armes, il a dû voir en lui autre chose qu'un homme
i noffensif.

Bray. Je ne savais pas qu'ils eussent des armes ; j'ai
connu Mme Castaing parce qu'elle se trouvait avec Mme
Combes, lorsque je demandai à voir Gabriel Chaveau,
et qu'elle me dit : il est chez nous.

Me Joly. N'avez-vous pas porté un vieux pantalon
chez Castaing, sous prétexte de le faire racommoder.

Bray. Oui, je l'avais porté chez Combes ; il était arrêté, et n'a pas pu le faire.

Me Joly. Pourquoi donc n'a-t-il pas été le chercher,
ce pantalon ?

Bray. Je n'y suis plus retourné, j'étais bien tranquille.

M. le président. N'était-ce pas un moyen de vous
présenter chez Combes d'abord, plus tard chez Castaing, pour suivre les traces de Chaveau ?

Bray. Oui, monsieur le président, c'est cela.

Me Joly. Toutes les armes ne se bornaient pas à des
pistolets. Bray n'a-t-il pas apporté lui-même un fusil
à canne, à piston ? Ne l'a t-il pas montré devant l'ouvrier Marlin.

Bray. Oui ; le fait est vrai.

Me Joly. N'a-t-il pas lui-même placé une capsule, et
engagé Mme Combes à lâcher la détente. — R. Oui.

Me Joly. N'a-t-il pas proposé à Combes de lui apporter douze cannes-fusils semblables ?

Bray. Non ; je n'ai jamais eu que celle-là , et n'en ai pas pu proposer d'autres.

Me Joly. Bray n'a-t-il pas demandé à Combes de lui donner l'adresse de tous ceux de ses amis qui pouvaient avoir des armes en mauvais état ; s'offrant pour les racommoder.

Bray. Non , jamais ; je ne suis pas armurier.

Me Joly. Lorsque Bray a fait demander Combes par le garçon marchand de vins , et que sa femme est descendue , n'a-t-il pas manifesté de l'effroi ; disant, ne restez pas avec moi , je vais être compromis.

Bray. Non , jamais.

Me Joly. N'a-t-il pas demandé à voir le mandat d'arrestation de Combes, et n'a-t-il pas manifesté beaucoup de joie de ne pas y voir son nom ?

Bray. Ma foi oui , j'étais content de ne pas y être.

M. le président. Mais vous aviez révélé le complot au ministère de l'intérieur , vous ne deviez donc avoir aucune crainte. Vous deviez compter sur l'autorité, et être bien certain d'être relâché dans les vingt-quatre heures , si vous étiez arrêté par erreur.

Bray. Je n'étais pas sûr de n'y rester que 24 heures.

Me Joly. Pourquoi, s'il n'a pas proposé de céder des cannes-fusils à Combes, en a-t-il apporté une chez lui?

Bray. Elle appartient à M. de Brederbach , il me l'avait donné pour la faire raccommoder. Je revenais de chez l'ouvrier , qui demeure rue Guérin-Boisseau.

M. le procureur-général. Savez-vous le nom de cet ouvrier ?

Bray. Il s'appelle Félix Géfrier.

Mᵉ Joly. Le lendemain de l'arrestation de Combes , Bray n'est-il pas venu trouver sa femme pour lui demander l'adresse de tous les amis de son mari, afin , disait-il , de prévenir ceux qui auraient quelque chose à craindre ? — R. Non.

Mᵉ Ploque. M. le sous-secrétaire d'état, Gasparin , M. Brederbach , M. Cerclet lui avaient recommandé le plus profond silence. Pourquoi donc s'est-il, voulanᵗ des conseils , adressé à M. Yon, au lieu d'aller trouver ces Messieurs ?

Bray. C'est peut-être une faute que j'ai faite; mais je n'en avais pas l'intention.

M. le procureur-général. Accusé Combes, quels ont été vos rapports avec Bray.

Combes. Bray a dit n'être venu que deux ou trois jours après que Charles Chaveau avait été arrêté; j'ai rappelé mes souvenirs à ce sujet. Il est en effet venu le 29. Il s'est adressé au quatrième, dit-il; je l'ignore. Enfin il est entré chez moi. J'étais à travailler. Il a demandé M. Chaveau ; ils se sont vus tout de suite, car il était là. Ils ont causé ensemble. Après son départ, Chaveau me dit même qu'il lui avait donné une pièce de 3 fr. pour donner à son frère et à sa mère. Il ne pouvait mieux faire pour le moment. Trois jours après, Bray est revenu ; il apportait une redingote pour la faire arranger pour son fils. Je ne m'en souciais pas, mais je ne dis rien par politesse. Il la laissa et s'assit. Il se mit alors à me parler du procès d'avril. Le procès d'avril il est sur mon établi, lui dis je. Il me questionna sur mes opinions; je dis que je n'avais pas à me plaindre, et que je ne m'occupais pas de politique. Moi, je suis un ancien hussard, me dit-il : il n'y a pas d'homme qui ait souffert autant que moi. Je suis en butte à toute sorte de persécutions; chaque jour on prodigue l'insulte à moi et à ma femme qui est une marchande de fruits. On lui renverse ses paniers, on la chasse de sa place; enfin il n'y a pas d'homme qui haïsse autant que moi le gouvernement; mais il changera bientôt j'espère. — Ma foi, c'est toujours la même chose, lui répondis-je; l'un ou l'autre, on n'y gagne rien. Il me demanda ensuite si je lisais les journaux; je lui répondis : pas souvent, comme tout le monde. Il revint le lendemain, et c'est ce jour-là qu'il avait la canne-fusil, et qu'il en fit l'expérience. Il m'engagea à en acheter une douzaine. Ces cannes se vendent 6o fr., disait-il; je puis les donner à 3o fr., et en en plaçant chez vos pratiques, vous ferez une bonne affaire. Je refusai. Le surlendemain il revint et me demanda M. Chaveau, M. Chaveau n'y était pas; il resta peu de temps et revint le lendemain; M. Chaveau n'y était pas cette fois encore. A quelques jours de là on me fit demander de chez le marchand de vins. Cela m'étonna; je descendis cependant et fus tout étonné de trouver Bray. Je n'ai jamais été avec d'autres personnes que lui chez aucun marchand de vins.

Il me dit qu'il avait fait partie des sociétés, et qu'ils étaient toujours une quarantaine affiliés ensemble. Il

revint chez moi pour sa redingote, et me dit que je
devrais bien prendre les boutons chez lui en passant,
que ça lui procurerait le plaisir de me voir ; enfin il
cherchait de plus en plus à se lier. Je lui promis d'aller
peut-être chez lui, pour me débarrasser de son insistance.

Bray, qui s'est assis, répond, mais toujours sans se
retourner. — Il y a de la vérité, il y a des mensonges.
Vous en avez dit si long que je ne sais que répondre.
Tout ce qui a rapport aux cannes-fusils et aux sociétés
est entièrement faux. Je vous voyais comme un brave
homme, un bon garçon, un père de famille, et j'ai
été bien étonné quand vous m'avez donné deux pistolets et de la poudre.

Combes. Ne m'a-t-il pas dit, M. Bray, au sujet de
cette société, qu'il y avait à la tête un nommé Henri,
ancien militaire, qui en avait été le chef, et que je ne
serais pas fâché de faire sa connaissance. Je n'ai jamais
voulu me mêler dans aucun temps aux sociétés ; j'ai
une femme et trois enfans, et je pense à eux bien autrement qu'à la politique. Je refusai donc ; il insista,
et me dit : Venez à la barrière, vous trouverez M.
Henri, il vous donnera de l'ouvrage.

M. le procureur-général. A-t-il été question chez
vous d'un complot ?

Combes. Jamais, si M. Chaveau m'avait parlé d'un
complot, il ne serait pas resté vingt-quatre heures
chez moi.

M. le procureur-général. Devant le juge d'instruction, il n'a pas été question de cette nouvelle circonstance que vous révélez, de la proposition de Bray de vous affilier à une société?

Combes. Ma femme venait d'être arrêtée, j'ai trois pauvres petits enfans, elle nourrissait encore le dernier alors. J'étais si troublé que j'ai répondu machinalement aux questions du juge.

M. le procureur-général. Gabriel Chaveau, avez-vous vu Bray chez Combes?

G. Chaveau. Oui, monsieur, une seule fois. Il n'est venu chez Combes que lorsque je lui eus fait remettre l'adresse : je l'ai vu chez Lacombe ensuite. Il m'apportait une blouse bleue et un bonnet de coton noir, pour mieux me déguiser, disait-il. Demandez-lui si cela est vrai.

Bray (sans se retourner). Oui, monsieur : j'attends le reste.

Chaveau. Je le revis une autre fois; et nous parlâmes de l'arrestation de mon frère. Une autre fois, ce fut la dernière, j'allais prendre mon repas, il était environ deux heures ; je le rencontrai, je lui dis que j'allais prendre quelque chose. Ah ! ça se trouve bien, répondit-il en m'accompagnant, nous mangerons un morceau ensemble. Il me conduisit aux Armes de France. Après un très simple repas, nous nous séparâmes. A peine l'avais-je quitté, deux personnes m'accostèrent, en me disant : Nous avons ordre de vous arrêter. Je leur demandai l'exhibition de leur mandat; ils n'en avaient pas, et répondirent qu'on me le montreràit à la Préfecture. Je consentis à marcher avec eux alors. J'ai marché volontairement de moi-même et sans résistance.

M. le procureur-général. Lui aviez-vous donné vous-même l'adresse de Combes? — R. Je l'avais donnée à sa femme.

D. Vous étiez donc bien lié avec lui, que vous lui révéliez votre asile ?

Chaveau. Oui, monsieur, très lié ; je le regardais comme l'ami de la maison. J'allais lui apprendre l'arrestation de mon frère, de ma mère ; je croyais qu'il prendrait part à ma douleur ; j'ignorais qu'il en était l'unique cause. Nous étions intimement liés.

M. le procureur-général. Et vous, Charles Chaveau, depuis quand aviez-vous vu Bray, au moment de votre arrestation ?

C. Chaveau. Il y avait six semaines, je lui avais parlé de mon projet d'aller en Espagne, en lui recommandant de n'en rien dire à ma mère.

Gabriel Chaveau. J'ai à adresser quelques interpellations à M. Bray. Je voudrais qu'il dit s'il n'est pas vrai, qu'il me fit la proposition de m'indiquer un endroit où étaient déposés des armes, qu'il avait été chargé de réparer, à l'époque où il était aux vétérans : c'étaient des fusils prussiens, russes.

Bray. Je n'ai nulle connaissance de ce dont parle M. Chaveau.

Chaveau. Je vais expliquer l'endroit où ces armes étaient déposées ; car il me l'a fait voir. Nous avions été chez un marchand de vieux cuivre, rue de l'Abbaye; il me conduisit au Luxembourg. En entrant dans le jardin, à gauche, il y a une sorte d'impasse dans lequel se trouve, ou se trouvait du moins alors, une petite maison qui n'est pas habitée. Il me montra les fenêtres, et me fit remarquer que l'on peut y monter facilement à l'aide d'une échelle.

Bray. Le jour où nous avons été chez le marchand de vieux cuivre, nous avons été, en effet, au Luxembourg, à telles enseignes que, le matin, le roi passait la revue : il avait son chapeau gris ; je ne le voyais pas. Le voilà, me dit Chaveau, en l'indiquant. Ah ! si j'étais près de lui !

Chaveau. Vous rappelez-vous la circonstance, puisque vous vous rappelez si bien l'époque ?

Bray. Cela n'est pas ; j'aurais voulu que vous ne vinssiez jamais chez moi.

M. le procureur-général. Chaveau vous a-t-il dit pourquoi il vous proposait de vous emparer de ces armes ? Vous a-t-il proposé un complot, une tentative ?

Chaveau. Il me dit que cela ferait bien l'affaire d'une société ; car il faut un changement, ajouta-t-il : et s'il arrivait quelque chose, j'y conduirais moi même le peuple.

Bray. Cela est faux.

Chaveau. Bray se rappelle-t-il de m'avoir montré une canne-fusil ?

Bray. C'est la même que j'ai plus tard montrée à

M. Combes. Je l'avais moi-même vendue à M. de Brederbach.

M° Joly. Comment, vendue ! vous disiez tout-à-l'heure raccommodée.

Bray. Je l'ai vendue avant ; puis elle a eu besoin de réparations, et M. de Brederbach me l'a remise pour la faire raccommoder.

M_e Joly. D'où la tenait-il lui-même, cette canne qu'il a vendue.

Bray. Je l'avais achetée à Géfrier, cet ouvrier en socques dont j'ai parlé tout-à-l'heure.

Chaveau. Bray m'a dit qu'il faisait partie d'une société dont le nommé Henri était chef ; il a ajouté que chacun des membres, et ils étaient quarante, tous anciens militaires était armé d'une canne semblable à la sienne, et qu'avec ces armes, si faciles à soustraire aux regards, on pouvait s'emparer des Tuileries.

Bray. Ah ! voilà où on en voulait venir. Monsieur m'a parlé en effet d'un projet de s'emparer des Tuileries au moment du conseil des ministres, et de les assassiner tous. Je regardai cela comme des propos de jeune homme, comme des contes, je n'aurais jamais cru que ça en viendrait là.

Chaveau. Hier, Bray a déclaré ici que jamais je ne lui avait parlé d'aucun complot.

Bray. Je ne regardais pas comme un complot les propos d'un cerveau brûlé.

M° Plocque. Dans l'instruction il a dit : Lorsque Chaveau m'avait proposé de prendre part à un projet de révolte : je lui avais répondu qu'il pouvait compter sur moi *comme ancien militaire* et non pas *comme homme politique.*

Bray. J'ai répondu vaguement. Je ne voulais pas dire que je prendrais part à un crime : je me disais ancien militaire.

M. le président. Qu'entendiez-vous dire enfin ?

Bray. J'ai dit çà..... çà m'est échappé dans le moment.

M. le président. Le 25 juin vous auriez pu comprendre par ce mot *homme politique*, un homme qui trempe dans un assassinat contre la personne du roi ; mais c'est antérieurement que vous l'avez dit. Vouliez-vous dire qu'en cas de trouble on pouvait compter sur votre bras ?

Bray. Je ne l'ai pas dit avec l'intention d'exciter M. Chaveau ; j'ai dit cela en l'air.

M. le procureur-général. Chaveau, quel intérêt, avez-vous à établir une discusion sur une réponse qui aurait été faite par Bray, puisque vous assurez n'avoir pas fait la proposition qui aurait amené cette réponse.

Me Plocque. La réponse est consignée dans l'instruction ; c'est à Bray d'en expliquer le sens.

Le témoin Bray garde le silence et un débat assez vif s'engage entre M. le président et les défenseurs, qui s'efforcent vainement de le faire expliquer d'une manière catégorique.

Combes. M. Bray prétend que j'ai fait partie d'un complot. Il vint chez moi quelques jours avant mon arrestation; il s'assit, et recommença ses plaintes contre le gouvernement, disant : « Je suis criblé de blessures et voyez comme on me traite. » Il me dit d'un air hypocrite, j'en ai dès le moment fait l'observation à ma femme : « Vous faites le plus joli ménage de Paris, je vous demanderai la permission d'être un de vos amis; et d'autres choses semblables.

M. le président. Tout cela n'a pas grand rapport à l'affaire.

Me Joly. Si : cela prouve que Bray jouait un double rôle. Il flatte Combes, cherche à capter son amitié et bientôt le signale à la police.

Bray. Je ne me rappelle pas cette circonstance.

M. le président. Témoin Bray allez vous asseoir.

G. Chaveau. Permettez, je n'ai à faire qu'une question. Bray n'avait-il point en sa possession un tire-point.

Bray. Oui monsieur, le voilà (Il tire vivement de sa poche un tire-point aigu et fortement emmanché, et le jette sur la table des pièces à conviction). Je m'attendais à me le voir demander. (mouvement.)

G. Chaveau. Il me le montra en disant : « J'en veux au ministre de la guerre : on méconnaît mes services; je n'ai pas de solde de retraite, je me vengerai ; j'ai déjà porté cette arme en juillet : elle me servira quelques jours. »

Bray. Jamais je n'ai dit cela. Je ne me suis mêlé de

16

rien aux journées de juillet, et cet instrument ne m'a jamais servi qu'à gratter du cuivre.

M. le président. Dans quel but avez-vous apporté cet instrument à l'audience ?

Bray. C'est une idée ; j'étais sûr que M. Chaveau ne manquerait pas d'en parler.

Me Ploeque demande que le tire-point soit saisi et joint aux pièces de conviction.

Me Joly. Le témoin qui était mécontent du gouvernement, et dont on méconnaissait les services, n'a-t-il pas dit depuis que le procès est commencé, qu'il était certain d'avoir bientôt une bonne place ?

Bray. Je ne crois pas. (Rumeur.)

Me Joly. Il l'a dit dans une maison où il allait chercher de l'ouvrage. Voici ces propres expressions : « Dépêchez-vous : dans une quinzaine de jours, j'aurai une bonne place. » (Sensation.)

Bray. Il m'est arrivé souvent, en demandant de l'ouvrage, de dire que j'allais être placé ; c'était alors pour qu'on ne différât pas de me faire la commande.

Me Joly. N'est-ce pas chez M. Ismaël, fabricant de cordes, rue Saint-Martin, que ce propos a été tenu, il y a environ quinze jours ?

Bray. Oui, je me le rappelle. Je lui demandais à faire des crampons ; il ne se décidait pas. J'ai dit : « Dépêchez-vous, si vous avez l'intention de m'en commander, car je vais avoir une place. »

Un juré. Qu'elle place espériez-vous ?

Bray. Aucune, c'était pour stimuler.

M. le président. Avez-vous demandé quelque place?

Bray. J'ai fait un pétition il y a longtemps, je demandai à être employé sur le canal ; ça n'a pas eu de suite.

M. le président. Il ne serait pas surprenant que vous eussiez demandé une place ; peut-être même y avez-vous des droits comme ancien militaire , mais il faudrait le dire. Depuis le 26 juillet , avez-vous fait une pétition au ministre de l'intérieur ou à tout autre ?

Me Joly. Il a demandé une place aux Invalides.

Bray. Oui j'ai dit que je voudrais entrer à l'Hôtel des Invalides. J'étais aux vétérans ; c'est là mon désir , et je disais : Je n'aurais jamais assez de service pour entrer à l'Hôtel.

G. Chaveau. Dans ses confidences , il m'a parlé du chef de la section dont il faisait partie , c'était disait-il , un ancien militaire , qui , par parenthèse, avait été sauvage à Belleville. (Mouvement de curiosité).

Bray. Non , Monsieur; je n'ai jamais connu de sauvage. (Hilarité prolongée).

M. le président. Allez vous asseoir , témoin.

Bray. M. le président, ne pourrai-je sortir quelque temps de l'audience, j'éprouve un assez fort malaise.

M. le président. Il y a en effet près de trois heures que cet interrogatoire est entamé. Absentez-vous une demi-heure, mais revenez, car votre présence sera nécessaire quand nous entendrons M. de Brederbach et M. Cerclet.

(Le témoin Bray sort de la salle au milieu des murmures de curiosité du public qui n'a pu voir ses traits durant ce long interrogatoire).

Après une courte suspension , l'audience est reprise , et l'on introduit la femme Bray.

Les frères Chaveau sont venus deux ou trois fois chez elle. Gabriel lui a uu jour apporté une adresse ponr son mari.

M⁰ Moulin. Combien y a-t-il de temps que le témoin a épousé Bray ? — R. Il y a vingt ans environ.

D. Se rappelle-t-elle une absence que son mari au= rait faite en 1818 ? — R. Non.

M. le baron de Brederbach , âgé de 50 ans, officier d'état-major. Sur le fond de l'affaire, je sais fort peu de chose, Bray est venu chez moi le 25 juin, ne me trouvant pas, il a été chez M. Cerclet où je dînais, il m'a déclaré qu'on lui avait proposé d'entrer dans un complot contre la vie du roi. Bray revint le lendemain, me remit un pistolet et seize cartouches , je me suis concerté avec M. Cerclet, et il fut résolu que nous irions tous les trois au ministère de l'intérieur. Nous y fûmes, en effet, M. Gasparin reçut les déclarations de Bray et pris des notes.

D. Quelle était la contenance de Bray? — R. Il paraissait très agité ; je lui ai dit de ne rien craindre, et de donner au ministère de l'intérieur tous les renseignemeuts qu'il pourrait avoir, et que je voulais rester étranger à tout cela.

D. N'avez-vous pas voulu mettre Bray en rapport avec M. le procureur du roi? — R. Je crois que M.

Cerclet a conduit Bray au parquet du procureur du roi, et que, n'ayant trouvé personne, il l'a conduit au ministère de l'intérieur.

D. Au ministre de l'intérieur, Bray a-t-il donné les noms de ceux qui faisaient partie du complot? — R. Il a prononcé plusieurs noms; je ne me rappelle que celui de Chaveau.

Avez-vous vu Bray le 26 juin?—R. Oui; il est venu me parler de ses craintes.

D. De quelle nature étaient ces craintes? Paraissait-il redouter d'être arrêté? — R. Non; il semblait craindre que les accusés ne connussent ses révélations.

D. M. Gasparin lui a-t-il dit de venir lui donner tous les renseignements qu'il pourrait obtenir? — R. Oui.

D. Pensez-vous que Bray pouvait parvenir auprès de M. Gasparin, toutes les fois qu'il le voulait et sans attendre. — R. Je le pense.

D. Depuis le 26 juin, avez-vous eu de Bray quelques détails sur le complot? — Je crois que Bray m'a parlé de quelque chose, et m'a cité des noms; mais je n'en ai gardé aucun souvenir.

D. Vous a-t-il dit qu'il avait des pistolets autres que ceux qu'il vous a remis? — R. Non, j'ai en peu de rapport avec Bray depuis le 26 juin. Je le renvoyais au ministère de l'intérieur.

D. Pouvez-vous nous donner des détails sur une canne à fusil qui vous appartient? — R. Oui, Bray m'a vendu cette canne, il y a deux ans; je la lui a donnée pour la faire revernir dans le commencement de l'été de 1835.

D. Pouvez-vous préciser l'époque de cette remise? — Non.

D. Quand vous a-t-il remis cette canne-fusil? — R. Je ne pourrais rien préciser à cet égard; je pense cependant que c'est vers le mois de juin.

M. le procureur-général. On paraît attacher de l'importance à cette canne-fusil, dont on a parlé; nous vous prions de l'apporter demain.

D. Quelle est l'opinion de M. de Brederbach sur la moralité de Bray? — R. Bray m'a été recommandé comme un honnête homme. J'ai fait des démarches pour lui faire obtenir une place de garde dans un passage: n'ayant pu réussir, je l'ai employé plusieurs fois; j'en ai toujours été très content.

D. Croyez-vous qu'il ait eu des opinions exaltées? — R. Je crois qu'il n'en a aucune. Il travaillait beaucoup; je ne l'ai jamais entendu parler politique.

D. Dans votre opinion, aurait-il été capable d'entrer dans un complot quelconque? — R. Je ne crois pas.

Me Plocque. Quand Bray a vu M. de Brederbach, le 25, lui a-t-il dit qu'il eût un rendez-vous, le soir même? — R. Je crois qu'il m'en a parlé, mais je n'en suis pas certain.

M. le président. N'avez-vous pas dit à Bray : *vous êtes lancé, allez tout du long?* — R. Je crois que oui;

c'est une expression militaire, dont j'ai pu me servir.

D. Bray vous a-t-il parlé d'un baril? Je pense que oui; mais ma position de militaire ne me permettait pas d'entrer avez Bray dans de longs détails sur un complot. Ma situation était pénible; je ne voulais en entendre que le moins possible.

Me Plocque. M. de Brederbach, a-t-il entendu parler par Bray d'un nommé Henri? — Oui.

D. Croit-il que le nommé Henri fût un homme connu de Bray? — R. Je le pense.

D. Bray a-t-il dit, le 25, que le lendemain il devait y avoir une distribution d'armes? — R. Oui. Et le lendemain, il est venu, en effet, me remettre des pistolets qu'il avait reçus.

D. Résultait-il de ses déclarations qu'il s'agissait d'un complot contre la vie du roi? — R. Je l'ai cru ainsi.

D. Savez-vous quels ordres auraient été donnés à Bray par Gasparin? — R. J'ai vu M. Gasparin prendre des notes, entendre ses explications; je ne lui ai pas entendu donner d'ordres.

Me Joly. Bray a déclaré que c'était d'après les conseils de M. Brederbach qu'il avait caché chez lui les deux paires de pistolets qui y ont été trouvées.

Le témoin. Je ne me rappelle pas du tout avoir rien dit de semblable.

Me Plocque. M. de Brederbach déclare que Bray était troublé par la crainte que les accusés connussent ses révélations. Ce n'était donc pas, comme celui-ci l'a déclaré hier , parce qu'il redoutait d'être arrêté. — R. Il avait l'une et l'autre crainte .

M. le président. Vous êtes-vous expliqué à cet égard avec lui ? — R. Non ; car je ne voulais pas entrer en conversation avec lui sur cette affaire.

Me Moulin. D'après ce qui a été dit par M. de Brederbach , Bray ne lui aurait donné , le 25 juin , que des renseignemens vagues , et que c'est pour cela qu'il lui aurait dit : Vous êtes lancé , allez jusqu'au bout. — R. Cela est vrai. Il n'y avait rien de positif dans tout ce qu'il me disait.

M. Cerclet, âgé de 39 ans, secrétaire rédacteur de la Chambre des deputés. — Le nommé Bray , est venu , le 25 juin , demander M. de Brederbach , avec lequel il a causé pendant quelque temps. M. de Brederbach m'a dit qu'on avait proposé à Bray de faire partie d'un complot contre la vie du roi. J'ai été, avez Bray , au ministère de l'intérieur.

M. le président. Avez-vous assisté aux explications données par Bray à M. Gasparin ? — R. Oui ; il a répété tout ce qu'il m'avait déjà dit, Bray était très agité; il avait peur d'être compromis auprès des conjurés s'il parlait , et d'être compris dans l'accusation s'il ne disait rien.

D. Etes-vous sûr qu'il eût ces deux espèces de craintes? — Je n'en suis pas sûr : j'ai attribué son agitation à la double crainte dont je vous ai parlé , mais je n'ai pas jugé convenable de le faire expliquer en aucune manière. J'ai rempli mon devoir en signalant un complot contre la vie du roi ; je ne voulais pas me mêler de cette affaire ; j'ai même recommandé à mon porties, si Bray me demandait, de lui dire que je n'étais pas chez moi.

M. le procureur-général. Bray vous a donné quelques renseignements sur le complot; vous les rappelez-vous? — R. Il m'a dit que les conjurés étaient au nombre de 15 ou 16; qu'ils se réunissaient chez l'un d'eux, rue Mauconseil ; qu'on devait se rendre sur le quai d'Orsay, s'informer de l'endroit où devait passer le roi, et l'assassiner.

D. Avait-il été question d'armes? — R. Les conjurés devaient être tous armés, l'un d'eux devait se précipiter sur la voiture, briser la portière avec une hache.

D. Vous avait-il parlé de la réunion qui avait eu lieu la veille ? — R. Il m'a parlé de la proposition du complot qui lui avait été faite la veille. Je ne me rappelle pas qu'il ait été question de réunion.

Me Plocque. J'insiste pour savoir à quelle époque Bray a parlé au témoin de la réunion du 25 juin. — R. Dans le mois d'août, autant que je puis me rappeler.

M. le procureur-général. Quel impression vous ont faite les révélations de Bray? Vous paraissait-il sincère dans ses explications ? — R. J'ai examiné l'homme, il m'a paru très agité ; je n'ai remarqué chez lui qu'une grande crainte.

D. Croyez-vous que Bray ait été mis par M. Gasparin en rapport avec M. Yon? — R. C'est ce qui m'a été dit par Bray.

M_e Plocque. Nous désirons que Bray s'explique sur ce fait qu'il a nié hier.

Bray. J'ai dit hier que je connaissais antérieurement M. Yon ; j'ai dit cela pour ne pas compromettre M. Yon ; c'était une défaite. Il est vrai que je n'ai connu M. Yon que par suite des mes rapports avec le ministère. (Rumeur prolongée.)

M. le président. Quel était votre motif pour dire une chose inexacte ? — R. Je n'attachais pas d'importance à tout cela.

D. Vous avez annoncé hier avec solennité que vous alliez dire toute la vérité. Alors vous avez parlé de socques que vous auriez fournis à madame Yon ; que vous connaissiez M. Yon antérieurement, et que vous aviez été spontanément chez lui pour lui faire des révélations sur le complot. Pourquoi avez-vous fait ce mensonge ? — R. Je n'ai pas tiré grande conséquence de cela. Je ne voulais pas dire que j'avais été mis en rapport avec M. Yon par le ministère de l'intérieur ; voilà mon motif.

Me Plocque. A quelle heure précise avez-vous été mis le 26 en rapport avec M. Yon ? — R. C'était le matin.

D. Était-ce en quittant M. Gasparin ? R. (Avec impatience.) Ma foi, je n'en sais rien ; est-ce que vous croyez que j'ai pu retenir tout cela ?

L'audience est suspendue à deux heures et reprise une demi-heure après.

M. Martinet, commissaire de police, rend compte

des perquisitions qu'il a faites chez Combes, le 10 juillet; il a saisi de la poudre, des balles et des pistolets dans une mansarde; le lendemain 11, il a envoyé sur la toiture un maçon, qui a trouvé un grand nombre de balles, des capsules et deux pistolets enveloppés dans un linge. Ces objets étaient à une distance d'une douzaine de pieds de la fenêtre du grenier de Combes.

Combes. Ne vous ai-je pas fait remarquer des trous, des cachettes où j'aurais pu déposer les objets qui ont été trouvés sur le toit? — R. Cela est vrai.

M. le président. Ces cachettes auraient-elles pu soustraire les objets qu'on y aurait placé aux recherches de la justice. — R. Je n'en sais rien.

M. le président. Introduisez le témoin Marlin. (Rumeur dans l'auditoire.)

Marlin, garçon tailleur. A la fin de juin, je travaillais chez M. Combes. J'y vis venir Mme Chaveau et son fils Gabriel. Mme Chaveau raconta l'arrestation de Charles Chaveau et de quatre autres personnes. Plus tard, j'y ai vu Dulac et Delont. Il fut question du complot contre la vie du roi, de tuer les chevaux..... (Le témoin s'arrête; il est ému. Le président lui fait donner une chaise). Les personnes convinrent d'arrêter la voiture du roi et d'attenter à ses jours. Les portes étaient ouvertes lorsqu'ils parlaient; on aurait pu tout entendre et arriver jusqu'à nous, sans même qu'on s'en aperçût. Je savais que Gabriel Chaveau avait été dans le procès des 27. Je craignais pour lui et pour moi-même. Je les priai de parler plus bas.

Quand la semaine fut finie, je m'en allai à St-Leu chez mon père, auquel j'ai dit tout ce que je savais.

M. le président. Combien de temps avez-vous travaillé chez Combes? — R. Six jours, je crois.

D. Où étiez-vous placé lorsque vous avez entendu les conversations dont vous avez parlé? — R. J'étais sur l'établi, et c'était ordinairement près de moi que ces messieurs parlaient.

D. Quel jour avez-vous venir Delont et Dulac? — R. Je ne puis pas affirmer les dates. C'est, je pense, dans les trois premiers jours de mon arrivée chez M. Combes.

D. Que disaient Delont et Dulac? — R. Delont restait fort peu de temps; il jouait avec les enfants de M. Combes et ne disait pas grand'chose. Dulac parlait de l'arrestation de M. Charles Chaveau et de plusieurs de ses amis.

D. Qu'avez-vous entendu sur le complot? — R. On porlait de se rendre sur la route de Neuilly, de se jeter sur les chevaux du roi, de les abattre et de tuer le roi.

D. Avez-vous entendu parler d'un baril? — R. Jamais.

D. Auriez-vous pu ne pas entendre ce qui aurait été dit à cet égard? — R. J'aurais certainement entendu cela comme les reste: ces messieurs parlaient toujours tout haut.

D. Quelles devaient être les armes des conjurés? — R. Des pistolets.

D. Les conversations sur l'attentat étaient-elles pos-

térieures à l'arrestation faite chez la femme Chaveau?
— R. Oui.

D. Dulac restait-il long-temps dans la maison ? R.—
Très peu de temps.

M. le président. Vous avez déclaré dans l'instruction qu'il y passait la moitié de la journée en s'entre-
tenant du complot. Rappelez vos souvenirs , ne craignez rien. — R. Je ne puis me rappeler cela : j'ai pu
faire cette réponse machinalement au juge d'instruction. Aujourd'hui, il me serait impossible de dire si
Dulac restait longtemps chez M. Combes. J'ai été arrêté trois jours ; on a fait perquisition chez moi ; j'é-
tais affligé et très ému , je répondais oui et non sans
trop savoir ce que je disais.

M. le président. Vous avez fait la déclaration dont
nous venons de parler le 1er octobre; vous n'étiez plus
en prison, vous n'aviez rien à craindre alors. — R.
Toutes les fois que je paraissais devant le juge d'instruction , j'étais très ému, comme je le suis encore
aujourd'hui.

M. le président. Il est plus probable que vous avez
dit la vérité dans l'instruction , et que ne voulez pas
la faire connaître aujourd'hui.

M. le procureur-général. Lorsque vous avez vu la
femme Chaveau le 27 juin , n'a-t-elle pas dit : l'affaire
est manquée ? — R. Je ne me rappelle pas cela.

Mme Chaveau. Vous avez déclaré n'avoir jamais été
chez Combes. — R. C'est vrai ; je n'ai jamais vu Combes, je le prouverai, le témoin est dans l'erreur.

Au témoin. Vous rappelez-vous que la femme Chaveau ait parlé des armes saisies chez elle? — R. Je ne me le rappelle pas.

D. Comment se fait-il que vous ayiez oublié tant de circonstances qui ont dû frapper votre attention, puisqu'il s'agissait d'une chose grave, d'un complot? — R. Lorsqu'on parlait du complot, j'étais très effrayé pour moi-même, je craignais d'être compromis.

D. (A. Combes.) Vous avez dit qu'il n'avait jamais été question de complot contre la vie du roi, vous entendez Marlin, qui dit formellement le contraire sur ce point, au moins sa mémoire n'est pas en défaut. — R. Je ne sais pas pourquoi il dit cela. Il se trompe, on a peut-être parlé chez moi du complot d'avril, et le témoin aura confondu.

M. le procureur-général. Le témoin a précisé : il a dit qu'il s'agissait d'un complot contre la vie du roi, qui devait s'exécuter sur la route de Neuilly. Il ne peut y avoir confusion dans son esprit avec le complot d'avril. — R. Le témoin a été arrêté. Il a pu dire tout ce qu'il a voulu pour sortir de prison.

Me Joly. J'insiste sur cette circonstance, que le témoin a été arrêté; il a fait alors des déclarations qui l'ont lié en quelque sorte, et qu'il a été dans la nécessité de reproduire plus tard.

M. le procureur-général. Ainsi, vous supposez que le témoin a fait une fausse déclaration.

Me Joly. Nous expliquerons cette déclaration plus tard.

Me Aug. Marie. Je désire que le témoin s'explique de nouveau sur la conduite de Delont chez Combes? —R. Delont venait le matin, ne parlait pas politique, et s'en allait le plus tôt qu'il pouvait.

M. le président. Croyez-vous que Delont se mettant à l'écart ait causé politique sans que vous puissiez l'entendre? — R. Cela est possible : la chambre où je travaillais est très grande.

D. Et l'accusé Dulac? — R. Il causait avec Gabriel Chaveau du complot.

D. Quel rôle jouait Combes dans ces conversations? — R. M. Combes était à côté de moi; il parlait avec Gabriel Chaveau et Dulac.

Me Plocque. S'agissait-il d'un projet exécuté on à exécuter? — R. A exécuter. Une personne qui est venue plusieurs fois chez M. Combes, et qui était avocat, parlait aussi d'un projet exécuté. On avait été sur la route de Neuilly pour y tuer le roi; mais apercevant un gendarme, on avait cru que le complot avait été dénoncé, et on s'était sauvé.

Me Joly. Le témoin a-t-il vu un nommé Bray? — R. Dans la dernière semaine où j'ai travaillé chez M. Combes, il a amené un homme en blouse et en casquette. Cette homme avait une canne à fusil qui se dévissait; à l'aide du cordon, on faisait partir une détente. Il en fit l'essai, qui a été répété par Mme Combes.

D. A-t-il dit quel devait être l'emploi de cette canne-fusil? — R. Non, mais il a fait remarquer qu'elle pouvait se cacher facilement dans la foule.

D. Pourriez-vous reconnaître cet homme? — R. Je l'ai vu longtemps dans la salle des témoins, et après avoir recueilli mes souvenirs, je l'ai reconnu, quoique son costume soit bien différent de celui qu'il avait chez M. Combes.

M. le président. Bray, approchez-vous. Témoin, le reconnaissez-vous? — R. Oui; je le reconnais bien maintenant.

M⁰ Joly, au témoin. Bray a-t-il proposé de vendre à Combes une douzaine de cannes-fusils semblables à celle qu'il avait apportée? — R. Il n'en a pas proposé une douzaine, mais cinq ou six, et il a ajouté qu'il se contenterait d'un faible bénéfice. Il a beaucoup vanté ces fusils.

Bray. Je n'ai rien dit de semblable.

D. Bray n'a-t-il pas dit à Combes de lui adresser tous ses amis qui avaient des armes à nettoyer? — R. Je ne me rappelle pas cela.

D. Bray a-t-il parlé du complot? — R. En ma présence, il n'en a rien dit.

M⁰ Moulin. Parlait-on du complot comme d'une chose arrêtée? Désignait-on précisément le lieu où il devait s'exécuter? — R. C'était un projet vague; le lieu d'exécution n'était pas fixé : c'était depuis Paris jusqu'à Neuilly.

M. le président. Avez-vous vu venir chez Combes

son porteur d'eau ? — R. Oui, plusieurs fois; mais jamais il n'a parlé politique.

M⁰ Moulin (à Bray). N'avez-vous pas dit que votre canne-fusil pouvait se cacher facilement dans la foule?

Bray. Si j'ai dit cela, je n'y attachais aucune importance.

M⁰ Moulin. Le fait nous paraît grave; il est nouveau. Nous demandons qu'il soit inséré au procès-verbal.

M. le procureur-général. Nous ne nous opposons pas à la demande de l'avocat, et nous demandons qu'on y mentionne aussi cette déclaration nouvelle du témoin, qu'il aurait entendu dire chez Combes, par un prétendu avocat, qu'on avait attendu le roi, sur la route de Neuilly, pour l'assassiner, et que l'arrivée d'un gendarme avait empêché les conjurés de mettre leur projet à exécution.

Sigoulet, cuisinier, beau-père de Marlin, demeurant à Saint-Leu. — Marlin est venu en juillet à Saint-Leu, et m'a dit que plusieurs individus devaient attendre le roi sur la route de Neuilly, tuer les chévaux, se précipiter sur le roi, et le frapper.

D. Qu'avez-vous dit à Marlin ? — R. Je l'ai engagé à ne plus travailler chez Combes. Il me dit que c'était son intention.

Castaing, ouvrier tailleur.

M. le président. Que savez-vous ?

Castaing. Je sais que j'ai été arrêté, mais rien de plus. On m'a demandé si des armes avaient été apportées à la maison ; je l'ignorais. Depuis, ma femme m'a dit qu'un nommé Bray lui avait apporté un paquet enveloppé : c'étaient ces malheureux pistolets.

M. le président. Elle ne vous a pas dit plutôt que c'était la femme Combes qui les lui avait remis ?

Castaing. Ma femme m'a dit qu'en effet elle avait dit cela devant le juge. Elle était arrêtée : le juge d'instruction lui dit qu'elle serait mise en liberté, si elle voulait faire cette déclaration contre madame Combes. (Rumeur d'étonnement.)

M. le président. C'est un propos de sa femme. Ce n'est pas à lui qu'on peut en faire reproche.

(A Castaing). Avez-vous vu Bray-le-Hussard. — R. Oui, une fois.

D. N'avez-vous pas donné asile à Gabriel Chaveau ? — R. Non, monsieur, jamais.

M. *le substitut du procureur-général Monsarrat.* — Ne vous êtes-vous pas trouvé dans le voisinage du Pont-Royal avec Delont et Dulac ? — R. Non, monsieur.

D. Avez-vous été chez un marchand de vin, rue de Rivoli, avec le Hussard et d'autres individus. — R. Il y a plus de trois ans que je n'ai mis les pieds chez un marchand de vins.

D. N'avez-vous pas chargé Bray d'aller chercher pour vous un paquet ficelé qui contenait des pistolets? — R. Non, monsieur.

Me Joly. A quel sentiment le témoin a-t-il attribué

l'avertissement que lui a donné Bray, de ne pas s'exposer à tomber dans les mains de la police?

Castaing. Jamais Bray ne m'a parlé de la police.

Un juré. Le témoin s'est-il trouvé souvent avec Bray? — R. Deux ou trois fois. La première fois, il apporta un pantalon; depuis, il est revenu voir s'il était prêt.

La dame Castaing, couturière, ne connaît aucun des accusés.

Femme Castaing. Bray m'a apporté un paquet : il m'a dit qu'il renfermait des pistolets, et que le lendemain il viendrait le reprendre. En s'en allant, il me serra les mains, et m'embrassa et me dit qu'il était bien malheureux, que la police lui poursuivait.

D. Avez-vous raconté tout cela à votre mari? — R. Non, je craignais de lui faire de la peine.

M. le président. Etes-vous sûre que les pistolets dont vous parlez vous ont été apportés par Bray et non par la femme Combes? — R. Oui, monsieur.

M. le président. Vous avez déclaré tout le contraire dans l'instruction. Vous avez fait alors, ou aujourd'hui, un mensonge. (Lecture est donnée au témoin de la déposition dans laquelle elle a déclaré que la remise des pistolets lui avait été faite par la dame Combes.)

Le témoin. J'ai pu dire cela, mais ce n'est pas vrai.

M. le président. Pourquoi auriez-vous dit un mensonge? — R. Depuis deux jours, j'étais au dépôt de la préfecture, ma petite était malade, le juge d'instruction m'a dit : Les pistolets, vous les avez reçus de la femme Combes. Si vous dites que c'est la femme Combes, je vous ferai mettre sur-le-champ en liberté. J'ai dit que oui, et en effet je suis sortis de prison tout de suite. (Vive agitation dans tout l'auditoire.)

M. le président. Pensez-vous que nous puissions croire ce que vous venez de dire? C'est une calomnie, une injure atroce qui ne peut atteindre le magistrat auquel vous voulez l'adresser.

M. le procureur-général. La seule chose que le juge d'instruction ait pu dire au témoin, est celle-ci, votre intérêt est de dire la vérité, dites-la tout entière. Je demande que la déclaration du témoin soit insérée au procès-verbal, et qu'il nous soit donné acte de nos réserves à son égard.

M. le président fait droit à ces réquisition.

Me Moulin. Je ferais observer que ce n'est pas la première fois que la dame Castaing dépose des faits comme elle vient de le faire; que dans toutes ses dépositions faites après sa sortie de prison, elle a déclaré ce qu'elle déclare aujourd'hui.

Prugues, tailleur, a remis à sa femme des pistolets que Bray est venu chercher.

Femme Prugues. Madame Castaing m'a donné des pistolets à garder.

M. le président. Vous a-t-elle dit qui lui avait remis? — R. Elle m'a dit que c'était un père de famille qui était au désespoir, qu'on avait fait des perquisitions chez lui, et qu'il était dans une mauvaise position.

Mᵉ Moulin. Des perquisitions n'ont été faites chez Bray que le 25 septembre. A l'époque où il a parlé à la dame Castaing de perquisitions faites chez lui, aucune n'avait eu lieu. Il a donc menti sur ce point comme sur tant d'autres.

M. le président. Nous entrons dans une nouvelle série de témoins, l'heure est trop avancée pour que nous nous en occupions.

L'audience est levée à cinq heures un quart, et renvoyée à demain.

Audience du 1ᵉʳ avril.

A dix heures un quart, les accusés sont introduits ; l'audience est immédiatement ouverte.

M. le président. Huissier, faites approcher la femme Castaing.

L'huissier audiencier annonce que madame Castaing est absente.

M. le président. Nous ordonnons qu'un huissier, se transportera, accompagné d'un garde municipal, au domicile de la femme Castaing. Nous avons bien voulu hier ne pas la mettre sous une telle surveillance ; mais son absence nous force à user de mesures de rigueur, car il y a en ce moment une prévention contre elle.

(Un huissier sort, après s'être nanti d'un mandat, pour aller chercher la femme Castaing.)

Darbois, portier, rue Saint-Denis n° 376, ne reconnaît parmi les accuses que le jeune Husson. Il a logé chez moi six mois environ, dit-il. Je ne connais rien de relatif à son affaire. Il a été arrêté à l'époque des troubles de la rue Saint-Martin ; mais jamais il n'a manifesté aucune intention méchante. Il a quitté la maison quelques jours avant le carnaval.

M. le président. Husson manifestait-il, d'une façon quelconque, son opinion politique ?

Darbois. Je crois qu'il était républicain ; il portait de grands cheveux et un costume exagéré, qu'on appelle, je crois, à la jeune-France.

M. le président. Assurément, de longs cheveux ne signifient rien ; mais lorsqu'on affecte de porter de longs cheveux, des calottes rouges, et que plusieurs personnes se trouvent réunies sur un point, avec ces démonstrations, il y a là une signification réelle.

Darbois. C'est ce que je lui disais ; je lui donnais les conseils que l'on doit à un jeune homme.

M. le président. Vous lui avez en effet donné de bons conseils ; il n'en a malheureusement pas profité.

Darbois. Il était alors sans ouvrage, et ne pouvait assurément pas être content. Je dis à un garçon limonadier, qui demeurait dans la maison : « Tâchez donc de lui trouver de l'occupation » ; et, en effet, il entra quelque temps après dans un café.

M. le président. Accusé Husson, il paraît qu'avec vous l'ouvrage ne va pas fort ? (Hilarité.)

Husson. M. le président, je ne désirais pas changer

d'état ; j'ai travaillé pendant quatre ans dans la même maison ; je gagnais 5 fr. par jour; et je pense que lorsqu'on est ainsi rétribué, on peut se dire un homme laborieux.

M. le procureur-général. Où travailliez-vous à l'époque de votre arrestation? vous n'avez pas voulu donner alors votre adresse. Quel intérêt aviez-vous ?

M_e Rittier. L'accusé a répondu....

M. le président, avec vivacité. Si vous interrompez ainsi le débat, il est impossible de l'engager avec régularité ; et en définitive l'opinion publique qui est après tout l'expression du bon sens n'approuvera pas votre système.

Husson. Je demandai à M. Zangiacomi, s'il pouvait de son chef me mettre en liberté si je lui répondais d'une manière satisfaisante; il m'a répondu que non; alors je me suis tu.

M. le procureur-général. Vous ne pouvez pas, ainsi imposer des conditions au magistrat.

M. le président. Lorsque, moi-même, je vous ai interrogé, sur la demande de l'indication de votre domicile, vous avez formellement répondu je ne le dirai pas.

Me Rittier. M. Girardot, chez qui demeurait l'accusé, est lié d'une amitié intime avec lui, s'il a refusé de donner son adresse, c'est dans la crainte de le compromettre. Si M. le président l'autorise, M. Girardot viendra déposer. L'instruction, au reste, a creusé la question de moralité, et l'accusé est sorti de cet examen entièrement pur.

M. le président. MM. les jurés ont pu remarquer, depuis trois jours, la manière dont est entravé le débat. S'il faut qu'une lutte s'engage entre le président et les défenseurs, sa position sera celle d'un homme contre plusieurs. Nous reconnaissons, assurément, que nous avons obtenu, par l'intervention des défenseurs, un peu plus de tranquilité. Au lieu des interruptions de treize personnes, nous n'en avons plus que de la part de deux ou trois, parmi les défenseurs ; mais cela n'en est pas moins regrettable, en ce que les débats se trouvent inutilement prolongés.

M. le procureur-général. Husson, connaissiez-vous Delont ? — R. Non.

D. Connaissez-vous Combes ? — R. Non.

M. le procureur-général. Vous aviez nié faire partie de la société des Droits de l'Homme.

Husson. Je le nie, monsieur.

M. le procureur-général donne lecture d'un contrôle sur lequel Husson est porté avec son nom, son âge, son domicile, et qui a été trouvé à Sainte-Pélagie, dans la paillasse de M. Berryer-Fontaine, secrétaire de la société des Droits de l'Homme, comme membre de la section de l'Abolition de la Propriété mal acquise, composée de 23 personnes. Sur ce contrôle se trouve, comme chef, Delont, demeurant rue Molé, et Combes, tailleur, rue de l'Arbre-Sec.

Huillerye. Tous les accusés protestent contre l'authenticité de ces documents !

Les accusés. Oui, nous protestons tous !

Delont. Jamais je n'ai été président ni chef d'aucune section ; on se réunissait, et chaque fois on choisissait un président pour lire le procès-verbal.

M. le procureur-général. C'est chez vous que l'on se réunissait, le contrôle l'indique.

Delont. Jamais on ne s'est réuni chez moi.

Mᶜ Joly. Cette pièce ne présente aucun caractère d'authenticité ; quand bien même elle aurait été saisie chez M. Berryer-Fontaine , elle n'aurait rien de concluant. J'ai été moi-même, lorsque je faisais partie de la Chambre des députés , porté en qualité de membre d'une société qui avait pour but l'émancipation du peuple ; mon nom se trouvait sur une liste semblable, et jamais cependant je n'avais fait partie de cette société. Sur de telles listes , on peut porter le nom de personnes dont les opinions paraissent sympathiser avec celles des fondateurs sans leur demander leur assentiment.

M. le procureur-général. Berryer-Fontaine était présent à la saisie des archives de Sainte-Pélagie ; l'authenticité des ces pièces a été établie.

M. le président. Au reste, il n'est ici question que de document ; on en discutera plus tard contradictoirement l'authencité.

M. Pajon, ciseleur, rue Molé, a eu Delont pour locataire. Un tiers, par suite de convention, l'a remplacé dans sa boutique.

Bertrand, marchand de bric-à-brac, a vu Delont vers le milieu de juillet. Il paraît triste, contraint.

M. le procureur-général. N'avez-vous pas entendu dire, dans le commerce, que Delont paraissait cacher son domicile?

Bertrand. Non, monsieur jamais je n'ai dit cela.

Delont. J'ai découché, il est vrai, mais je ne me suis pas caché.

Bertrand. Delont venait chaque jour aux ventes.

Delont. Je ne couchais pas chez moi, parce que j'étais prévenus qu'un mandat était lancé contre moi. Je le jure ici, j'ai été arrêté d'une manière infâme. On a couru contre moi aux cris d'assassin. (Avec chaleur.) Depuis trente-trois ans que je suis domicilié à Paris, jamais on n'a eu un reproche à me faire.

M. le procureur-général. Ce n'est pas la première fois que vous êtes arrêté cependant.

Delont. Ai-je jamais été mis en jugement? Si on m'a arrêté, on a eu bien tort, puisque l'on n'a pu me mettre en jugement.

Rossignol, traiteur à Belleville, a acheté quelques meubles à Delont; cet accusé a consommé chez lui le prix de la vente. Il ne l'a jamais entendu parler politique; il venait avec sa femme. Le témoin ne reconnaît ni Duval ni Boireau.

M. le président. Accusé Delont, pourquoi dans l'instruction avez-vous nié connaître Rossignol?

Delont. J'ai dit mon motif : je ne voulais pas que l'on fît une perquisition chez M. Rossignol. Ici, je suis devant mes juges naturels, et non devant le juge d'instruction.

M. le procureur-général. C'est à l'aide de ces maximes que l'on trompe les populations, et nous ne pouvons laisser passer de telles protestations. (Au témoin :) Un jeune homme est-il venu jamais demander Delont chez vous pendant qu'il était à table?

Rossignol. Oui, en effet, un soir il est venu un jeune homme.

M. le procureur-général. Boireau, n'était-ce pas vous qui demandiez Delont?

Boireau. Non, monsieur, je n'ai jamais été chez le témoin. Je comprends bien le but de votre question. (Avec chaleur) Si MM. les jurés ont suivi les débats de la Cours des pairs, ils ont pu voir qu'à la première audience où il a été question de l'affaire de Neuilly, je n'ai rien dit; à la seconde, j'ai dit peu de chose ; à la troisième, j'en ai dit d'avantage; mais je ne faisais que répéter ce que j'avais entendu dire.

M. le procureur-général. Mais, Boireau, votre déposition a été très détaillée; elle ne pouvait être la répétition de ce que vous aviez entendu.

Boireau. Je ne prétends pas dire que M. le président de la Cour des pairs m'ait jamais dicté mes réponses, mais il m'interrogeait d'une manière si explicite, que je n'ai eu ensuite qu'à répéter ce dont il m'instruisait lui-même.

M. le procureur-général. Boireau , vous persistez à dire que vous ne connaissiez pas Delont ?

Boireau. Je n'ai jamais connu Delont ; je ne l'avais pas vu avant de le trouver à la conciergerie.

M. le procureur-général. Dulac , avez-vous été chez Rossignol ?

Dulac. Jamais je ne l'ai vu ; je n'ai aussi connu Delont qu'à la Conciergerie.

Boireau. Tout mon interrogatoire de la Cour des pairs n'est que mensonges.

M. le procureur-général. Vous avez demandé vous-même à M. le président de la Cour des pairs à être entendu. Voici la lettre que vous lui écriviez :

A M. Pasquier , président de la Cour des pairs.

10 février 1836.

Monsieur le président,

« J'ai l'honneur de vous adresser la présente ; je suis décidé à ne rien cacher à la justice, et à lui prouver que je suis décidé à ne plus jamais m'entretenir de politique avec personne, décidé, si j'ai le bonheur d'être libre, d'aller consoler ma malheureuse famille, et ne plus quitter le pays qui m'a vu naître ; les manières satisfaisantes avec lesquelles vous avez reçu ma mère, ainsi que plusieurs membres de la noble Cour, seront pour moi une reconnaissance sans bornes.

« M. le président, ayant dit la pure vérité sur le malheureux attentat, je désire que vous ne m'interrogiez qu'après que toutes les répliques seront terminées, si cela est un effet de votre complaisance, sur Neuilly.

» C'est dans cette attente que j'ai l'honneur d'être votre très humble et dévoué serviteur.   BOIREAU. »

M. le procureur-général. Voilà ce que vous écriviez.

Boireau. Mais c'est vous tous qui m'y avez poussé!... C'est aussi bien M. le président de la Cour des pairs que M. Zangiacomi; et si je demandais du temps, c'était pour tout combiner.

M. le procureur-général. Comment osez-vous parlez ainsi!

Boireau. C'est que vous m'y forcez.

M. le procureur-général. Mais c'est une action infâme que celle dont vous vous déclarez l'auteur; au surplus, MM. les jurés ont bien vu que le langage de cette lettre est celui d'un homme qui ne veut rien cacher.

Boireau. C'est le langage d'un homme qui a peur, et j'ai eu la lâcheté d'avoir peur.

M. le procureur-général (se levant). Nous n'avons pas besoin, messieurs les jurés, de justifier M. le président de la Cour des pairs, des imputations qui viennent d'être lancées contre lui. Il est défendu par sa haute position et par son caractère. Mais pour vous montrer, messieurs les jurés, quel est Boireau, il est utile de vous faire connaître quelques lettres récemment écrites par cet accusé.

Boireau. Lisez! lisez ces lettres!

M. le procureur-général. Nous n'avons pas besoin

de votre permission pour cela. Messieurs les jurés, je dois vous dire comment les autres lettres sont parvenues en nos mains. Une femme s'était introduite dans la prison, en vertu d'une permission qui lui avait été délivrée ; elle venait voir Boireau. On trouva sur elle une lime ; on croit qu'il s'agissait d'une tentative d'évasion qui concernait Boireau. Cette femme, nous devons le dire, était la femme Petit, la concubine de Fieschi. On fit une perquisition chez elle, et on a trouvé les lettres dont nous allons donner lecture.

« Mon cher Janot,

» Tu ne peux te figurer le plaisir que j'ai ressenti, en apprenant ton retour dans la capitale : toi, mon vieil ami, tu ne me condamneras pas au moins sans m'entendre !

» Je suis bien malheureux ! Les remords que j'éprouve devraient me suffire, sans que quelques hommes vaniteux me calomnient ; oui, mon ami, s'il faut mon sang pour racheter quelques.... (M. le procureur-général : Ici, il y a un mot que le cachet a fait disparaître, mais ce doit être: *momens*)d'erreur, je suis prêt à en faire le sacrifice.

»D'ailleurs, ai-je besoin de te faire des protestations; me me connais-tu pas? Tel j'étais le 28 juillet, tel je suis au moment où je t'écris, et mes sentimens seront toujours les mêmes : la conviction politique de Boireau est trop profonde pour qu'ils s'évanouissent devant les membres d'une royauté. J'attends avec impatience les débats de l'affaire de Neuilly où je suis inculpé, pour prouver à la France entière que Boireau n'est et ne sera toujours qu'un loyal républicain ! incapable de nuire à ses amis.

» Il est inutile de te décrire les tortures que j'ai endurées pendant six mois et demi. Tu dois les connaître capables de tout. Jusqu'à la corruption ! Ils avaient tout tenté près de moi, et ils n'avaient pu réussir. Il n'y a donc eu qu'un être sur la terre, que je n'aurais pas dû voir ; c'est ma malheureuse mère éplorée ! se traînant à mes pieds, en me suppliant au nom de mes frères et sœurs et de toute ma famille en deuil, m'accusant de flétrir leur honneur. Ah ! mon ami, mets-toi un instant dans ma position, et regarde ce tableau touchant...

» Cependant il y avait encore loin de là à me faire fléchir, quand une nouvelle scène s'est présentée, qui m'a tout-à-fait anéanti ; et si j'avais encore suivi la première impulsion de mon ame, je me serais éloigné de ma mère. Mais la nature me criait : c'est ta mère que tu tues ! et elle l'a emporté sur tout... (M. *le procureur-général*) : Ici, Messieurs, ont disparu encore deux mots qui doivent être ceux-ci : (*quand dans*) Ce moment même est entré le juge d'instruction, comme si (nouvelle lacune d'un mot qui doit être *cela*) eût été fait exprès, qui s'écria, en se tournant vers moi : le jour n'est-il pas venu où vous devez mourir ou vous sauver ? Ces paroles, comme on doit le penser, ne m'ont fait que peu d'impression ; car j'étais familiarisé avec la mort depuis long temps ! et sans Cepen-

dant la désirer. Je ne la crains pas (car celui qui l'appelle est un lâche!) et celui-là même n'a pas envie de
mourir, car j'en sais quelque chose par un individu,
que je connaissais bien, qui l'appelait de tous ses
vœux, et qui faisait ce qu'il pouvait pour se sauver.

» Il était assez aveuglé pour croire ce qu'on lui
disait : C'est donc, te dis-je, à ce juge d'instruction
que j'ai dit quelques paroles insignifiantes pour ne pas
compromettre mon co-accusé Pépin, qui plus tard n'a
pas craint lui-même de me charger, et par cela même,
nous nous sommes perdus l'un et l'autre; si Pépin
avait voulu, il ne serait pas mort; c'était d'avouer des
faits qui étaient établis, et qu'il ne pouvait nier, de
les faire retomber sur Fieschi; je aurais aidé pour cela;
je le conseillai à cela; mais il ne voulait pas écouter nu
conseil comme le mien, jétais trop jeune auprès de lui !.

« Sois bien convaincu de tout ce que je te dis; je
n'ai fait en aucune manière de mal à Pépin; le malheureux était condamné d'avance, ainsi que nous
tous; tu dois connaître la manière de juger des pairs;
ils ne connaissent pas de loi, ils n'ont que très peu
besoin de preuves, la vie d'un homme ne leur coûte
rien, et surtout pour une affaire aussi grave; je te
dirai que j'ai été interrogé par le président des assises
pour l'affaire de Neuilly, j'ai..... ce que le misérable
Fieschi avait déclaré, propos qui.... je lui avais tenu
sur cette affaire, et j'ai persisté dans mes deux premiers interrogatoires, où je déclarai absolument ne
rien connaître du tout; il m'a fait observer que je

n'étais pas d'accord avec ce que j'avais déclaré à la Cour des pairs ; je lui ai répondu que je n'avais fait que répéter ce que le juge d'instruction m'avait dit peut-être dix fois, et que tout cela était mensonge, et que personne ne m'avait jamais rien dit.

« J'ai remercié mon avocat Paillet, et si M. Dupont ne veut pas me défendre, je me défendrai seul ; je lui ai écrit pour cela , sois tranquille , je les travaillerai dur ; là , je ne craindrai plus Fieschi, car j'avais toujours peur qu'il me chargât d'avantage ; j'ai été bien près du soleil , la camisole avait été aussi apprêtée pour moi, m'en voilà encore écahppé d'une cruelle.

« Maintenant, à l'avenir ! pour me venger de cette canaille de Suireau, qui a tout fait pour porter ma tête à l'échafaud. Mais il est bien malheureux pour lui de ne pas avoir réussi on a cru que je lui avais confié beaucoup de choses. On s'est cruellement trompé ; car si cela avait été ainsi , l'affaire n'aurait pas réussi.... Il n'a d..... le 27 juillet au soir, et sur sa déposition on a fouillé le boulevart Saint-Martin, et non le boulevart du Temple; ils croyaient qu'il s'agissait de souterrain avec quelques tonneaux de poudre ; c'en était un drôle de souterrain...... ; il a fait des mensonges atroces pour avoir des billets de mille francs. Que je voudrais t'avoir près de moi pour te confesser bien des choses ! il y a bien des hommes que je croyais bien solides et qui ont trompé mon attente, et ceux-là me déchireront peut-être plus tard ; je te dirai leurs noms, et tu les verras. En définitive ils doivent savoir si je suis un homme d'honneur et si je les ai fait inquiéter de la moindre des choses. Non , Boireau ne nuira jamais à ses frères.

« Demandez donc à Salis ce que lui ai fait pour avoir déclaré que c'était une grande fatalité pour lui de m'avoir connu? Il a fait une déclaration à Pasquier , dans un interrogatoire , qui est pitoyable : il s'accuse d'être juste-milieu; et cependant je t'assure qu'il n'avait rien à craindre, car ce ne serait pas, en effet, a un jeune homme comme lui que nous nous serions confiés. Ainsi donc , qu'il se taise lui et tant d'autres, qu'il ne parle plus de faits passés , alors même qu'il se cache quand il faut exécuter !

» Je te salue de cœur,

» Ton ami fidèle et qui ne transigera jamais,

» BOIREAU (Victor), »

» Cherche à déchiffrer cela si tu peux. Assure mes respects à ton bon oncle Auguste, et qui sait juger, j'en suis sûr, les hommes. Mes amitiés à tous ceux qui s'intéressent à moi. Jusqu'à ce jour je n'ai encore vu que Mme Petit.

» Je t'écris à dix heures du matin, la nuit du mercredi au jeudi 17 mars, tout seul au secret, dans le cachot d'un assassin, Lacenaire, qui a été exécuté. Voilà bientôt huit mois que ce commerce dure : ainsi, juge de mon ennui.

» N'abandonne pas Mme Petit, car malgré que je

n'ai pas été galant pour elle, elle ne m'abandonne pas.

» A Mme Petit, rue Saint-Germain-l'Auxerrois, 27, pour remettre à M. Janot, en ville. »

M. le procureur-général. Voici une autre lettre; vous l'apprécierez, messieurs les jurés. Nous croyons devoir nous abstenir de toute réflexion.

24 mars 1836.

Brave citoyen,

» Permettez à l'ami de votre neveu de jeter quelques paroles dans votre ame fière et impartiale.

» Puisse la divinité vous avoir bien inspiré à mon égard, et que vous ressentiez les battemens d'un cœur pur qui ne demande que le bonheur de sa patrie.

» J'ai des reproches à me faire sans doute; mais ne suis-je pas jeune? et l'avenir effacera, j'en suis sûr, quelques momens d'erreur: votre neveu connaît mieux que personne le fond de mon ame; lui seul sait si je mérite un seul instant d'être calomnié, et surtout par des hommes qui se cachent quand le tonnerre gronde! Moi, dévoué corps et ame au plus saint des principes, et qui ne transigerai jamais. Le seul regret que j'emporte dans ma captivité, c'est de ne pouvoir être utile à la cause à laquelle j'ai voué ma vie! Excusez-moi si je vous parle avec tant de franchise; mais les louanges que l'on m'a faites de vous me font vous regarder comme mon père; votre cœur a gravé dans bien des ames des souvenirs qui ne s'effaceront jamais.

» C'est toujours une grande consolation pour moi,

àprès avoir tant souffert dans les cachots de la Conciergerie, de voir des citoyens si honorables s'intéresser à moi, sans oublier le bon cœur de cette dame
Petit, qui a mille égards pour ma malheureuse position.
Ma gratitude euvers elle sera sans bornes! Prenez pitié
d'elle, citoyen.

» *Je fais des vœux, citoyen, pour qu'un ciel pur
ranime des têtes blanchies par le malhenr ?*

» Recevez mes respects, citoyen.

» Votre ami de cœur, Boireau (Victor).

» Je vous fais parvenir cette lettre, citoyen, par un
tiers et avec la plus grande discrétion.

» Si vous désirez une carte pour entrer aux assises
et voir juger le soi-disant complot de Neuilly, venez
me voir. »

A la dame **Petit** :

« Ma bonne dame Petit,

» Je vous avais priée, comme intime amie, de vous
adresser à Me Crémieux pour accepter ma défense,
mais la réponse que m'a faite Me Dupont m'a fait
changer d'avis. J'ai juré que nul autre que lui ne por-
terait la parole pour moi ; quoique n'acceptant pas, je
tiendrai à ce que j'ai dit, et me défendrai moi-même
en peu de paroles. Je vous prie de remettre ces deux
petites lettres à leur adresse, vous savez pour qui elles
sont. J'ai obtenu la permission que vous vinssiez me
voir dimanche, je vous donnerai en même temps les
cartes pour les assises, nous en avons demandé au président. Pensez à ce que je desire, ma bonne amie, je

désirerais avoir ce costume pour me présenter le second jour aux assises. Si vous n'avez pas encore l'étoffe, c'est à l'écossaise, grands carreaux, plissée autour, des poches sur les côtés, et ouverte sur le devant. Je vous cause sans doute beaucoup de tourment et peu de profit; mais si j'ai le bonheur d'être plus heureux un jour vous en profiterez.

» Je vous embrasse de tout mon cœur.

« Votre ami,

Signé BOIREAU (Victor).

24 mars.

» Venez dimanche, car je ne pourrais vous voir dans la semaine.

» Je désirerais bien que Bourceaux me fit don de son channsonier, si c'était un effet de sa complaisance. Assurez mes respects à toutes les personnes qui s'intéressent à moi. »

M. le procureur-général. Cette lettre, MM. les jurés, est relative à une prétention de Boireau de se présenter devant vous en costume prétendu républicain, pour *travailler dur*, suivant son expression.

« A M. Isidore It., étudiant en droit.

24 mars 1836.

« Mon ami,

» J'ai appris, non sans peine, que tu quittais Paris; plus je réfléchis, plus j'approuve la conduite de tes parens. Quitte, je te le conseille, cette ville corrompue, et va chercher, au sein d'une famille qui t'aime,

19

une tranquillité parfaite, jusqu'à ce que le lion qui dort se soit réveillé et que les tyrans aient disparu.

» Ce que je désire, c'est que tu n'oublies jamais celui qui aurait exposé bravement sa vie pour toi, et si un jour je suis libre, tu entendras parler de ton ami.

» N'oublie pas non plus que nous devons tout à notre patrie, et que cela seul doit nous faire supporter les peines de la vie.

» Adieu, honneur, courage, espoir. »

» Ton fidèle ami,   BOIREAU (Victor.)

» Plus les jours s'écoulent plus j'apprends à connaître le bon cœur de cette bonne dame Petit, je ne pourrai jamais lui payer des dettes de cœur semblables; ne l'abandonne pas non plus, mon ami, car elle ferait bien des sacrifices pour toi, cette pauvre femme ! Le jour approche où je vais me faire voir un peu; je me défends moi-même.

» Husson et Hubert le rouge te souhaitent le bonjour. Si nous étions dehors tous les quatre....!

» Cette lettre te parvient par un tiers, homme *sûr*.

» J'ai prié madame Petit de te demander une pipe pour souvenir de mon ami. Elle doit aussi, cette femme de si bon cœur, me faire une blouse avec ceinture rouge, une cravate rouge et chaussons rouges. J'irai avec ce costume le second jour aux assises. »

Boireau, pendant cette lecture, reste comme interdit, les yeux baissés, la contenance abattue; bientôt il s'assied, et se cache le visage dans ses deux mains.

M. le procureur-général. Voilà, messieurs, les lettres écrites par Boireau. Je lui ai lues pour prouver que Boireau n'est pas un homme à faire ce qu'il ne lui convient pas de faire.

Dulac. Je demande la parole.

M. le président. Il faut savoir avant si Boireau a quelque chose à répondre.

Boireau (avec abattement). Non, je n'ai rien à répondre.

M. le procureur-général. Il y a dans une des lettres que je viens de lire, une phrase dont je vous demande l'explication, Boireau, dans votre intérêt personnel, et dans celui de Husson et d'Hubert.

Boireau. Mon avocat vous donnera cette explication, je n'ai rien à dire.

M. le président. Votre avocat ne pourra que répéter l'explication que vous lui donnerez vous-même. (Boireau garde le silence.)

Me Rittier. Permettez-moi un mot dans l'intérêt de Husson. (L'avocat lit.) « L'histoire vante la discrétion du général athénien qui ayant intercepté les lettres de Philippe de Macédoine, son ennemi, les lui renvoya sans les ouvrir. Au plus fort de la terreur, les partis respectèrent les lettres. » C'est Me Dupin que je cite, messieurs les jurés.

Le sieur Paulus, tailleur, âgé de 84 ans, ne sait rien du complot. Il a été grandement étonné, lorsqu'on est venu l'arrêter à son domicile.

M. le président. N'avez-vous pas entendu parler du complot ?

Paulus. J'avais entendu dire que l'on avait voulu attenter à la vie du roi *avec de l'artillerie de poche* (Hilarité).

M. le président. On vous a arrêté, il est vrai, et on vous a fait venir en poste de Corbeil à Paris; mais vous en savez plus que vous n'en voulez dire.

Paulvs. J'ai fait une maladie, monsieur, depuis le mois de janvier, et il serait possible que la mémoire ne fût plus fidèle.

M. le président. Je vais vous faire représenter une paire de pistolets saisie chez vous (on représente au témoin deux petits pistolets de poche).

Paulus. Ces armes étaient pour ma défense; il y a plus de cinq ans que je les ai achetées; quant au fusil, il appartient à la personne chez qui j'habitais à la campagne : c'est une arme prise lors de la destruction de la Bastille. (Le témoin poursuit en s'animant par degrés.) On est venu m'arrêter d'une manière infâme, sans mandat, sans que l'autorité fût présente. Considérez mon âge; je n'ai pas une tête comme les jeunes gens, j'ai été troublé.

M. le président. Avez-vous vu quelquefois Delont?

Paulus. Je le voyais tous les jours; il venait aux ventes. (Madame Castaing entre en ce moment dans la salle, et va s'asseoir au banc des témoins, au milieu d'un mouvement de curiosité et d'intérêt.)

M. le président. N'est-ce pas Delont qui vous a remis les pistolets?

Paulus (avec chaleur). Je ne les aurais pas reçu.

Croyez-vous donc que j'aurais voulu compromettre mes enfants ? J'avais ces armes ; je les avais chargées parce qu'on nous a volés chez mon gendre, où je demeure ; on avait pris 5o francs dans mon tiroir.

M. le procureur-général. Avez-vous porté plainte à la suite de ce fait ?

Paulus. A quoi bon ? c'est de l'argent, ça n'a pas de nom.

Me Auguste Marie. Le témoin a-t-il entendu Delont parler d'un baril de poudre ?

Paulus. Je connais Delont depuis bien longtemps, j'ai été témoin à son mariage ; il ne m'a jamais parlé de rien.

L'huissier. La femme Castaing est arrivée.

M. le président. Faites-la venir.

Femme Castaing, nous vous avons envoyé chercher par un huissier et un garde municipal, parce que mention avait été faite au procès-verbal, des expressions injurieuses dont vous vous êtes servie à l'égard d'un magistrat, qu'il y avait des réserves contre vous, et que, dans cet état, vous deviez arriver au commencement de l'audience. — R. Il m'a fallu faire mon ménage et m'habiller.

M. le président. Je vous demande si la nuit vous a porté conseil, et si vous persistez encore dans les injures et les calomnies que vous avez prodiguées au juge d'instruction ? — R. Je crois que je n'ai pas dit d'injures au juge d'instruction.

M. le président. Si ce que vous avez dit hier était

vrai, la conduite du juge eût été infâme, par conséquent vos paroles étaient injurieuses, vous le saviez bien. — R. Je me suis trompée à cet égard.

M. le président. Vous ne vous êtes pas trompée, mais vous avez voulu nous tromper. — R. J'ai pu mal comprendre les paroles du juge d'instruction ; je ne puis pas bien m'expliquer, vous voyez que je suis toute tremblante devant vous. (Le témoin est en effet troublé ; elle change plusieurs fois de couleur, on est obligé de la faire asseoir.)

M. le procureur-général. Si vous êtes troublée, attendez un instant, recueillez-vous.

M. le président. Devant le juge d'instruction, pourquoi n'avez-vous pas dit, comme vous l'avez fait hier, que c'était Bray qui vous avait apporté les pistolets ? — R. La première fois, je n'ai rien dit pour ne pas compromettre un père de famille, un homme qui se disait malheureux.

D. Vous rappelez-vous aujourd'hui ce que vous a dit le juge d'instruction ? — R. Il m'a dit que je mourrais dans les cachots si je ne disais pas la vérité.

D. En êtes-vous sûr ? — Je le crois.

M. le président. Il ne s'agit pas de ce que vous croyez, mais de ce qui vous a été dit. Selon vous, on vous aurait fait des menaces pour obtenir de fausses déclarations. — R. J'étais arrêtée, ma petite était malade, j'étais fort agitée, je ne me rappelle pas au juste ce qu'on m'a dit.

M. le président. Le juge d'instruction n'a pas pu

vous dire que vous pourriez dans les prisons si vous ne dénonciez pas la femme Combes. — R. J'ai pu me tromper ou mal entendre.

M. le président. Vous n'êtes pas un enfant, vous comprenez parfaitement ce qu'on vous dit, et vous savez fort bien que le juge d'instruction n'a pas tenu le flangage que vous lui prêtez.

M. le procureur-général. Dans votre premier interrogatoire, vous avez dit positivement que la femme Combes vous avait remis les pistolets. — R. Non, je n'ai pas dit cela la première fois.

M. le président.— Je crois que la première fois elle n'a pas été serrée sur ce point, c'est seulement dans son second interrogatoire qu'elle s'est expliquée à cet égard. M. le président donne lecture des deux déclarations du témoin.)

D. Je vous demanderai encore une fois pourquoi vous avez déclaré que les pistolets vous avaient été remis par la femme Combes. — R. J'avais peur de compromettre Bray.

M. le président. Mais vous compromettiez par vos réponses la femme Combes. — R. Madame Combes n'était pas dans la position où je croyais Bray.

D. Votre but en vous rétractant n'a-t-il pas été d'être favorable à la femme Combes et surtout à son mari que vous connaissiez et que vous saviez compromis ? — R. Je n'ai pas pensé à cela.

M. le président. Je ne sais pas si M. le procureur-général, prendra des réquisitions contre vous. Dans tous cas, nous devons vous dire que votre conduite est odieuse; que les imputations que avez dirigées contre un magistrat auraient contre vous de graves résultats, si on n'avait pas égard à votre faiblesse et à votre sexe.

M. le procureur-général. Lorsqu'on a inculpé un magistrat comme l'a fait hier le témoin, nous ne devons pas garder le silence; notre position nous fait un devoir d'insister. La femme Castaing a prétendu que les premières déclarations ont été dictées par une violence morale exercée sur elle par le juge d'instruction. Cette violence n'aurait pas pu exister en présence de la femme Combes. Eh bien ! en présence de la femme Combes, le témoin a déclaré que c'était de cette femme qu'elle avait reçu les pistolets. Dans la déclaration qu'elle a faite le 25 septembre, après sa mise en liberté, c'est-à-dire à une époque où elle n'avait rien à craindre, elle n'a pas parlé de Bray, et cependant c'était le moment de se rétracter.

Je regrette que cet incident vienne interrompre les débats et les prolonger; mais nous ne devons point laisser passer un pareil outrage sans que justice soit faite, et qu'il soit puni.

Je demande dans l'état des choses, si la dame Castaing persiste à soutenir que le juge d'instruction lui a dit qu'elle pourrirait en prison, si elle ne voulait pas faire les déclarations qu'il lui indiquait.

Le témoin, avec hésitation. J'ai pu me tromper; je ne me rappelle pas ce qu'on m'a dit.

M. le président. Hier vous ne balanciez pas à accuser le juge d'instruction et à lui imputer une conduite odieuse. Aujourd'hui qu'il y a des réquisitions contre vous, et que vous pouvez être arrêtée, vous hésitez. — R. Je n'ai pas peur que l'on m'arrête, j'ai la conscience pure; je n'ai pas voulu accuser le juge d'instruction, et encore moins l'insulter.

M. le président. Vous ne vouliez pas insulter ce juge, et vous disiez tout ce qu'il fallait pour cela.

Me Joly. Je demande la parole.

M. le président. Les faits dont le témoin a déposé, intéressent Combes; faites vos observations.

Me Joly. La déposition orale du témoin est conforme à celle qu'elle a déjà faite dans l'instruction. C'est un point important à constater dans l'intérêt de Combes. Mme Castaing paraît hésiter aujourd'hui; elle est sous le coup d'un mandat. Je comprends que dans une pareille position elle manifeste de la crainte, et qu'elle soit moins affirmative sur les faits qu'elle ne l'a été hier. MM. les jurés sauront apprécier cette situation.

Je ferai remarquer que dans les questions qui lui ont été posées lors de sa déposition du 25 septembre, il ne s'agissait pas de la remise des pistolets. Plus tard, la femme Castaing a été interrogée d'une manière précise, et alors elle a répondu que c'était Bray, et non pas madame Combes, qui lui avait fait cette remise. A l'aide des réquisitions qui ont été faites, la déposition du témoin a nécessairement été paralysée.

Madame Castaing n'a pas compris la portée de ses

expressions; s'il y a eu quelque chose de fâcheux dans ses paroles, elle n'a voulu offenser personne, elle le déclare, et je crois qu'elle est sincère. C'est la première fois qu'elle comparaît devant la justice, elle ne connaît peut être pas tous les égards qui lui sont dus.

Je pense qu'il n'y a pas lieu de statuer à son égard.

M. le procureur-général. Je n'accuse pas la femme Castaing de faux témoignage. Il ne s'agit pas pour le moment de savoir quelle peut être la valeur de sa rétractation, mais des outrages dont elle s'est rendue coupable vis-à-vis du juge d'instruction, de ces expressions que mensongèrement elle prêta au magistrat : si vous ne dites pas telle chose vous pourrirez en prison.

Nous ne pouvons souffrir que de pareils outrages soient proférés dans une audience publique sans qu'il en soit fait une juste répression.

Il faut que la femme Castaing rétracte immédiatement tout ce qu'elle a dit contre le juge d'instruction, autrement, nous requerrons contre elle l'application des dispositions de la loi pénale relatives au délit dont elle s'est rendue coupable.

Mᵉ Moulin se lève.

M. le président. Laissez répondre la femme Castaing.

Le témoin. Je demande excuse à **M.** le président et à ces messieurs.

M. le président. Révoquez-vous les outrages que vous avez adressés au juge d'instruction ? — R. Oui.

D. Pourquoi les avez-vous dits? — R. J'étais troublée.

M. le président. Sachez que vous vous êtes exposée à entendre prononcer contre vous une condamnation, et que si on est indulgent pour vous, c'est en raison de votre repentir. La honte de vos injures contre un magistrat retombera sur vous. Essayez de lever les yeux, en retournant à votre place. (Une assez vive agitation se manifeste dans l'auditoire, et aux bancs des accusés. Au milieu du bruit, on entend : c'est bien brave ! et d'un autre côté : une femme !)

M. Monsarrat, substitut du procureur-général (avec vivacité). Huillerye, vous avez dit que le magistrat osait insulter une femme.

Huillerye. Je n'ai pas dit cela.

M. Monsarrat. Vous l'avez dit.

Huillerye. J'ai dit à mon avocat : c'est une femme.

Huillerye est agité ; il paraît souffrant, et demande à sortir pendant quelques instants.

M. le président. Sortez.

(L'audience est suspendue quelque temps.)

M. le président. Nous levons la consigne que nous avions donnée au garde municipal de rester auprès de la femme Castaing.

Femme Chapel, portière. Dulac était dans la maison depuis 5 ans. Il était fort tranquille ; c'est un jeune homme rangé.

Veauclin, garçon d'attelage aux écuries du roi. — Un jour, il s'est présenté une femme avec une pétition ; il a voulu la prendre , mais la femme effrayée par le cheval s'est retirée.

M. le président. Vous rappelez-vous l'endroit où ce fait s'est passé ? — R. Je crois que c'est sur la place Louis XV.

D. Etait-ce en allant à Neuilly , ou en revenant ? — R. Je ne me le rappelle pas.

D. Vous rappelez-vous le jour où le fait dont vous parlez a eu lieu ? — C'était dans le beau temps.

M. Monsarrat lit un rapport sur les différens voyages du roi à Neuilly, dans le courant de juin et juillet 1835.

Me Plocque. Avez-vous remarqué des individus qui aient attiré votre attention d'une manière particulière? — R. Je ne remarque personne, j'ai toujours les yeux sur la voiture et les chevaux.

Maye , marchand de meubles.

M. le président. Avez-vous entendu Delont causer d'un complot avec différens individus ? — R. Non , jamais.

M. le procureur-général. Vous avez été chez Combes au commencement du mois de juillet; vous y avez vu l'ouvrier de Combes. Vous n'y avez jamais entendu parler d'un complot contre la vie du roi ? — R. Non.

D. Combes ne vous a-t-il pas entretenu de l'arrestation de plusieurs individus, compromis dans un complot ? — R. Il m'a parlé d'une arrestation qui avait eu lieu, je crois, rue Mauconseil.

D. Ne vous a-t-il pas engagé à entrer dans un nouveau complot? — R. Non, parce qu'il sait bien que je n'aurais pas voulu en être.

D. Ne vous a-t-il pas dit que les conjurés n'avaient pas renoncé à leurs projets d'assassinat sur la personne du roi? — R. Je ne me le rappelle pas.

D. Ne lui aviez-vous pas entendu dire que l'on avait renoncé à exécuter ce projet sur la route de Neuilly? — R. Oui.

D. Pourquoi? — R. Parce qu'il y avait trop de surveillance?

D. Il vous a donc parlé d'un nouveau complot? — R. (Avec hésitation.) Oui.

D. A-t-il désigné le lieu où ce nouveau complot devait se réaliser? — R. Non.

M. le procureur-général. Il ne vous a pas annoncé, par conséquent, que le projet de complot était abandonné? — R. Il ne m'a pas dit que le projet fût éteint.

D. Combes vous a-t-il demandé des pistolets? — Oui, pour envoyer à son frère. Je les lui ai faits 18 fr., ils m'en coûtaient 15; j'espère que ce n'est pas trop cher. Il n'en a pas été content, et me les a rendus.

D. Combes n'a-t-il pas dit que comme les conjurés étaient surveillés, on ne se réunissait pas en grand nombre? — R. Je ne me rappelle pas cela.

M. le procureur-général. Tâchez de vous recueillir, vous en savez plus que vous ne voulez en dire. Le 3 juillet, n'avez-vous pas eu connaissance d'un nouvel

20

attentat contre la vie du roi ? — R. Je viens de vous le dire.

M. le procureur-général. Vous n'en avez encore rien dit. Vous savez des faits importants. Non seulement vous connaissiez l'arrestation faite rue Mauconseil, et le projet de complot qui avait précédé cette arrestation, mais encore vous avez su qu'un nouveau complot avait été projeté; vous devez en savoir les détails. — R. On m'a proposé d'entrer dans un complot ; j'ai refusé : je ne puis donc savoir ce qui devait se faire.

D. Puisqu'on vous proposait d'entrer dans un complot, on a dû vous dire ce que c'était que ce complot, quel en était le but, où il devait s'exécuter? — R. L'on m'a dit qu'il s'agissait d'attaquer le roi sur la route de Neuilly.

M. le procureur-général. Vous ne dites pas la vérité tout entière. Est-ce de Combes que vous avez su qu'on devait attenter aux jours du roi? — R. Combes m'en a parlé.

D. Vous a-t-il donné des détails? — R. Puisque je ne voulais pas en être, il n'a eu rien à me dire.

D. Est ce qu'il ne vous aurait pas dit que par suite de l'arrestation faite chez les frères Chaveau , ils n'étaenit plus en nombre, qu'il lui manquait des conjurés? — Il m'a dit qu'il avait besoin de plusieurs personnes. (Le témoin semble hésiter et s'arrête.)

M. le procureur-général. Continuez.

Le témoin. Il leur manquait des conjurés parce qu'ils n'étaient plus que cinq ou six.

D. Connaissez-vous l'Eglantine? — Oui, il était porteur d'eau dans mon quartier.

D. Vous a-t-il parlé du complot? — R. Comme ci, comme ça. Il m'a dit qu'il existait un complot, qu'il y aurait une autre expédition.

D. Vous saviez donc qu'il y avait une seconde expédition? — R. Oui, monsieur.

D. Combes vous a-t-il parlé de cette expédition? — R. Oui, monsieur.

M. le procureur-général. Vous n'avez rien à ajouter? — R. Non.

D. Précisons les faits; vous saviez par Combes que postérieurement aux arrestations faites chez Chaveau, par conséquent après le 26 juin, qu'il y aurait un nouvel attentat? — R. Oui.

D. Que par suite de ces arrestations le nombre des conjurés ayant été diminué, il fallait en avoir de nouveaux? — R. Oui.

D. Combes vous a proposé de faire partie de ce complot? — R. Oui.

M. le procureur-général (à Combes). — Qu'avez-vous à dire?

Combes. Ce que vient de déclarer le témoin est faux.

D. Quel intérêt lui supposez-vous pour faire une fausse déclaration? — R. Je n'en sais rien. C'est ce que les débats établiront, je l'espère.

M. le procureur-général (au témoin). — Pourquoi n'avez-vous pas dit tout cela dans l'instruction? —

R. Je ne crois pas qu'on m'ait adressé là-dessus des demandes précises.

M. le procureur-général. Le témoin a rendu un service notable en signalant à l'autorité, dès le 4 juillet, le complot qui lui avait été révélé.

Voici en effet la note qu'il a envoyée au ministre de l'intérieur :

« Je prie M. Thiers de me faire demander. J'ai à lui
« révéler un attentat contre la vie du roi, qui doit
« s'exécuter sous trois jours. Il me fera demander sous
« prétexte de lui vendre des meubles. Que M. le mi-
« nistre m'envoie chercher par une personne qui me
« conduira jusqu'à lui. »

Me Joly. Cette note est du 4 juillet, et le 21 août, Maye, interrogé, n'a révélé aucun des faits dont il vient de déposer.

M. le président (au témoin). Vous avez rendu un grand service en révélant un complot; toutes les fois qu'il s'agit de la vie et de la sûreté des personnes, c'est un devoir de signaler tout ce qu'il importe à la justice de connaître. Ce devoir vous l'avez rempli, nous vous en félicitons.

D. L'Eglantine n'a rien ajouté à ce que vous venez de rapporter sur lui ? — R. Non.

L'audience est suspendue à une heure et quart.

Pendant la suspension de l'audience, un huissier dresse au pied de la Cour une table sur laquelle il place le plan en relief dressé par le sieur Dauteuil, menuisier-expert, commis à cet effet par la Cour. Les accusés sont ramenés au bout. d'une demi-heure environ. Dans l'intervalle, une assez vive rumeur a attiré l'attention de l'auditoire; elle était causée, dit-on, par l'insistance de la femme Petit, qui s'est présentée au pied de l'escalier particulier de la salle, et à qui l'entrée a été interdite en vertu d'ordres formels de M. le président. La femme Petit avait, à ce qu'il paraît, tenté de faire passer hier à l'accusé Boireau un paquet qui a été intercepté; cette circonstance aurait motivé la mesure qui l'exclut de la salle de la Cour.

Me Plocque. L'art. 323 du Code d'instruction criminelle, exige que lorsqu'un dénonciateur est appelé comme témoin, le président fasse connaître sa qualité de dénonciateur. C'est au surplus ce qui a été fait relativement à Bray; cette formalité n'a pas été remplie à l'égard du témoin qui a été entendu avant la suspension de l'audience. Nous demandons qu'il soit constaté au procès - verbal, que l'avertissement dont parle l'art. 323, n'a pas été donné.

M. le président. La Cour de cassation a décidé que cet avertissement n'était pas exigé à peine de nullité. Il me semble que le président peut se dispenser de le donner; toutefois il sera fait mention au procès-verbal qu'il n'a pas eu lieu.

M. Dauteuil donne des explications sur son plan en relief. Me Joly, avocat de Combes, se place à côté de l'expert, qui indique les endroits où ont été trouvés des pistolets, des balles et des capsules, la situation des différentes ouvertures par lesquelles on peut aller sur le toit. Une longue discussion s'engage entre lexpert, M° Joly et M. le procureur-général, sur l'endroit par lequel les objets trouvés sur la toiture ont pu être jetés.

M. Dauteuil donne également des explications sur les cachettes du domicile de Combes, dans lesquelles on aurait pu placer des armes. L'expert pense que des perquisitions auraient pu être faites dans ces cachettes.

M. Martinet, commissaire de police, déjà entendu, est rappelé pour faire des observations sur le plan. Les explications qu'il donne ne présentent aucun intérêt.

Boudrot, officier de paix et Chefdeville, sergent de ville, qui ont assisté le commissaire de police à la perquisition faite chez Combes, déposent des détails déjà connus par les déclarations de M. Martinet.

Nadermacher, portier de Combes, après avoir détaillé les faits de l'arrestation, demande à se retirer, ce qui lui est accordé.

Bastide, ouvrier ébéniste. Il occupait, lors des perquisitions faites dans la maison, un grenier dont la fenêtre donnait sur le toît de cette maison; il déclare n'avoir jamais eu en sa possession aucun des objets trouvés sur ce toît.

Géfrier : ouvrier en socques, entendu en vertu du pouvoir discrétionnaire.

M. le président. Vous avez connu un nommé Bray?
— R. Oui.

D. Bray vous a-t-il remis une canne à fusil? — R. Il m'en a apporté une pour la vernir; comme je ne m'occupe pas de cela, je lui ai indiqué un homme qui pourrait s'en charger.

D. A quelle époque ce fait a-t-il eu lieu? — R. Il y a un an ou quinze mois, je ne sais pas au juste.

D. Avez vous vendu cette canne à Bray. — R. Oui.

D. Aviez-vous plusieurs de ces cannes? — R. Je n'avais que celle-là.

D. Pourquoi vous l'a-t-il achetée? — R. Pour donner à une personne qui le protégeait.

D. Bray vous en a-t-il demandé plus tard d'autres? — R. Non.

M. le président. Vous êtes certain que Bray ne vous a pas demandé d'autres cannes semblables? — R. Oui.

La canne-fusil est présentée par M. de Brederbach, à Géfrier, qui la reconnaît.

Mᵉ Joly. Le témoin pourrait-il nous dire comment on se sert de cette canne? — R. Oui. (Le témoin prend la canne, la dévisse, et indique la manière de l'armer, et de faire partir la détente.)

Mᵉ Joly. M. de Brederbach a-t-il essayé cette canne?

M. de Brederbach. Non, je n'ai fait partir que des capsules.

On présente la canne au témoin Marlin, qui croit la reconnaître; mais il pense que la couleur était plus brune : cette canne est déposée par M. de Brederbach, sur le bureau des pièces à conviction.

Mulnier, peintre. J'ai été enfermé avec les accusés, et comme leur société me plaisait mieux que celle des voleurs, j'étais souvent avec eux. J'ai fait le portrait des deux frères Chaveau.

D. Avez-vous remis à Duval, en même temps que ce portrait, un papier où se trouvaient écrits des mots latins. — R. Je ne pense pas.

La dame Chaveau. Mon fils a emporté ce papier à la Force. Les mots latins qui s'y trouvent ont été écrits par un nommé Torrès qui, ne me trouvant pas, a laissé chez moi ces mots.

Charles Chaveau. Mon portrait n'a-t-il pas été fait sur un carton dans lequel il y avait des papiers qui m'appartenaient ? — R. C'est vrai.

Charles Chaveau. On a saisi dans ce carton, les lettres du nommé Torrès, dont ma mère vient de parler; on pourrait comparer l'écriture de ces lettres avec celle du papier qui enveloppait mon portrait.

M. le président. Quant à la vérification d'écriture que l'on demande, je ne puis l'ordonner, car je n'ai pas de lettres de Torrès.

Mᵉ Virmaître. Il y a plusieurs de ces lettres dans le dossier général. D'ailleurs, en examinant le papier avec attention, on remarque qu'il est froissé aux extrémités, comme l'est une enveloppe.

M. Yon, officier de paix, rend compte des arrestations faites au domicile des frères Chaveau, des injures adressées au commissaire de police, et des cris *à bas le tyran! vive la république!* Il a saisi chez Duval, des cartouches et un pistolet.

M. le président. Lorsque vous vous êtes tansporté

rue Mauconseil, saviez-vous ce dont il s'agissait? —
R. M. Gasparin, en me remettant un mandat d'arrêt,
m'a dit de l'exécuter de suite. Que chez les frères Chaveau il devait y avoir une réunion de plusieurs jeunes
gens, et des armes.

D. Que disait la femme Chaveau lors de l'arrestation?
—R. Elle était très exaltée. Elle plaisantait sur le roi;
elle disait : « Vous craignez donc beaucoup pour votre roi , puisque vous mettez autour de lui tant d'a-
gents de police? » Je crois même qu'elle s'est servie
du mot mouchard.

D. A quelle époque avez-vous été mis en rapport
avec Bray ?—R. Dans les premiers jours de juillet. M.
Gasparin a demandé à la Préfecture de police quelqu'un pour l'exécution de ses ordres. J'ai été adressé à
M. Gasparin, qui m'a dit : Il paraît que malgré les arrestations qui ont eu lieu, on veut encore attentez à
la vie du roi. C'est alors que j'ai vu Bray, qui nous a
dit que les conjurés devaient se réunir dans les fossés
de la place Louis XV, et attendre le roi dans les
Champs-Elysées. M. Gasparin me dit : Vous voilà
averti, prenez l'adresse de Bray, et informez-vous de
tout ce qui se fera.

D. Avez-vous connu Bray avant le mois de juillet?
— R. Non.

D. Avez-vous vu Bray sur la place Louis XV le jour
où on devait s'y réunir? — R. J'ai vu en effet Bray ce
jour-là sur la place Louis XV; il m'a dit : je crois qu'il

n'y aura rien aujourd'hui, car je n'ai vu venir personne.

D. Bray vous a-t-il parlé d'un baril? — R. Il nous a dit que les conjurés avaient renoncé à faire feu sur le roi ; qu'il avait été convenu qu'on lancerait dans sa voiture un baril rempli de poudre et ayant une mèche enflammée.

D. A-t-il dit où se trouvait le baril? — R. Il croyait qu'il était chez Delont ; mais il ne connaissait pas l'adresse de celui-ci.

D. Quelle a été la cause de l'arrestation de Duval?— R. Bray m'a dit que la femme Combes lui avait recommandé de prévenir Duval, qui avait des armes. On fit une perquisition au domicile de Duval, chez lequel on en trouva en effet.

D. Est-ce vous qui avez fait la perquisition ? — R. Oui. J'ai trouvé les pistolets saisis chez lui dans un placard placé sous un escalier.

D. Depuis cette arrestation, avez-vous vu Bray ? — R. Oui, mais il ne m'a rien dit d'intéressant sur l'affaire ; il paraissait craindre le résultat de ses révélations. Je lui ai demandé les adresses de Gabriel Chaveau et de Delont ; il n'a pu me les donner, mais il m'a dit qu'il les voyait souvent.

D. Pensez-vous que Bray ait fait des démarches pour avoir le baril dont vous avez parlé? — R. Bray paraissait tenir à trouver ce baril pour prouver qu'il n'avait pas menti à M. Gasparin.

Il m'a parlé du dessein dans lequel il était de forger

une fable, de parler d'un nommé Henri. Je l'ai engagé à n'en rien faire.

Me Plocque. Nous prierons le témoin de s'expliquer sur sa mission au quai d'Orsay.

Le témoin. D'après les déclarations de Bray, il devait y avoir une réunion le 26 sur le quai, j'y ai été envoyé.

M. le président. Qu'avez vous vu? —R. Absolument rien. J'avais mission d'examiner ceux qui causeraient mystérieusement : je n'ai vu personne qui parlât de cette manière.

M. le procureur-général. A quel endroit s'est exercée votre surveillance? — R. Depuis le P ont-Royal jusqu'à la Légion-d'Honneur.

Me Joly. Je demanderai au témoin s'il pense que le nommé Henri, dont lui a parlé Bray, soit un être réel ou imaginé à plaisir. —R. Je pense que c'était un être fictif, qu'il ne mettait ce nom en avant que pour trouver le baril ; si Henri eût existé, Bray n'aurait pas manqué de m'en parler.

D. Quel but se proposait Bray en mettant ce nom de Henri en avant? — R. Je crois qu'il espérait obtenir ainsi plus facilement le baril. Je ne lui ai pas dissimulé qu'un pareil moyen était peu loyal et ressemblait à une provocation.

Un juré. M. de Brederbach a déclaré que le nommé Henri était un homme connu de Bray.

Le témoin. J'ai pensé mois que c'était un être fictif.

L'audience est levée à 5 h. 1|2 et renvoyée à demain

pour entendre les quatre témoins à charge et les témoins à décharge; il est à croire que M. le procureur-
général fera dans la même séance son réquisitoire.

Audience du 2 avril.

Les accusés sont amenés à l'audience à dix heures.
Un quart d'heure après, la Cour entre en séance.

M. le président. Frères Chaveau et Duval, j'ai trouvé
la lettre de Torrès, dont vous parliez hier; nous la
ferons examiner par un expert écrivain, ainsi que la
note trouvée chez Duval, où sont écrit ces mots :
diligo excellentissimam mulierem Chaveau. Il nous
dira si ces mots ont été écrits par Torrès.

L'expert aura aussi pour mission d'examiner si la
petite note trouvée chez Boireau, et sur laquelle on
lit le nom de Delont est de l'écriture de celui-ci ou de
Dulac, ou bien si elle n'est ni de l'un ni de l'autre.

M. Oudart, expert en écriture, prête serment.

Me Virmaître. Il serait peut-être convenable de remettre à l'expert de l'écriture de Duval.

M. le président. Il est constant que les mots latins
diligo excellentissimam mulierem Chaveau ne sont pas
de la main de Duval.

M. le procureur-général. Je ne vois aucun inconvé-
nient à remettre à l'expert un corps de l'écriture de
Duval. Je pense qu'il serait bon qu'Huillerye, Dulac
et Delont fissent aussi un corps d'écriture.

M. le président fait successivement sortir Dulac et

Delont du banc des accusés; il les fait placer devant le greffier et leur fait écrire à l'encre et au crayon la note trouvée chez Boireau, laquelle est ainsi conçue : « Chez Rossignol, traiteur, rue de la Fontaine, au parc Saint-Fargeau, en haut de Belleville, tu demanderas, Delont. »

M. le président. M. le procureur-général, avez-vous trouvé des lettres de Huillerye?

M. le procureur-général. Je n'en ai aucune.

M. le président. Faites venir Huillerye pour qu'il fasse un corps d'écriture.

Huillerye. Je puis bien écrire où je suis.

M. le président. Non, venez près du greffier; il faut que vous soyez à l'aise pour écrire.

Huillerye vient se placer à la table déjà occupée par Delont et Dulac, et écrit sous la dictée de M. le prési dent les mots latins trouvés chez Duval.

M. Oudart se retire dans la chambre du conseil pour procéder à l'expertise que la Cour lui a confiée.

M. le président. Nous ordonnons, en vertu de notre pouvoir discrétionnaire, que M. Basset, commissaire de police, soit appelé pour s'expliquer sur les endroits où Combes aurait pu, selon lui, cacher des armes.

Mᵉ Moulin. M. le président voudrait-il ordonner l'audition d'un nommé Loubinouste, ouvrier ?

D. Sur quel fait le témoin doit-il déposer ?

Me Moulin. Une dissidence s'est élevée à l'une des précédentes audiences entre Bray et l'un des accusés sur la manière dont Bray avoit quitté le service; c'est sur ce point que Loubirrouste donnera des renseignements utiles.

M. le président donne l'ordre de faire assigner le témoin indiqué, et engage les autres défenseurs à lui faire connaître les noms des témoins qu'ils désirent encore faire appeler.

Me Moulin. Je profiterai de l'occasion pour demander à M. le procureur-général s'il s'est procuré l'adresse de Fresnot.

M. le procureur-général. Nous avons demandé cette adresse à la Préfecture de police, mais elle ne nous a pas encore été envoyée.

Me Moulin. Par l'intermédiaire de Fresnot fils, on peut avoir l'adresse de son père; Fresnot est aujourd'hui attaché à la brigade de M. Bertin, officier de paix.

Me Virmaître. J'aurais quelques quelques questions à adresser à M. Yon.

L'huissier audiencier. M. Yon n'est pas présent.

M. le président. Il faut aller à la Préfecture, et dire à M. Yon qu'il vienne; que l'on a des questions à lui adresser.

M. Lenoir, commissaire de police, reconnaît, pour les avoir arrêtés, plusieurs des accusés. Il a fait une perquisition le 19 octobre chez les frères Chaveau, et y a trouvé du papier rayé à l'encre rouge et noire, une cartouchière renfermant six balles de calibre, une pierre à fusil, un mandrin à cartouches, un poignard à manche grossier, une cuillère en fer ayant servi à fondre du plomb. Ces objets étaient cachés derrière des poteries et de la ferraille.

M. le président. Comment expliquez-vous que ces objets n'aient pas été trouvés lors de la première perquisitions.

Le témoin. Il paraît qu'il y a eu beaucoup de tumulte le jour de cette perquisition; c'est sans doute pour cela que tout n'a pas été trouvé.

Charles Chaveau, au témoin. N'ai-je pas emporté un carton dans lequel il y avait des papiers ? — R. Oui, je me rappelle qu'il m'a demandé ces papiers; après avoir consulté M. Zangiacomi, je les lui ai remis.

M. le président. Y avait-il du papier à registre ? — R. Je ne me le rappelle pas bien.

D. Pensez-vous qu'il ait emporté du papier à impression ? — R. Je ne le crois pas.

Me Virmaître. M. le commissaire de police a laissé emporter du papier blanc : se rappelle-t-il que ce papier soit recouvert d'une enveloppe ? — R. Je n'en ai aucun souvenir ; cela est possible.

M. le procureur-général. Si vous aviez vu autre chose que du papier blanc, l'auriez-vous laissé emporter ? — R. Non certainement.

M. le président. Rendez-vous compte de la perquisition que vous avez faite chez Bray, et de ce qu'il vous a dit alors.

Le témoin. Arrivé chez Bray, je l'ai trouvé seul : je lui annonçai que j'allais procéder à une perquisition. Il m'a laissé faire sans rien dire dans une armoire, et, sous des linges, j'ai trouvé des pistolets. Il m'a dit alors qu'étant ancien militaire il aimait les armes, et qu'il avait celles-là pour les raccommoder. Cet homme me paraissait mystérieux et embarrassé. J'ai cru ne devoir pas lui faire subir d'interrogatoire, n'espérant point obtenir de réponse satisfaisante.

M. le président. Quelle opinion avez-vous eue de Bray? — R. Le prenant pour un des complices, je l'ai arrêté.

D. Où avez-vous trouvé les pistolets? — Ils étaient dans une armoire, en deux paquets, et enveloppés d'une grosse toile grise.

Un juré. Etait-il bien facile de découvrir ces pistolets? — Ils étaient derrière un pot de grès; mais on pouvait les trouver facilement.

D. Bray vous a-t-il dit, lorsque vous lui avez annoncé votre perquisition, qu'il avait des pistolets? — R. Non.

Un juré. Vous a-t-il fait des observations? — R. Aucune.

Me Moulin. Je ne fais qu'une remarque : c'est que Bray, au lieu de dire à M. le commissaire de police, qui lui avait fait connaître sa mission : Voilà des armes, elles appartiennent à tels et tels....., les lui laisse péniblement chercher, et, lorsqu'elles sont découvertes, lui en dissimule l'origine.

M. Monsarrat, substitut du procureur-général. Y avait-il un ou deux paquets?

Le témoin. Deux, je crois.

M. Monsarrat. Cette circonstance est importante, car, d'après les déclarations de Bray, il y aurait eu deux remises de pistolets, l'une par Prugues et l'autre par Lacombe.

Me Joly. Mais il est à remarquer aussi que Bray a déclaré que les quatre paires de pistolets lui avaient été remises, deux par Prugues : je comprends que celles-là aient pu être trouvées réunies; quant aux deux autres, qui lui ont été données séparément, si on les a trouvées ensemble et entourées d'une toile, elles ont été disposées ainsi par Prugues.

Me Virmaître. M. Lenoir a fait des perquisitions chez Duval, voudrait-il s'expliquer à cet égard. — R. La première avait pour but la saisie d'un portrait de Chaveau, et la seconde de l'écriture de Duval.

M. le président donne lecture des procès-verbaux des perquisitions dressées par le témoin.

Me Virmaître. Il résulte de l'un de ces procès-verbaux que le papier sur lequel se trouvent des mots latins, et le nom Chaveau enveloppait le portrait de Charles Chaveau.

Le témoin. Je me rappelle, en effet, que ce portrait était enveloppé.

M. le procureur-général. Avez-vous demandé à la femme Duval d'où lui venait ce papier? — R. Elle m'a répondu qu'on le lui avait remis avec le portrait.

M. le président. Vous avez aussi fait perquisition

chez l'Eglantine. — R. En effet, et j'y ai trouvé deux pistolets et des cartouches.

Me Coin de Lisle. Quel était l'état des cartouches trouvées chez l'Eglantine? Etaient-elles anciennes? pouvaient-elles servir telles qu'elles étaient? — R. Elles paraissaient anciennes, et contenaient peu de poudre. Cependant je pense que telles qu'elles étaient, elles pouvaient servir.

M. le procureur-général. Lors de votre perquisition, rue Mauconseil, Charles Chaveau n'a-t-il pas déchiré des papiers ? — R. Oui.

M. le procureur-général. Pour quel motif, Chaveau, avez-vous déchiré ces papiers?

Charles Chaveau. J'ai déchiré ces papiers devant tout le monde, et sans y attacher d'importance.

M. le président donne lecture de la traduction faite par M. Saint-Omer de l'un de ces papiers, écrit en chiffres, et dont les morceaux ont été réunis. Voici cette traduction : « Allez à Montmartre visiter le car- « liste. Nous lui couperons la tête, lorsque nous au- « rons la république. Vive la république..... vive « la...... »

M. le procureur-général. Chaveau, je vous demande de nouveau pourquoi vous avez déchiré ce papier ?— R. Si j'y avais attaché de l'importance, je l'aurais mangé ; je savais bien qu'en le déchirant, les morceaux pourraient être réunis.

M. le président. Pourquoi vous êtes-vous permis

de lacérer des papiers qui avaient été saisis par le commissaire de police ?

Charles Chaveau. Je n'y attachais aucune importance.

M. le président. Vous n'étiez pas juge de l'importance des objets qu'on saisissait. Il ne vous appartient pas de laisser au commissaire de police ce que vous jugiez convenable, et d'anéantir le reste.

Charles Chaveau. On sait ce que contenait le papier que j'ai déchiré. Il était tout-à-fait insignifiant.

M. le procureur-général. Un écrit dans lequel on parle de couper la tête à un carliste n'est pas insignifiant.

Un juré. Quel est l'auteur de ce papier?

Charles Chaveau. Je ne sais pas d'où il vient. Il s'est trouvé dans ma malle avec du café, de la chicorée et des papiers d'épicier.

M. le président. Nous ferons prêter serment à M. Lenoir, en qualité d'expert, pour nous donner son avis sur les bourres et le papier des cartouches saisies chez les accusés.

M. Oudart est introduit pour faire connaître le résultat de son rapport.

J'ai reconnu que Duval et Huillerye sont étrangers à l'écriture des mots latins : *diligo excellentissimam mulierem Chaveau.* Ces mots ont été écrits par le nommé Torrès.

Quant à la petite note sur laquelle se trouve le nom

Delont, elle n'est pas de l'écriture de l'accusé Delont, mais de Dulac.

L'expert indique de nombreux signes de ressemblance entre les différentes lettres du corps d'écriture fait par Dulac et la note trouvée chez Boireau.

Il fait remarquer qu'une faute d'orthographe de la note se trouve reproduite dans ce corps d'écriture.

M. le président. Dulac, vous entendez les paroles de l'expert : qu'avez-vous à dire ?

Dulac. Je ne doute pas du talent de M. l'expert ; mais ce qu'il vient de dire me prouve qu'on ne doit pas ajouter grande foi aux expertises.

M. le président, au témoin. Vous avez la conviction que la note portant le nom de Delont est de l'écriture de Dulac ?

Oudart. Je n'en ai pas la conviction intime : mais c'est mon opinion, et le résultat des observations que je viens de faire.

M. le procureur-général. Il serait bon que l'expert constatât par un procès-verbal les déclarations qu'il vient de faire.

M. le président. Certainement ; mais il est convenable que les pièces soient examinées sur le champ par MM. les jurés.

La note et les pièces de comparaison sont remises aux jurés.

M. le procureur-général. Boireau, soutenez-vous toujours que le billet trouvé chez vous, et sur lequel est écrit le nom de Delont, vous ait été remis au bal de la Porte St-Martin? — R. Oui.

M le procureur-général. Nous vous ferons observer que vous avez dit tout autre chose dans vos déclarations lors du procès de la Cour des pairs. Le rapport de l'expert vient ajouter une nouvelle importance à ces déclarations.

Boireau. Le juge d'instruction m'a dit tant de choses sur l'affaire de Neuilly, que je me suis mis tout cela dans la tête.

M. le procureur général. Il ne s'agit pas maintenant de l'affaire de Neuilly, mais d'un rendez-vous chez Rossignol. Vous avez déclaré formellement que le rendez-vous avait eu lieu. — R. C'est un pur mensonge de ma part.

M. le président. Faites avancer M. Lenoir.

Me Plocque. Je désirerais adresser quelques questions au témoin, avant qu'il procédât à l'expertise que lui a confiée la Cour.

Une discussion s'engage entre Me Plocque et M. Lenoir sur le point de savoir s'il a pu y avoir confusion entre les différentes pièces de conviction, et notamment les bourres de pistolet. Le témoin déclare qu'il a pris toutes les précautions pour qu'aucune confusion n'eût lieu.

M. Lenoir prête serment en qualité d'expert.

Me Plocque. Tous les papiers de registre se ressemblent. En voici une feuille que vient de me remettre mon confrère Me Coin de Lisle; je désire qu'elle soit donnée à M. Lenoir, pour qu'il nous dise si les réglures ressemblent à celles des papiers trouvés chez les frères Chaveau.

Une table est placée devant le jury. M. Lenoir y dépose les objets qui lui ont été remis par M. le président; il les examine avec attention et déclare que de l'examen des papiers saisis chez Chaveau, des bourres de pistolets trouvées à leur domicile, et des bourres et cartouches trouvées chez les autres accusés et chez Bray, il résulte pour lui qu'il y a des différences, quant aux papiers réglés, dans la réglure; quant aux autres papiers, il ne pourrait dire s'il y a identité.

Les jurés examinent assez longtemps tous les objets soumis à la vérification du commissaire de police.

M. Lenoir annonce qu'un de MM. les jurés lui a fait remarquer que sur une des bourres des pistolets trouvés chez Bray, il y a de l'écriture.

M. le président. Nous retiendrons ce fait.

M⁰ Plocque. Nous demandons qu'il soit fait une expertise sur le point de savoir si cette écriture est ou non des frères Chaveau.

M. le président. Nous ordonnerons cette expertise, s'il y a lieu.

L'audience est suspendue à deux heures et reprise à trois moins un quart.

M. Lenoir est rappelé pour continuer son expertise.

M. le président, à l'expert. Examinez toutes les bourres et les cartouches saisies chez les accusés, et dites-nous si, sur le papier, se trouve le texte du poëme de la *Jérusalem délivrée* ou de tout autre ouvrage.

M. Lenoir lit sur les débris de papiers qui lui ont été remis par M. le président des numéros indicatif de pages, des fragments de phrases, et des mots isolés. M. le procureur général donne lecture ensuite, dans un ouvrage intitulé *Renaud*, publié en 1792, des passages auxquels ces fragments de phrases et ces mots semblent appartenir.

De cet examen, il parait résulter que des feuillets de ce livre ont servi à confectionner les bourres et les cartouches trouvées chez les frères Chaveau, Bray et l'Églantine.

M. le président. L'Églantine, dites-vous toujours que vos cartouches vous ont été données lors de votre service dans la garde royale? — R. Oui.

M. le président. Comment pourrait-il se faire que de même papier ait servi à faire les cartouches de Bray et celles qui ont été trouvées chez vous? — R. Je n'en sais rien; il y a sans doute eu erreur. On aura confondu mes cartouches avec les autres.

M. le président. Cette confusion n'est pas possible, car le commissaire de police a dressé procès-verbal de la saisie, et mis sous le scellé les cartouches trouvées chez vous?

M. le président. Un de MM. les jurés, ainsi que deux des accusés, ayant manifesté le désir qu'il fut fait une expertise sur le papier d'une cartouche, nous croyons devoir l'ordonner.

M. Lepage, armurier, est introduit.

M. le président. Expliquez-vous sur les cartouches trouvées chez Bray, les frères Chaveau, Duval, et l'Églantine, et qui ont été de votre part l'objet d'une expertise.

Lepage. J'ai trouvé une grande quantité de cartouches et de balles. Ces faits sont confus dans ma mémoire à cause de la multiplicité des objets.

Sur l'interpellation de M. le président à l'effet de savoir si les bourres et les cartouches soumises à son expertise ont de la ressemblance, M. Lepage déclare avoir remarqué beaucoup de rapport entre le papier d'une cartouche de Duval et la bourre du fusil de Gabriel Chaveau.

M. le président. De quelle nature est la poudre des cartouches de l'Eglantine?

M. Lepage. Ce n'est pas de la poudre de guerre.

Mᵉ Coin de Lisle. Le papier de ces cartouches ne vous paraît-il pas tellement usé, et la poudre en si petite quantité, qu'il eût été impossible de s'en servir?

M. Lepage. Il y avait peu de poudre et le papier était détérioré; je ne pense pas que, dans cet état, on eût pu en faire usage.

M. Gazan, chef d'escadron au 1ᵉʳ régiment d'artillerie, se présente devant la Cour en uniforme. Après avoir examiné les cartouches, il déclare qu'elles sont très mal faites.

M. le président. Les cartouches militaires sont-elles collées?

M. Gazan. Jamais.

M. le président. Y a-t-il une manière particulière de faire les cartouches de guerre?

M. Gazan. On se sert de papier bizeauté. Le témoin présente des modèles de cartouches de guerre.

M. le président fait présenter à l'expert les cartouches de l'Eglantine.

M. Gazan. De ces cartouches que vous me présentez, deux sont des cartouches de guerre, les trois autres sont plus petites.

M. le procureur-général. Expliquez-vous sur la nature de la poudre.

M. Gazan. C'est de la poudre à *giboyer*.

L'Eglantine. J'ai déjà dit que mes cartouches avaient été changées.

M. Gazan donne ensuite des explications sur la manière de faire les cartouches militaires.

M. le président. Le mandrin qu'on vous présente a-t-il servi à faire ces cartouches?

M. Gazan. Non.

MM. Lepage et Gazan donnent des explications sur les poignards trouvés chez les frères Chaveau; ils s'accordent à dire que ces poignards ne sont autres que d'anciennes limes mal emmanchées dont les aspérités ont été enlevées à l'aide d'une meule.

Ils attribuent la même origine au poignard trouvé chez Bray.

Me Virmaitre. Je désire que Bray s'explique sur ce poignard.

22

Bray. Ce n'est pas un poignard, je m'en servais à gratter mon établi et quelquefois du cuivre.

M. le président à M. Oudart. Nous avons une nouvelle opération à vous confier. Vous aurez à examiner de l'écriture trouvée sur une bourre de pistolets, saisis au domicile de Bray, à la comparer avec des corps d'écriture que vont faire Gabriel et Charles Chaveau, et à nous dire si l'un de ces deux accusés a tracé l'écriture qui fait l'objet de votre expertise.

Les deux frères Chaveau sortent du banc des accusés, et viennent successivement se mettre à une petite table placée devant le greffier, et M. le président leur dicte les mots écrits sur la bourre trouvée dans l'un des pistolets de Bray.

M. le procureur-général. Il nous semble utile de remettre aussi à l'expert des lettres de Gabriel et Charles Chaveau.

Plusieurs de ces lettres sont données à M. Oudart, après avoir été signées par les accusés.

M. le président (à l'expert). Vous voudrez bien vous présenter lundi à l'ouverture de l'audience pour nous faire connaître votre rapport. (Au jury). MM. les jurés, la loi autorise à suspendre l'audience pour prendre du repos. Nous pensons qu'après la semaine qui vient de s'écouler, et qui a été consacrée toute entière à cette affaire, tout le monde en a besoin. En conséquence, nous avons rendu une ordonnance d'après laquelle il est statué qu'il n'y aura pas d'audience demain dimanche.

La Cour se lève et se retire.

Huillerye. M. le président, faites donner des ordres pour qu'on nous fasse sortir de nos cabanons.

M. le président. Nous n'avons aucun ordre à donner à cet égard ; nous vous répétons que cela ne nous concerne pas.

L'audience est levée à tix heures un quart, et renvoyée à lundi, six heures.

Audience du 4 avril.

A dix heures et demie l'audience est ouverte.

M. le président. Combes, vous nous avez écrit pour que nous donnions l'ordre de faire introduire un de vos parents; nous ferons observer que nous avons fait délivrer à chaque accusé un certain nombre de billets; toutes les places disponibles sont occupées, nous ne pourrions par conséquent autoriser de nouvelles entrées; cependant par exception, nous obtempérons à votre demande, en faisant observer toutefois, que nous ne pourrions étendre à d'autres accusés cette exception. Dites-nous quel est le nom du parent que vous désirez faire introduire à l'audience?

Combes paraît ne pouvoir indiquer de nom.

M. le président. Vous dites que c'est un de vos parents, et vous ne savez pas son nom ! Je retire ma permission ; qu'il n'en soit plus question.

M. le président. Faites approcher M. Oudart.

M. Oudart fait remettre à M. le président son rapport écrit sur les expertises qu'il a faites à l'audience dè samedi sur la note trouvée chez Boireau, contenant le nom de Delont, et sur les mots : *diligo excellentissimam mulierem Chaveau*, trouvés chez Duval.

M. Catherinet, greffier, donnè lecture de ce rapport.

M. le président (à l'expert). Faites connaître maintenant le résultat de votre expertise sur les mots d'une bourre trouvée dans un des pistolets de Bray.

M. Oudart. Charles Chaveau est étranger à l'écriture de la bourre ; cette écriture est conforme à celle de Gabriel Chaveau. L'expert fait de nombreuses observations à l'appui de son opinion.

M. le président. MM. les jurés désirent peut être examiner par eux-mêmes les écritures sur lesquelles vient de s'expliquer M. Oudart. Il faut les leur faire remettre. (A l'expert.) L'écriture de la cartouche m'a paru fine et plus jolie que celle de Gabriel Chaveau.

M. Oudart. Cette écriture est en effet plus fine, et paraît mieux faite que celle ordinaire de Gabriel Chaveau. Cependant, on y rencontre les mêmes caractères, les touches et les habitudes de main.

Gabriel Chaveau. J'ai pris des leçons d'écriture d'après la méthode Castel. Je demanderai à l'expert si ceux qui écrivent d'après cette méthode n'ont pas tous la même écriture.

M. Oudart. Ceux qui écrivent d'après cette méthode ont en effet une écriture semblable lorsqu'ils ne savaient pas écrire antérieurement ; ceux qui savaient écrire avant conservent toujours certaines habitudes de main qui peuvent se reconnaître ; c'est ce qui se remarque dans la dernière écriture de Gabriel Chaveau.

M. le président. Les défenseurs de Gabriel Chaveau et de Dulac désirent-ils qu'un autre expert soit appelé pour donner son avis sur les écritures déjà expertisées par M. Oudart ?

Un juré. Je ferai une remarque qui m'est personnelle. L'écriture de mon père ressemblait tellement à celle de mon grand-père, que je m'y suis trompé, et que je prenais l'une pour l'autre.

M. Oudart. M. le juré a pu être frappé de la similitude de l'écriture de son père et de celle de son grand père, et la confondre ; mais cette confusion n'aurait pas été faite par un expert écrivain.

M. le président. Je réitère ma question. Les défenseurs de Chaveau et de Dulac demandent-ils une nouvelle expertise ?

Me Joly. Nous attachons peu d'importance aux expertises en écriture, nous ne demandons point qu'une nouvelle soit faite.

M. le président. Voici la réponse du défenseur de Dulac, quelle est celle du défenseur de Gabriel Chaveau ?

Me Plocque. Je pense comme mon confrère, qu'il n'y a pas lieu a une nouvelle expertise.

Un juré. Je demande que cette expertise, soit ordonnée par M. le président.

M. le président. Nous ordonnons que **M. St-Omer**, expert écrivain, soit appelé pour procéder à une nouvelle expertise.

M. le président (à **M. Oudart**). Nous allons vous confier une nouvelle opération. On va vous remettre un fragment de papier ayant enveloppé des cartouches trouvées chez Bray, et un petit registre saisi au domicile des frères Chaveau, sur lesquels sont des chiffres ; vous nous direz si tous ces chiffres ont été tracés par la même personne. Je crois qu'il n'est pas nécessaire de faire faire un corps d'écriture aux frères Chaveau.

M. le procureur-général. Je pense qu'il est utile d'avoir de l'écriture des frères et de la veuve Chaveau, et que l'expert s'explique sur le point de savoir si ces chiffres ont été écrits par l'un d'eux.

Les frères et la veuve Chaveau sortent du banc des accusés, se placent successivement à l'endroit qu'ils ont occupé hier, et écrivent à l'encre et au crayon, sous la dictée de M. le président, les numéros 175, 50, 86, 80, 51, 40, 175, 50, 10, 20, 60, 70, 30.

Les enveloppes des cartouches de Bray, le livre trouvé chez les frères Chaveau, et les corps d'écriture sont remis à l'expert, qui se retire dans la chambre du conseil pour faire son expertise.

M. le président. Messieurs les jurés, on a trouvé le maçon qui a été sur le toit de la maison de Combes.

M. le président (indiquant au témoin qui vient d'être introduit, le plan en relief de la toiture de la maison de Combes). Regardez ce bâtiment qui est devant vous et dites si vous le reconnaissez.

Le témoin cherche autour de lui et semble ne pas savoir ce qu'on veut lui dire. C'est à grand'peine que M. le président, M. le procureur général et MM. les jurés peuvent lui faire comprendre que le plan en relief qui est devant lui est celui de la maison de Combes.

M. le président. Reconnaissez-vous la lucarne par laquelle vous avez été sur le toit? — R. Si j'allais sur le bâtiment, je la reconnaitrais.

M. le président. Mais la reconnaissez-vous sur le plan?

Le témoin montre du doigt une des lucarnes piquées sur le plan. Il indique le chemin qu'il a parcouru sur le toit et les endroits où il a trouvé les pistolets et les munitions saisies.

M. le président. Nous avions fait prévenir M. Basset, commissaire de police, pour donner des explications sur les endroits où, selon Combes, il aurait pu cacher des armes. M. Basset nous a écrit qu'il était atteint d'un rhumatisme aigu, il ne pourra se présenter.

M. Oudart sort de la chambre du conseil, et déclare que les chiffres écrits par les frères Chaveau, n'ont aucune ressemblance avec les pièces de conviction qui lui ont été remises; que ceux de la veuve Chaveau pourraient présenter quelque similitude avec les chiffres du livret et des cartouches, mais il ajoute toutefois qu'il ne saurait les lui attribuer.

M. le président. Faites approcher M. Yon.

Mᵉ Virmaitre (à M. Yon). A quelle heure avez-vous vu Bray le 10 juillet? — R. A midi, midi et demi.

Mᵉ Virmaitre. Je prie messieurs les jurés de se rapeler cette circonstance, elle est importante.

D. Comment Bray a-t-il désigné Duval? — R. Il ne me l'a pas désigné autrement qu'en me disant qu'il était perruquier, et qu'il demeurait rue St-Jean-de-Beauvais.

Mᵉ Virmaitre. Bray a-t-il vu le mandat d'arrestation de Duval?

M. Yon. Je suis certain qu'il ne l'a pas vu.

D. Comment étaient enveloppés les pistolets trouvés chez Duval? —R. Ce n'est pas moi qui les ai trouvés. Quand il s'agit de découvrir quelque chose dans un endroit, cela regarde les sergents de ville. Je crois me rappeler que ces pistolets ont été truvés par un des agents qui m'accompagnaient, et qu'ils étaient enveloppés d'un papier gris.

D. N'a-t-on pas fait une perquisition chez un nommé Duval, coiffeur, rue de Cléry?—R. En effet, et nous y avons saisi un pistolet. Il nous a dit, lorsque nous nous sommes présenté, que nous venions sans doute chez lui parce qu'il connaissait Combes qui était son tailleur.

M. le président donne lecture des interrogatoires du nommé Duval.

Mᵉ Moulin. C'est Bray qui a fait connaître à M. Yon que Duval avait des armes chez lui. Je désire savoir de M. Yon dans quels termes, à peu près, Bray lui a fait cette révélation.

M. Yon. Il m'a dit : Je viens vous trouver, parce que la femme Combes m'a prié d'aller chez Duval, rue Saint-Jean-de-Beauvais, pour le prévenir de cacher ses pistolets.

Me Moulin. MM. les jurés se souviendront-ils que c'est là ce que Bray a appelé demander un avis ou un conseil à M. Yon ? (Mouvement).

M. le président. Il faut garder vos notes : le témoin ne peut répondre à cette observation.

Me Moulin. Aussi ma remarque ne s'adresse-t-elle pas au témoin, mais à MM. les jurés dont elle provoque les souvenirs.

Delont. J'aurais une question à faire à M. Yon. Pourquoi m'a-t-on donné le nom de *Dulong* dans le mandat d'arrestation.

M. Yon. J'ai pu faire erreur sur votre nom. Il a pu m'être donné d'une manière inexacte.

Delont. Je figure ici sous bien des noms, sous ceux de Dulong, Delont, Lelong et de Gérard. Bray a dit qu'il me connaissait, il aurait dû alors savoir mon nom, et le dire à M. Yon.

M. le président. Y a-t-il encore des témoins à charges présens?

L'huissier-audiencier. Non, M. le président.

M. le président. Faites entrer un témoin à décharge.

Lesage, fabricant de socques. J'ai vu Bray en 1835; il m'a dit : tenez voilà un objet qui vous conviendrait.

Il m'a présenté alors une petite canne à fusil, je lui ai fait observer que c'était une arme prohibée, et que cela ne me convenait pas. Il l'a essayée chez moi d'abord avec des capsules, puis avec de la poudre; et, comme je lui disais qu'il pouvait se compromettre, il il m'a répondu : allez, il n'y a pas de danger. J'ai été très étonné de la proposition qu'il me faisait, et de ses observations.

On présente au témoin la canne-fusil déposée par M. de Brederbach. Il déclare qu'elle ne ressemble pas à celle que lui a montrée Bray. Il déclare de plus que Bray lui dit que s'il voulait lui acheter cinq ou six de ses cannes, il les passerait à bon marché. Je n'étais pas seul lorsque Bray me les a proposées, ajoute-t-il, il y avait près de moi deux de mes ouvriers.

M. le président. Bray, qu'avez-vous à dire?

Bray. J'ai à dire que tout cela est faux.

M. le président. Bray avez-vous proposé plusieurs cannes-fusils au témoin.

Bray. Jamais.

M. Lesage. Les deux ouvriers dont j'ai parlé vous ont entendu, ils disent comme moi, que vous m'avez proposé cinq ou six cannes-fusils.

Bray m'a dit encore : tous vos républicains sont des enfans; [il ne savent rien taire, j'ai été napoléoniste tant que le roi deRome a vécu, maintenant je suis républicain.

M. le président. Quand vous a-t-il dit tout cela?—
R. Vers la fin de 1832.

D. Depuis cette époque avez-vous eu avec lui des conversations sur la politique? R. Non.

Le témoin a occupé Husson, il en a été satisfait.

Me Ploque. Le témoin a-t-il eu de Géfrier des renseignemens sur Bray.

Lesage. Géfrier m'a dit qu'il était un très zélé républicain.

Il y a une dixaine de jours, j'ai vu Bray. Il m'a tendu la main, je n'ai pas voulu lui donner la mienne, cependant je la lui ai présentée machinalement. Il m'a fait beaucoup d'amités, je lui ai rappelé les propos qu'il m'avait tenus, et ses protestations républicaines: alors il est devenu furieux et il m'a dit que je passerais par ses mains, et que les journaux parleraient de moi.

M. le président. Je trouve toutes ces discussions indignes de la justice, nous ne devons pas nous en occuper ici. Témoin, allez vous asseoir.

Me Plocque. Pardon, M. le président, j'aurais une question à adresser au témoin. Sait-il quelque chose sur les cannes-fusils et les relations de Bray avec celui qui les lui procurait?

Lesage. Cette personne m'a dit que Bray lui avait demandé plusieurs de ces cannes, mais qu'il lui avait dit plus tard qu'il n'en avait plus besoin.

Lacombe, relieur. Gabriel Chaveau a travaillé chez lui longtemps; il en a été très content. Madame Chaveau a passé chez lui la soirée du 25 juin.

M. le président. N'avez-vous pas donné à Bray des pistolets pour les raccommoder? — R. Non.

Bray. Vous m'en avez donné.

Le témoin. Etes-vous sûr que je vous aie remis des pistolets?

Bray. Oui.

Me Auguste Marie. Le témoin a-t-il vu venir chez lui Bray avec Delont? — R. Je n'ai jamais vu ni Bray ni Delont.

On présente à M. Gazan les pistolets étiquetés Lacombe. Il les examine, et déclare que ces pistolets peuvent fonctionner; qu'ils ont seulement besoin d'être nettoyés.

Me Joly. Pourquoi Bray n'a-t-il pas remis à Lacombe ses pistolets?

Bray. Je n'ai pas voulu retourner chez lui. Je ferai observer que les pistolets examinés par M. Gazan ne sont pas ceux qui m'ont été remis par M. Lacombe.

On présente à M. Gazan l'autre paire de pistolets trouvée chez Bray.

M. Gazan. Cette paire de pistolets a besoin de plus que d'un nettoyage, la détente ne fait plus partir le chien.

Lacombe. Je ne sais pas pourquoi une discussion s'engage sur ces pistolets, il ne m'appartiennent pas; je n'ai jamais vu Bray, qui, en ce qui me concerne, en impose à la justice.

Me Joly. Bray est-il dans le cas de raccommoder des pistolets?

Bray. Je les ai emportés pour faire plaisir à M. Lacombe, et je lui ai dit : S'il n'y a qu'une petite réparation, je la ferai. Je ne suis pas armurier, moi.

M⁰ Joly. Vous avez dit que vous aviez été chargé de remettre une paire de pistolets à Lacombe; je vous demande de nouveau pourquoi vous ne l'avez pas fait?

Bray. J'ai gardé ces pistolets sans réflexion (Murmures).

Plusieurs défenseurs se communiquent à voix basse leurs observations. Bray se retourne avec vivacité et répond à ces observations.

M⁰ Joly. Il était sourd aux audiences précédentes; aujourd'hui il entend des réflexions que nous faisons entre nous, et que les confrères qui sont à nos côtés ne pourraient saisir. (On rit).

Un juré (à Bray). Quelle personne vous a fait connaître M. Lacombe.

Bray. Je crois que ce sont les époux Castaing.

Lacombe. Mais je n'ai jamais vu monsieur et madame Castaing.

Gabriel Chaveau. L'adresse que j'ai laissée chez Bray lui faisait connaître que s'il ne me trouvait pas chez Combes, je serais chez Lacombe.

Bray. Sur cette adresse, il y avait seulement l'indication de la maison de Combes, et pas de nom.

Allier. Gabriel Chaveau est venu, le 27 juin, me demander asile, en m'apprenant que son frère et sa mère avaient été arrêtés; il m'a dit qu'il craignait de l'être. Comme je ne pouvais pas le recevoir chez moi, je l'ai conduit chez Combes.

23

M. le président, à Gabriel Chaveau. Pourquoi avez-vous dit que la personne qui vous avait conduit chez Combes vous était inconnue ?

Gabriel Chaveau. M. Allier est un homme paisible ; il m'avait rendu un service ; je ne voulais pas faire connaître son nom, dans la crainte qu'il ne fût arrêté, comme l'ont été tant d'autres.

Jouanne, traiteur. Il connaît Leroy et Hubert ; ils venaient manger chez lui, et ils lui ont paru très paisibles.

Botterel, fabricant de socques, sergent dans la garde nationale. Gabriel Chaveau était de faction au Louvre, au poste du drapeau, le 22 juin, au moment où le roi est entré aux Tuileries ; il lui a entendu dire, à la descente de la garde, qu'il allait au tir à Montmartre.

Turmel, marchand de vins. Il connaît Hubert, Leroy et Gabriel Chaveau ; il rend compte des mêmes faits que le précédent témoin. Hubert et Leroy travaillaient avec assiduité.

Chaix, gantier. A la fin de mai, ou au commencement de juin, Charles Chaveau m'a fait part de son projet de partir pour l'Espagne ; il m'a dit qu'il voulait organiser une compagnie franche, et qu'il achetait, à cet effet, de vieilles armes.

Perrard. Charles Chaveau est venu me demander des conseils sur son expédition en Espagne.

Charles Chaveau. Je savais que le témoin avait été huit ans en Espagne, c'est pour cela que j'ai été lui demander des conseils.

M. le président (au témoin). Comment avez-vous connu Chaveau ? — R. A Sainte-Pélagie.

M. le président. Pourquoi avez-vous été enfermé à Sainte-Pélagie.

Le témoin. Une première fois pour coalition , j'avais engagé les ouvriers à ne travailler que pour un salaire convenable; la seconde pour délit politique.

M. le président. De quelle nature était le délit politique dont vous parlez ?

Le témoin. Je suis appelé pour déposer comme témoin, et non comme accusé. Je ne crois pas avoir à répondre à des questions qui me concernent personnellement.

M. le président. Vous ne voulez pas répondre, nous n'avons pas l'intention de vous y contraindre.

M. le procureur-général. Témoin , faisiez-vous partie de la Société des Droits de l'homme ?

Le témoin. Je trouve étrange qu'on m'adresse de pareilles questions.

M. le procureur général. Votre devoir est d'y répondre.

Le témoin. Eh bien oui ! j'ai été membre de cette société.

M. le procureur général. N'étiez-vous pas président de section ? — R. Oui.

Me Joly. Maye était-il aussi de la Société des Droits de l'homme ?

Un juré. Et Bray en était-il aussi ?

M. le président. On fera, à cet égard, toutes les vérifications nécessaires.

Royer, Viard et Person ont vu travailler Gabriel Chaveau chez M. Lacombe.

Clerisse, corroyeur. Hubert a travaillé chez lui en 1833, et en est sorti en 1835. Il en a été très satisfait, il a entendu parler de Leroy d'une manière favorable.

Moutier traiteur. Hubert mangeait chez lui ; il lui a paru tranquille ; il est certain de lui avoir servi à dîner le 25 juin et de l'avoir vu chez lui une partie de la soirée.

Nativel corroyeur. Hubert et Leroy ont travaillé chez lui dans le courant du mois de juin.

Loubinoust, ferblantier, entendu en vertu du pouvoir discrétionnaire rend compte de quelques détails que lui aurait donnés Bray sur sa désertion en 1814.

L'audience est suspendue à deux heures.

A trois heures, elle est reprise, et l'on introduit le témoin Moulin, corroyeur.

M. le président. Connaissez-vous les accusés ?

Moulin. Je connais Hubert et Leroy ; quant aux autres je les connais seulement depuis que j'ai eu le triste avantage de faire avec eux huit mois de prison. C'est à la Conciergerie que je les ai vus. Le témoin n'a donné que des renseignemens tout à l'avantage de Hubert et Leroy. Depuis 14 ans il est employé chez M. Clérisse ; Hubert y est resté deux ans, et s'y est parfaitement conduit.

D. N'avez-vous pas remarqué qu'il eût ce qu'on appelle mauvaise tête? — R. Jamais; il était doux, un peu vif sans doute; mais ayant le cœur bon.

D. Avait-il un caractère violent, emporté? M. Clérisse nous a dit qu'il était sorti de chez lui à la suite d'une altercation violente.—R. Non, M. le président, jamais M. Clérisse n'a eu à s'en plaindre.

D. Et Leroy quel était son caractère? — R. Leroy était très doux. Il a travaillé six mois environ à la maison. Il était avant, employé chez son frère, où il est rentré après.

D. Quand avez-vous été arrêté vous-même. — R. J'ai été arrêté le 27. Hubert et Leroy l'avaient été le 26.

M\e Moulin. Le témoin n'a-t-il pas passé la soirée du 23 juin avec Hubert. — R. Non, pas la soirée entière; à neuf heures, neuf heures et demie, nous avons été ensemble chez un traiteur qui demeure en face de la boutique de M. Clérisse; nous avons bu une bouteille de bière ensemble, et nous nous sommes ensuite séparés.

M\e Moulin. Leroy n'était-il pas indisposé à cette époque? — R. Oui, je lui ai même porté de la tisane.

M\e Moulin. Le témoin parlait du bon cœur d'Hubert, ne s'en rappelle-t-il pas quelque preuve, quelque acte significatif? — R. Oui, en 1835, un locataire malheureux et père de six enfans devait une année de loyer; je lui avais signifié congé, et au moment du nouveau terme, celui qui avait loué vint pour emménager. Le locataire nécessiteux refusa de vider les lieux, si on ne lui donnait pas un demi terme ; alors je fis ce que l'on fait d'ordinaire en cas pareil ; j'ôtai les portes de leurs gonds. Eurieux alors, le locataire se jeta sur moi et voulut me frapper d'un carreau de fer : c'était un tailleur. Hubert accourut au bruit, nous sépara, et me dit de le laisser, qu'il allait s'arranger avec le tailleur. Alors il ôta sa redingote, alla emprunter 15 fr. dessus et les donna à ce pauvre tailleur, qui était un partisan du gouvernement.

M. le procureur général. Vous vous occupez donc bien de politique, pour pouvoir signaler cette dernière circonstance ? R. — Oui monsieur, quelquefois.

M. le procureur général. Ne faisiez-vous pas partie de la société des Droits de l'Homme. — R. Oui monsieur ; je ne m'en cache pas.

M. Guillemain, employé à la force, ne sait pas pourquoi on l'a appelé.

Me Virmaitre. N'est-il pas à la connaissance du témoin que Duval a fait passer son portrait à une personne du dehors.

Le témoin. En effet, ce portrait était roulé ; je l'ai déroulé et j'ai été frappé de la ressemblance.

M. Chanousse, négociant, a été sergent-major de la 4e compagnie, au 3e bataillon de la 5e légion de la garde national, dont a fait partie Gabriel Chaveau. Il n'a jamais fait par lui-même de recensement, et ne sait par quelles circonstances l'accusé est entré dans la 4e compagnie plutôt que dans toute autre.

M. le président. L'entrée de Gabriel Chaveau dans

une compagnie qui n'était pas la sienne était illégale, et, comme sergent-major, vous deviez le savoir.

Le témoin. J'ai convoqué M. Chaveau après avoir reçu de la mairie le contrôle où il était porté comme demeurant rue Montorgueil, n° 5o ; je n'ai jamais su qu'il demeurât rue St-Claude.

D. Pouvez-vous expliquer comment il se peut que 49 individus n'appartenant pas à la circonscription de la compagnie en ait fait partie et se soient trouvés portés sur les contrôles ?

Le témoin. Je crois pouvoir affirmer que le fait n'est pas exact ; il y a évidemment exagération.

M. le procureur-général établit que les compagnies de chasseurs se recrutent dans les circonscriptions de la compagnie ; que celles de grenadiers et de voltigeurs seules se recrutent dans le quartier tout entier. Des renseignements demandés à M. le comte Lariboissière, colonel de la 5e légion, il résulte que l'effectif de la 4e compagnie (chasseurs) était de 158 individus, et qu'il a été constaté que 4 n'étaient pas domiciliés dans la circonscription, la plupart même étaient étrangers à l'arrondissement.

Me Plocque. J'ai entre les mains, et c'est de plusieurs officiers de la compagnie même que je les tiens, des documents entièrement contraires. Il n'y a jamais eu sur les cadres plus de 29 hommes étrangers à la compagnie.

M. le procureur-général (à Chaveau). Pourquoi

avez-vous désiré faire partie de cette compagnie, de préférence à toute autre.

G. Chaveau. Je pourrais me dispenser de répondre, car la compagnie n'est pour rien dans cette affaire. Je ne suis entré dans cette compagnie qu'après avoir été harcelé par la légion. On m'écrivait chaque jour j'y suis entré indifféremment et sans motif.

M. le procureur-général. Pourquoi avez-vous donné l'indication du domicile chez Chuquet pour que les billets vous y fussent adressés ?

Chaveau. J'y couchais souvent alors, mais en changeant de domicile, j'ai donné une adresse nouvelle.

M. le procureur-général. Vous vous êtes habillé, c'est un témoignage de zèle, mais dans votre position gênée, vous qui deviez quatre termes de loyers de 230 fr.; vous ne pouviez guère faire cette dépense.

Chaveau. J'ai acheté l'équipement à un garde national qui me le cédait à très bas prix. Quant au loyer, nous nous sommes arrangés avec le propriétaire, nous lui avons fait un engagement à terme fixe.

Me Plocque. Je ferai remarquer que dans cette compagnie le capitaine lui-même ne demeure pas sur l'arrondissement.

M. le procureur-général. Il y a exception pour les officiers. (Rumeur au banc des accusés).

Le témoin Chanousse a monté la garde le même jour que Chaveau, Le roi était à Neuilly, et devait revenir à midi; il est en effet arrivé vers midi. G. Chaveau se trouvait devant le corps-de-garde, le roi a passé à deux pas de lui.

Me Plocque. Nous voulions seulement faire constater que Chaveau était en faction au moment où est arrivé le roi, qui a passé près de lui.

M. Jacob connaît les accusés Chaveau et leur mère. Celle-ci a passé une partie de la journée chez lui le 25 juin.

M. Saint-Omer, expert-écrivain, reçoit de M. le président mission d'examiner le billet au crayon trouvé chez Boireau et de le comparer avec les corps d'écriture formés par Delont, Dulac et Duval. Il est en outre chargé de comparer l'écriture trouvée sur une des bourres des pistolets de Bray avec celle des frères Chaveau, et de rechercher si les chiffres au crayon et à l'encre, portés sur les registres de loterie sont de la main, de madame Chaveau ou de l'un de ses deux fils.

L'expert, à l'ouverture de prochaine audience, donnera son rapport écrit.

M. le procureur-général. Messsieurs les jurés ont désiré savoir si les témoins Bray, Maye et Marlin, faisaient partie de la société des Droits de l'Homme. Vérification faite sur les registres, un sieur Maye se trouve porté à la section Cimber, mais ni l'âge ni la profession ne concordent ; un nommé Bray se trouve sur le contrôle de la section Léonidas ; mais avec les prénoms, Nicolas, Mathieu, et l'âge de 22 ans. Bray s'appelle Charles et a 47 ans. Aucun individu du nom de Marlin ne se trouve sur les contrôles.

M. Durier, papetier-expert, examine successivement le papier d'une bourre sur laquelle se sont trouvées des traces de réglure grises et rouges, et celui d'une feuille de registre trouvée chez les frères Chaveau et en constate l'identité, qui lui semble ressortir de ces trois circonstances que le grain, le format, la couleur, sont semblables. Le papier est de fabrique d'Auvergne forma *écu*, c'est celui généralement employé pour la confection des registres.

L'accusé Chaveau conteste l'exactitude de cette expertise. La vergeure des papiers lui paraît tout-à-fait différente : le papier du registre est d'une teinte azurée que ne présente pas celui de la bourre, la pâte enfin, n'est pas de même qualité. Il insiste sur ce point surtout, et l'expert est en cela d'abord avec lui, que la réglure des registres se fait en quelque sorte en pacotille, et que chez un grand nombre de papetiers on pourrait trouver des registres pareils et dont la réglure et les papiers seraient identiquement semblables.

M. Collet, relieur (ce témoin est assigné à la requête de Duval.) Il se rappelle que cet accusé lui a parlé un jour d'un homme d'assez mauvaise apparence qui était venu une fois dans sa boutique, et qui, ayant été laissé seul quelques instans, se trouva, au retour de Duval, dans la pièce du fond, et parut tout embarassé à sa vue.

M. le président. Vous n'avez pas parlé de ce témoin dans vos interrogatoires.

Duval. Je me serais donné garde de parler de Monsieur, on l'aurait dérangé de son travail, et il était toujours temps, à mon avis, de le faire appeler quand viendrait mon affaire, que je ne croyais devoir être que correctionnelle.

M. le procureur général. Reconnaîtriez-vous cet homme de mauvaise mine dont vous a parlé ce témoin?

Duval. Je lui ai fait la barbe, mais je ne me rappellerais pas maintenant sa figure. Dans l'instruction, j'ai donné son signalement à M. Zangiacomi.

M. le procureur général. On peut difficilement le croire, car il n'en est pas mention aux pièces.

Le sieur Mativat se trouvait avec le relieur Collet chez un marchand de vins, dont la boutique fait face à celle de Duval. Ils ont vu entrer un individu dans la boutique de celui-ci, qui était restée déserte ; Duval y alla, et en revenant, leur dit que cet individu avait eu l'air tout embarrassé de sa venue.

M. le président. Il est bien extraordinaire que cette circonstance n'ait pas été révélée dans l'instruction.

Me Virmaitre. Il n'y a d'extraordinaire que le mot de la dame Combes.

M. Bernier, connait les fils chaveau. Il passait le 26 juin dans la rue Montorgueil, il y avait un ressemblement ; il s'arrête et entendit dire que la police arrêtait des jeunes gens ; au bout de la rue il rencontra Charles Chaveau. N'allez pas chez vous, lui dit-il, la police y arrête du monde. Ch. Chaveau ne voulut pas le croire. Vous vous trompez, répliqua-t-il, vous faites erreur, et continua son chemin.

Deux témoins assignés à la requête de l'acensé Combes déposent de sa moralité; ils l'ont connu comme bon ouvrier et excellent père de famille; il a travaillé pendant la coalition. Depuisso n arrestation il a continué de travailler pour venir au secours de sa famille, et a même fait des économies en prison pour le moment où il espère être rendu à la liberté.

L'audience est levée à 5 heures, et renvoyée à demain 10 heures.

Audience du 5 avril.

L'affluence est encore plus considérable qu'aux audiences précédnetes; l'audience est ouverte à dix heures et demie.

M. le président. Faites approcher M. Saint-Omer.

M. St-Omer, expert-écrivain, déclare que la note trouvée chez Boireau, et contenant le nom de Delont, est de la main de Dulac. Il pense que les mots écrits sur une bourre d'un pistolet de Bray sont de Gabriel Chaveau.

Un juré. Mais il y peu de mots sur cette bourre?

M. Saint-Omer. Il est vrai, aussi me suis-je prononcé sur ce point d'une manière moins affirmative que sur le premier. J'ai dit je pense que Gabriel Chaveau est l'auteur de l'écriture, tandis que relativement à Dulac, j'ai dit, et je répète, que la note portant le nom de Chaveau est certainement de lui.

Quant aux chiffres d'un livret saisi chez les frères Chaveau, et se trouvant sur plusieurs cartouches, l'expert déclare qu'il n'a rien trouvé qui puisse le lui faire attribuer à l'un des accusés. Cette nouvelle expertise est, comme toujours, conforme à la précédente.

G. Chaveau. Tous ceux qui écrivent par la méthode Castel n'ont-ils pas tous la même touche ?

M. Saint-Omer. Il y a toujours quelques différences dans la touche et les habitudes de la main qui n'échappent jamais à un expert.

L'huissier audiencier. Il n'y a plus de témoins.

Ch. Chaveau. J'ai fait assigner deux témoins à décharge qui n'ont pas encore paru.

M. le président. Si vous tenez à leur audition, on ira les chercher?

L'accusé n'insiste pas et déclare renoncer aux témoins.

M. le président. La parole est à M. le procureur-général.

M. le procureur-général. MM. les jurés, avant de vous soumettre l'exposé des charges qui s'élèvent contre les accusés, nous éprouvons le besoin de vous remercier de l'attention que vous avez apportée à ces débats dont la longueur a dépassé nos prévisions. Vous avez eu à vous occuper de longues vérifications et de minutieuses expertises. Il n'est sans doute aucun de vous qui regrette le temps qui y a été consacré, puis-

que toutes elles ont jeté de nouvelles lumières sur
cette affaire, et servi à la manifestation de la vérité.
Rien n'a dû être négligé dans un procès de cette importance.

Il ne s'agit en effet de rien moins que d'un complot
contre la vie du roi, c'est-à-dire d'un crime qui inté-
resse au plus haut degré la sécurité publique. Attenter
à la vie du roi, c'est attenter à ce qu'il y a de plus sacré, c'est attenter à tous les intérêts, à la société tout
entière. Nous n'avons pas besoin de vous parler de
l'effroyable catastrophe du 28 juillet, pour vous rappeler combien sont précieux les jours du souverain,
et que les destinées du pays y sont étroitement
liées.

Aussi, MM. les jurés, les attentats contre la vie du
roi ont-ils spécialement occupé le législateur. Les
complots contre la vie du chef de l'état, ont été ran-
gés par la loi dans une catégorie particulière. En général, et dans les crimes ordinaires, il faut, pour
qu'une peine soit encourue, que celui qui a conçu la
pensée du crime se porte sur le lieu où il doit se commettre, qu'il y ait là un fait qui caractérise son intention; il faut, enfin, qu'il y ait commencement d'exécution.

Mais lorsqu'il s'agit d'un complot contre la vie du
roi, contre la sûreté de l'état, il suffit que la pensée
ait été conçue, concertée entre plusieurs personnes;
que l'exécution en ait été arrêtée, alors le complot
existe; c'est un crime que la loi punit.

Ainsi l'a voulu le législateur, dans sa haute sollicitude pour les graves intérêts de la société.

Telle est l'économie de la loi. Vous comprenez la sévérité du législateur. Ce n'est pas à des hommes judicieux et éclairés comme vous l'êtes qu'il est nécessaire de faire remarquer la sagesse de ses dispositions.

Arrivons à l'accusation et à l'exposé des preuves que nous avons à vous soumettre.

Nous soutenons qu'il y a eu un complot arrêté contre la vie du roi ; nous soutenons que tous, ou quelques-uns de accusés, ce que nous examinerons plus tard, ont pris part à ce complot, en ont concerté et arrêté les moyens d'exécution.

Ce projet coupable a été conçu, arrêté, des préparatifs ont été faits pour l'exécuter. Quelques instants encore, et il pouvait l'être. Qui donc a empêché les accusés de le mettre à exécution ? qui donc a su nous préserver d'une épouvantable catastrophe ? Il faut le dire, messieurs, la révélation de Bray a seule pu prévenir l'affreux malheur dont nous avons été menacés ; seule elle a brisé la trame du complot, elle a fait tomber des mains des conjurés les armes qui allaient frapper, dans la personne du chef de l'état, la France tout entière.

La loi, vous le savez, a imposé à tous les citoyens l'obligation de dénoncer les crimes dont ils ont connaissance. Anciennement, c'était un délit que de ne pas remplir cette obligation.

Aujourd'hui, la loi n'attache aucune pénalité au

silence gardé sur un complot. Mais ce silence n'en est pas moins coupable aux yeux de la morale ; c'est toujours une obligation sacrée pour tout bon citoyen de faire connaître à l'autorité les crimes qui peuvent troubler la paix publique. Loin de s'exposer aux reproches, celui qui remplit cette obligation mérite la reconnaissance de son pays. Et quand nous voyons le danger que le roi a couru, lorsque nous songeons au crime épouvantable dont les révélations de Bray ont empêché la consommation, combien la conduite de cet homme nous paraît digne d'éloges !

Il peut cependant exister dans certains esprits, une impression que nous devons nous efforcer de détruire. Parce que la vie n'a pas, en réalité, été mise en péril, parce que le crime ne s'est point réalisé, devra-t-on croire que ces révélations étaient sans objet, et ne méritaient pas de fixer l'attention de l'autorité. Ah ! messieurs, supposons un instant que Bray n'ait pas parlé, que la voiture du roi ait été attaquée, que les chevaux aient été abattus. Supposons que le roi..... Malédiction ! malédiction ! eût été le cri de la France tout entière contre l'homme qui, possesseur d'un pareil secret, l'aurait gardé pardevers lui, et n'aurait pas été le révéler à l'autorité. C'est ce que Bray n'a pas fait, nous l'en félicitons.

La conduite de Bray a été l'objet de certaines insinuations, nous n'hésitons pas à déclarer que ces insinuations sont imméritées. Le mot de provocateur a été prononcé dans cette enceinte, et ici, messieurs, permettez-nous de vous dire notre pensée toute entière.

Autant nous louons l'homme consciencieux qui, par son dévouement à son pays, remplit un devoir sacré en révélant un crime qui menace la paix publique, autant nous méprisons celui qui provoquerait à un attentat, pour se donner le fatal plaisir de dénoncer ensuite; qui, par des suggestions coupables, abuserait de la faiblesse et des passions d'hommes crédules, et les pousserait à des attentats dont il est le principale auteur. De tels moyens sont odieux, et inspirent trop d'indignation pour qu'un gouvernement tel que le nôtre puisse descendre jamais jusqu'à en faire usage.

Non, Bray n'est pas un provocateur. Avec la franchise qui est dans notre caractère, nous vous dirons cependant que Bray, dans le désir de révéler d'une manière complète tout ce qui était parvenu à sa connaissance de justifier à l'autorité l'exactitude des faits qu'il avait supposés, s'est peut-être laissé emporter trop loin, son zèle l'a égaré, et, il faut le dire aussi, peut-être son défaut d'éducation l'a-t-il entraîné hors des limites que son devoir lui traçait. Mais, au milieu de ces débats, Bray n'en a pas moins conservé son caractère, c'est celui d'un révélateur désintéressé que le hazard a rendu dépositaire d'un secret important, et qui n'a pas dû garder le silence en présence des dangers qui menaçaient la personne sacrée du roi. Tel est le rôle de Bray dans cette affaire, tel est le seul caractère qui puisse lui être assigné.

Nous vous avons dit notre pensée toute entière sur cet homme, nous lui avons assigné sa véritable position dans ce procès. Nous abordons maintenant l'accusation ; nous allons dérouler à vos yeux les charges qui s'élèvent contre les accusés.

M. le procureur général, après avoir insisté sur la présence de Gabriel Chaveau, comme accusé dans l'affaire du 27, et longtemps parlé de la société des Droits de l'Homme, à laquelle, suivant le ministère public, on doit attribuer tous les désordres et les crimes politiques qui se sont succédés depuis la création de cette société, expose les charges particulières à chaque accusé. Lorsque M. le procureur général arrive à Boireau, et lui rappelle les supplications de sa mère pour obtenir de lui des révélations, celui-ci paraît fort ému ; il se courbe et cache sa figure dans ses mains.

M. le procureur général termine en déclarant soutenir l'accusation contre les frères Chaveau, Huillerye, Husson, Hubert, Leroy, Combes et Dulac ; il déclare s'en rapporter au jury, relativement à Delont, l'Églantine et Duval, et abandonne l'accusation, quant à la veuve Chaveau et à Boireau. (Pendant toute la durée de ce réquisitoire, les accusés ont été constamment calmes.)

M. le président. Il n'est qu'une heure ; Me Plocque,

voulez-vous prendre de suite la parole, ou préférez-vous qu'on suspende immédiatement l'audience pour que votre plaidoierie ne soit pas scindée.

Me Plocque. Je désire ne plaider qu'après la suspension.

M. le président. L'audience est suspendue.

À deux heures moins un quart, les accusés sont ramenés sur leurs bancs, et la Cour entre en séance.

Me Plocque. M. le procureur général vous a parlé de l'indulgence du Jury dans une affaire mémorable, et s'est plu à la mettre en parallèle avec votre rigueur supposée. Il y avait peut-être, sous ces paroles, une critique : cette critique nous rappelle que nous ne sommes pas ici dans un état exceptionnel, devant une justice politique, mais en présence de juges qui échappent aux exigences de l'esprit de corps, qui n'ont jamais subi le joug des passions tumultueuses. Ici, en présence de cette majesté calme, simple et abordable, la défense se sent rassurée et prend courage.

Nous espérions qu'on nous épargnerait ces déclamations contre la société des Droits de l'Homme, que nous avons déjà entendues si souvent : on ne la pas fait. Pourquoi évoquer tous ces noms fameux, ces lugubres fantômes? Les troubles ont cessé, le pays est calme : pourquoi ranimer leurs cendres?

Me Plocque, après avoir mis en relief les nombreuses contradictions de Bray, et insisté sur ce que, même d'après les déclarations des témoins à charge, il n'y avait pas *projet arrêté et resolution d'agir*, et par conséquent complot, termine par une péroraison pleine de sensibilité et d'énergie, qui a produit une vive émotion dans l'auditoire, et surtout au banc des accusés.

Des larmes roulent dans les yeux des frères Chaveau et de leur mère.

Me Briquet, avocat de Huillerye, fait connaître les antécédents de son client : sa vie a été pure, honorable; comment comprendre qu'il ait pu faire partie d'un complot ayant pour objet un assassinat ?

Me Briquet donne de nouvelles explications sur la question de complot; il explique la présence de Huil-lerye chez Chauveau, et termine en stygmatisant avec énergie la conduite de Bray, qui n'est pas, comme on l'a dit, un homme d'honneur, ayant rendu un grand service au pays, mais un provocateur dont les déclarations ont été dictées par un sordide intérêt.

Me Rittier, avocat de Husson et de Leroy, se plaint d'avoir vu apparaître la société des Droits de l'Homme dans le réquisitoire de M. le procureur général ; il nie l'exiitence du complot, discute les déclarations de Boireau et de Fieschi, et insiste sur les bons anté-cédens et les habitudes laborieuses de ses cliens.

L'audience est levée à 6 heures, et renvoyée à demain 10 heures.

Audience du 6 avril.

L'audience est ouverte à dix heures et demie.

Me Moulin, défenseur de Hubert, a la parole.

« MM. les jurés, dit-il, un complot sérieux, chez nous, en 1836, est un anachronisme ; et ce n'est pas sans raison qu'un homme de lettres, en même temps homme d'État, a dit quelque part : « Que les conspi-« rations ont toujours été absurdes en France, et « qu'elles le seraient bien davantage au temps où « nous vivons. »

« Que le lendemain d'une, de ces révolutions, qui brisent les existences sociales, bouleversent les fortunes, confondent les rangs, déplacent le pouvoir et la faveur ; lorsque les regrets des uns et les espérances des autres conspirent la ruine du gouvernement né de la veille, et encore mal assis ; que, parmi les mécontents, ceux-ci attendent d'un bouleversement nouveau le retour de ce qu'ils ont perdu, ceux-là, la conquête de ce qu'ils n'ont pu encore obtenir ; qu'au milieu de cette lutte d'ambitions, de ces dispositions hostiles des esprits, en présence de cette faiblesse de l'autorité, du nombre et de l'audace de ses ennemis, un complot s'ourdisse dans l'ombre, se trame mysté-rieusement, éclate enfin...... On le comprend, parce que les conspirateurs ont pu trouver partout autour d'eux, des encouragements ; que la société, encore agitée, a pu leur offrir des éléments de dissolution,

et que les dangers de l'entreprise étaient compensés
du moins par les chances de succès.

« Mais quand un gouvernement compte déjà six
années de durée ; que six années de combats n'ont
fait que l'affermir ; que des lois sévères le défendent
contre ces associations, aujourd'hui dissoutes, et qui
lui avaient inspiré naguère tant de terreurs ; que des
arrêts rigoureux l'ont délivré, en les déportant, de ces
hommes qu'il considérait comme ses ennemis les plus
ardents ; lorsque le pays est calme et tranquille, que
les dissidences s'effacent, que les haines s'éteignent,
que les passions se calment ; comment, en présence
de cet état de force et de stabilité du pouvoir, de faiblesse et de dénuement de ses adversaires, de prostra-
tion des partis, croire à l'existence d'un complot,
dont les auteurs, arrêtés à chaque pas par mille obs-
tacles, n'eussent pas même pu se promettre la réus-
site !

« C'est cependant un complot, MM., que nous dé-
nonce M. le procureur-général, et dont il vient grossir
la liste de tous ceux qu'il a déjà soumis à vos prédéces-
seurs, et que le bon sens du jury, exempt de préoc-
cupations politiques, a toujours su réduire à leur
valeur. Complot mal tramé, bien qu'on y surprenne
l'intervention de la police ; mal conduit, car il est
sans chef connu, sans but certain, sans moyens d'exécution arrêtés, sans ressources assurées ; peu dangereux, car son succès était confié à la fermeté et au
courage d'une femme, à la maturité et à la prudence

de quelques jeunes gens, à peine sortis de l'adolescence, à la capacité et aux lumières d'un ouvrier corroyeur, d'un commis papetier, d'un marchand de bric-à-brac, d'un tailleur, d'un perruquier et d'un porteur d'eau !!...

Faits.

« Parmi ces conjurés si redoutables, l'accusation a placé Hubert, qui m'a remis le soin de sa défense. Hubert est un enfant de l'Alsace : en 1829, âgé de 16 ans, ne voulant pas rester plus longtemps à la charge de sa famille, dont la pauvreté avait encore d'autres enfants à élever, il quitta son pays pour venir à Paris. Il y fut accueilli par un oncle, et bientôt le travail de ses bras lui assura son pain de chaque jour : il put même faire quelques économies, qui lui servirent à aider ses frères et sœurs, et à donner à la vieillesse de son père quelques adoucissements.

« Pendant sept ans passés à Paris, jamais sa conduite, exempte de reproches, n'avait appelé les investigations de la police ; jamais elle ne l'avait rencontré soit dans une émeute, soit dans un rassemblement tumultueux ; jamais la justice n'avait eu à lui demander compte de ses opinions politiques, et il avait traversé les six années qui ont suivi 1830, années si fertiles en incarcérations, vierge de toute accusation, même préventive.

« Le 26 juin 1835, il fut, pour la première fois arrêté au domicile des frères Chaveau. Jeté dans les cachots de la Conciergerie, il apprit bientôt qu'une accusation grave pesait sur lui, car c'était une accusation de complot contre la vie du roi. Appelé devant un juge d'instruction, il fit ce que les habitudes judiciaires d'un peuple voisin permettent à tout accusé de faire, il se renferma dans le silence, réservant ses explications pour le grand jour de l'audience. « *Je rendrai compte de ma conduite à mes juges* » ; a été la seule réponse qu'ait pu obtenir de lui le magistrat instructeur. Et comme l'interrogateur insistait, comme il le mandait sans cesse pour des confrontations, Hubert, peu fait aux formes judiciaires, croyant voir dans ces instances répétées, une persécution, eut le tort de s'irriter, et de se laisser entraîner par un mouvement de colère. Il oublia le respect que commande le caractère de magistrat ; dans son emportement, il proféra qnelques paroles outrageantes ; une année de prison vint l'en punir. Il eut tort, sans doute, et je suis le premier à le blâmer (car c'est à nous surtout, avocats, à enseigner aux autres le respect pour la magistrature); il eut tort, mais une année de prison, pour quelques paroles injurieuses, dictées par la colère, ne nous paraîtront-elles pas une expiation suffisante d'une pareille faute... Cette expiation n'aurait-elle pas dû commander l'oubli à M. le procureur-général ! !... Après huit mois, huit longs mois de captivité, le jour de l'audience, si impatiemment attendu, arrive enfin ; et il est donné aux accusés de paraître devant leurs juges.

« Permettez-leur, MM., de se féliciter de n'avoir point
été arrachés à votre juridiction tutélaire ; toute res-
treinte, toutes mutilée qu'elle soit, elle offre encore à
l'innocence des garanties qu'elle chercherait inutilement ailleurs ; et les citoyens accusés préféreront toujours le jugement des représentants du pays, de leurs
pairs, à celui de cette aristocratie judiciaire, de ce tribunal exceptionnel que les lois de septembre ont investi
d'une partie de vos attributions, et enrichi de vos dé-
pouilles.

« Depuis l'ouverture des débats, vous avez pu, MM.,
apprécier la franchise, pour ne pas dire la rudesse de
Hubert ; vous savez s'il a été fidèle à sa parole, s'il a
refusé une fois de répondre aux interpellations qui
lui ont été adressées, s'il a reculé devant aucune explication.... Ce sont ces explications commencées par
lui que je viens compléter.

« Hubert est accusé d'un complot contre la vie du
Roi. Un complot !... Ce mot a été bien souvent répété
depuis huit jours ; bien souvent il a été jeté au milieu des
débats, maintes et maintes fois il s'est retrouvé dans les
sévères réquisitions de M. le procureur général, et j'en
suis encore à me demander, dans mon appréciation de
jurisconsulte, ce que la loi entend par complot, à
quelles conditions elle rattache l'existence de ce crime,
quels éléments le constituent.

» Ne craignez pas, MM., qu'après la discussion ap-
profondie à laquelle se sont livrés les orateurs qui
m'ont précédé, je me jette dans de longs développements : aussi bien faut-il pour vous, comme pour les

25

accusés, que ce procès ait un terme prochain. Je ne veux que rappeler dans une rapide analyse, les principes sur la matière, principes trop faciles à fixer, hélas! après les nombreuses accusations de complot qui en ont nécessité l'étude.

Discussion de droit.

« Dans notre législation pénale, le complot est un crime exceptionnel, un crime à part, avec lequel il ne faut confondre ni l'expression d'un vœu ou d'un regret contraires au pouvoir, ni l'affiliation à une association formée en haine du gouvernement, ni la présence à une réunion dans laquelle la malveillance aura professé des opinions hostiles à l'autorité, ni même des projets de révolte ; ainsi, par exemple, le citoyen qui publiquement exprimera le vœu du retour de la dynastie déchue, ou l'espoir du renversement du trône actuel ; qui fera partie d'une association illicite, ou se mêlera à de sourdes machinations contre le gouvernement ; qui colportera des projets de révolte ou d'insurrection, commettra un délit sans doute, mais ne sera pas un conspirateur.

« En thèse générale, la loi n'a pour objet de réprimer que des faits matériels et des actes appréciables : la pensée n'est point de son domaine, la pensée n'est justiciable que du tribunal de celui qui seul peut lire sûrement au fond des cœurs.

« En matière de complot, le législateur, par exception au droit commun, s'en prend à la pensée, pourvu toute fois qu'elle se révèle sous certaines formes, qu'elle se prête à certaines combinaisons, qu'elle se matérialise en quelque sorte. La sagesse du législateur ne pouvait attendre pour sévir l'exécution du complot : autrement, son inaction fut devenue un encouragement pour le conspirateur; le succès eut assuré l'impunité des conjurés, et le triomphe du lendemain eut été l'absolution du crime de la veille. Méprisée par le conspirateur heureux, la loi n'aurait eu de rigueurs que pour le malheureux qui aurait échoué dans sa tentative.

« C'est donc avec raison, qu'en pareille matière, le législateur a incriminé la pensée, mais seulement lorsqu'elle se trouve dans certaines conditions déterminées, dont la réunion peut seule constituer le complot.

« Ainsi, pour que la pensée puisse tomber sous le coup de la loi, il faut d'abord qu'elle soit fixe, déterminée, immuable : il faut qu'elle se soit transformée en *une résolution d'agir.* Ce sont les termes mêmes du Code pénal; c'est là le premier élément du complot, et la première condition qui donne à la pensée un caractère de criminalité.

Aussi longtemps que cette *résolution d'agir* reste isolée, que celui-là qui l'a formée la garde pour lui seul, la loi ne s'en inquiète pas. Sa vigilance ne s'éveille que lorsqu'elle devient commune *à deux ou à plusieurs conspirateurs.* C'est là le deuxième élément du complot, et la deuxième condition qui donne à la pensée un caractère de criminalité.

Peu importe encore à la loi cette *résolution d'agir mise en commun par deux ou par plusieurs conspirateurs.* Tant que les conjurés ne sont pas d'accord sur le but du complot, sur les moyens de le réaliser, sur le plan à suivre, sur les rôles à distribuer, sur le lieu et le jour de l'exécution, elle garde le silence. Pour le rompre, elle exige que la *résolution d'agir ait été concertée* entre les conjurés. C'est là le troisième élément du complot, et la troisième condition qui donne à la pensée un caractère de criminalité.

« Ce triple élément, cette triple condition ne suffisent pas encore à la sage lenteur de la loi. Sa sollicitude veille sans doute : déjà elle a saisi son glaive, prête à frapper, mais elle attend, mais elle espère encore. Au moment de tout conclure, de s'entendre définitivement, de prononcer le serment qui doit les lier, une réflexion salutaire peut éclairer les conspirateurs, la division peut s'introduire parmi eux, le remords, le repentir peuvent enchaîner leurs bras…. La loi veut donc, avant de saisir les coupables que *la résolution d'agir, concertée entre deux ou plusieurs conspirateurs,* soit définitivement ARRÊTÉE entre eux…… C'est là le quatrième élément du complot, et la quatrième condition qui donne à la pensée un caractère de criminalité.

« Lorsque tous ces éléments, toutes ces conditions se trouvent réunis, c'est-à-dire, lorsqu'une *résolution d'agir* bien déterminée a rapproché deux ou plusieurs conspirateurs ; qu'il y a entre eux *concert*, c'est-à-dire, accord sur le but et les moyens du complot, les fonctions à remplir, le lieu et l'heure de l'exécution ; lorsque la volonté de chacun, transformé en une volonté commune est irrévocablement *arrêtée*, c'est alors que le complot existe, que la loi le recherche et le punit.

« Ne croyez pas, MM., que ces principes soient nouveaux et inventés pour le besoin de la défense. Ils ont été développés longtemps avant moi par des hommes qui ont fait la gloire du barreau, comme ils font aujourd'hui, pour la plupart, l'honneur de la magistrature. Ils s'appuient sur l'autorité de noms justement estimés, et sur la première des autorités, sur celle de la loi.

« Il y a complot, porte l'art. 89 du Code pénal : « dès que la *résolution d'agir est concertée et arrêtée entre deux ou plusieurs personnes.* »

« Vous retrouvez là, Messieurs, rassemblés les élémens que ma discussion a isolés, pour les faire saillir davantage.

« Voulez-vous savoir maintenant comment les a analysés un orateur, dont l'accusation aurait mauvaise grâce à récuser l'autorité, car il est l'un des magistrats qui honorent le plus aujourd'hui par son caractère et son talent le parquet de la Cour royale de Paris. »

Ici Me Moulin cite un fragment emprunté à la plaidoirie de M. Berville, devant la Cour des pairs en 1821, pour le capitaine Delamotte.

Ce fragment confirme pleinement la doctrine de l'avocat, sur la théorie du complot.

« C'est cependant, reprend M⁶ Moulin, un avocat-général, et le premier avocat-général de la première Cour du Royaume, qui s'exprime ainsi. »

M. le procureur gé., vivement : Il était alors avocat.

M⁶ Moulin : sans doute, mais M. Berville (et je suis heureux de pouvoir lui rendre cet hommage), est l'un de ces hommes, en petit nombre, qui, devenus magistrats, n'ont point répudié les opinions de l'avocat.

« Du reste, puisque M. le procureur général veut des autorités dans la magistrature, voici l'un de nos premiers criminalistes, M. Carnot, qui fut long-temps l'une des lumières de la Cour suprême, qui, en reproduisant dans son savant ouvrage le fragment cité de M. Berville, le donne « comme le meilleur commentaire de l'art. 89. »

Les noms de MM. Barthe, Mérilhou et Persil, naguères procureur général, trouvent encore place dans la discussion de M⁶ Moulin, qui continue sa plaidoirie en ces termes :

Discussion des faits.

« Maintenant que ces principes qui reposent sur la lettre de la loi, et ont reçu la sanction des criminalistes et de l'autorité judiciaire (1), me semblent pou-

____

(1) La Cour des pairs dans le procès de la *conspiration du* 19 *août* 1820.

voir défier toute controverse, je me hâte d'arriver à leur application.

« C'est en vain, M. le procureur-général, que vous voulez trouver ici un complot, car c'est en vain que vous vous êtes efforcé d'établir une *résolution d'agir concertée et arrêtée* entre les accusés.

« Qu'il y ait eu de leur part mauvaises passions, entretenu par la corruption de la police; mauvais desseins fomentés par ses agents secrets; hostilité contre le pouvoir, conciliabules où de vagues projets ont été proposés et discutés peut-être, je le veux, la sincérité de ma conscience vous en fait l'aveu, mais entre de pareilles machinations et le complot, il y a un abîme. C'est cet abîme que l'on veut vous faire franchir, et sur le bord duquel vous saurez vous arrêter.

« Entre les accusés il y a eu peut-être une pensée fugitive, une volonté flottante, mais jamais une ferme *résolution d'agir.*

« Entre eux il y a eu encore moins accord soit sur les moyens d'exécution, soit sur la distribution des rôles, soit sur le jour, soit sur le lieu fixé pour l'entreprise.

« *Sur les moyens d'exécution.* —Les uns voulaient poignarder le roi, les autres se servir de pistolets; ceux-ci forcer à coups de hache la portière de sa voiture; ceux-là abattre les chevaux et l'entourer, d'autres enfin, parodiant la machine infernale, le faire sauter à l'aide d'un baril rempli de poudre; certains même poussaient le délire jusqu'à vouloir prendre

d'assaut les Tuileries, au moment où le roi et les ministres y tiendraient conseil.

« *Sur la distribution des rôles.* — Loin que chacun
eut sa fonction déterminée, son poste désigné,
l'homme d'action, l'homme indispensable au succès de
toute conspiration, celui qui fait le sacrifice de sa vie,
n'était pas encore trouvé. Ainsi tantôt c'était Dulac qui
devait attaquer le roi *à bras retroussés*, tantôt c'était
Chaveau; d'autres fois c'était l'Eglantine.....

« *Sur le jour et le lieu.* — Ils n'ont jamais été fixés:
C'est à peine si les conjurés y ont songé, et Marlin a
déclaré *que le lieu n'était pas arrêté*, qu'ils parlaient
seulement de la route de Paris à Neuilly; d'autres fois
du quai des Tuileries.

« Ainsi point d'accord entre les accusés sur la
distribution des rôles, sur les moyens, le lieu, le jour
l'exécution et le plan du complot. Donc point de *résolution concertée*, donc point de complot.

« Si cette résolution n'était point *concertée*, à plus
forte raison ne pouvait-elle être définitivement prise,
irrévocablement *arrêtée*.

« Elle était si peu arrêtée, que Bray déclare lui-
même que le 26 juin au matin, en quittant les frères
Chaveau, ceux-ci lui assignèrent pour le soir 5 heures
sur le quai d'Orsay, un rendez-vous où l'on donnerait
les ordres définitifs.

« Donc rien n'était définitivement arrêté.

« Marlin dit aussi que le dessein dont les accusés s'entretenaient devant lui était *un dessein vague, qui n'avait rien d'arrêté*, que jamais ils n'avaient dit où et *quand* ils l'exécute-raient.

« M. le baron de Breiderbach ajoute dans le même sens que « ces individus avaient rendez-vous à 4 heures sur le quai d'Orsay , et qu'ils devaient, autant qu'il le présume, *y prendre un parti.* »

« Donc, s'il n'y avait pas même de parti pris, il ne pouvait y avoir de résolution irrévocablement arrêtée.

« Ainsi échappent successivement à l'accusation, les divers éléments dont la réunion seule pourrait constituer le complot. Le complot n'existe donc pas.

« Ici, MM. les jurés, pourrait se borner ma défense sur le premier chef d'accusation, mais je dois désirer qu'elle soit complète. Me plaçant dès lors sur un autre terrain, j'admets que M. le procureur général (ce qu'il n'a pas fait, ce qu'il ne fera pas, car le talent a ses bornes) ait démontré l'existence du complot, il n'aurait encore rempli que la moitié de sa tâche. Il lui fallait en outre, établir la participation individuelle au crime de chacun des treize accusés assis sur ces bancs. Le magistrat accusateur ne s'est point dissimulé cette nécessité de sa position : aussi l'avez-vous vu faire successivement la part de chaque accusé.

Arrivant à celle de Hubert ; il s'est emparé de certaines circonstances morales et de certains faits matériels.

C'est ainsi qu'il lui a tour-à-tour reproché :

Son affiliation à *la société des Droits de l'Homme* ;

La saisie dans son logement, d'une adresse manuscrite; au peuple français.

Enfin ses visites et son arrestation au domicile
de la veuve Chaveau.

« Que Hubert ait fait partie de la *société des Droits de
l'Homme*, il eût pu le nier, mais loin de s'en défendre,
il vous a déclaré qu'il s'en faisait honneur, et que
s'il eût trempé dans le complot dont on l'accuse,
c'est alors qu'il eût été indigne de lui appartenir.

« Qu'y a-t-il d'ailleurs de commun entre la société
des Droits de l'Homme, depuis longtemps frappée de
mort, et le complot qui vous est soumis? Est-ce que
tout membre de cette société sera réputé de droits conspirateur?..Oh! alors, M. le procureur général, vous avez
entre les mains les états nominatifs de la société, votre
devoir (car la justice est égale pour tous), est de convo-
quer des assises extraordinaires, de réunir des jurés, et
de traduire à la barre les 12 ou 1,500 membres qui en
faisaient partie. Poursuivis par vous, ils pourront se
placer sous le patronage d'un homme dont aucun
procureur général, je pense, n'enviera jamais la triste
célébrité, M. de Marchangy, qui, faisant en 1821 le
procès aux *carbonari*, n'allait pas jusqu'à soutenir
que tout *carbonaro* était de droit conspirateur, mais
seulement en état de suspicion de conspiration.

« En fait, Hubert a appartenu pendant quelques mois
à la section *des barricades* non pas de juin, mais de
ces barricades de juillet, au milieu desquelles le roi a
ramassé sa couronne. Membre de cette section, aussi

longtemps que son existence a été licite, il a cessé
d'en faire partie, lorsque la loi est venue fermer en
France les clubs populaires. Or, comment pourriez-vous
aujourd'hui faire un crime à Hubert d'une affiliation
que vous ne pourriez même pas lui reprocher comme
un délit !!....

« Une perquisition a fait découvrir dans l'apparte-
ment de Hubert une proclamation au peuple français.

« En vérité, messieurs, je ne sais si c'est sérieusement
qu'il faut répondre à de telles objections : les reproduire, c'est les réfuter. Si la présence dans un domicile
de quelques lignes manuscrites pouvait suffire pour
établir la participation de celui qui les a écrites à un
complot, il n'est pas un citoyen qui ne dut trembler
pour sa liberté.

« Cette adresse au peuple français, si correctement
écrite, si bien orthographiée, qu'il a été impossible de
la lire, n'est pas l'œuvre de Hubert. Il lisait par fois,
quand ses travaux lui en laissaient le loisir, et lors
qu'il rencontrait quelque phrase qui sacrifiait l'aristocratie au prolétariat, son orgueil satisfait la recueillait.
C'est ainsi que cette adresse a été composée de phrases
empruntées à l'*Histoire de France* de Laponneraye,
aux *Fastes révolutionnaires* de Marrast, et aux discours
de quelques conventionnels. Elle n'a d'ailleurs jamais reçu de publicité, et a été saisie avec plusieurs lettres de la mère de l'accusé, et un certificat de l'officier
civil de Riedletsqui rendait hommage à sa moralité.

« J'arrive, messieurs, à la seule objection du réquisitoire qui ait, au premier abord du moins, quelque gravité : je veux parler des visites de Hubert aux frères Chaveau, et de son arrestation le 26 juin à leur domicile.

« Sur ce fait, vous avez déjà les explications des accusés eux-mêmes, et celles des deux défenseurs qui m'ont précédé. Je purrais me borner à mettre Hubert à l'abri de ces explications, mais il en est un autre plus sûr, plus inviolable, car c'est celui de la loi, derrière lequel je veux le placer.

« Que veut et que doit prouver M. le procureur général ? La participation de Hubert au complot qui vous est soumis. Comment s'efforce-t-il de la prouver ? Par les visites de l'accusé aux frères Chaveau, et sa présence le 26 à leur domicile.

« Qu'est-ce à dire ? Une visite à un ami ou à une connaissance, la présence d'un individu au domicile d'un autre, sont des faits par eux-mêmes indifférens, et qui ne peuvent recevoir quelque importance que des circonstances qui les environnent. Qui, en effet, dans un temps ordinaire, eût remarqué les visites de Hubert aux deux Chaveau, et sa présence à leur domicile le 26, qui eût jamais songé à lui en faire un crime ? Or, dans un fait innocent en soi, comment trouver la preuve d'un crime ? La saine logique ne permet donc pas à M. le procureur général de dire : Hubert a visité les deux Chaveau ; le 26 il a été arrêté à leur domicile ; donc il conspirait. La conséquence serait vraie, s'il n'eût pas pu y faire autre chose ; mais elle est fausse, précisément parce qu'il pouvait y faire autre chose. Ainsi, j'admets, si vous le voulez (et vous voyez quelle large concession je fais à l'accusation ;) que Hubert n'ait été conduit rue Mauconseil que par un esprit d'hostilité contre le pouvoir, avec de mauvais desseins, et le projet de prendre part à quelque machination ; que là, des vœux parricides aient été formés ; qu'un complot ait même été l'objet de la conversation ; j'admets tout cela, et je l'admets sans danger, parceque aux yeux de la loi, autres choses sont une manifestation hostile, de mauvais desseins, des machinations coupables, des vœux parricides, une conversation sur un complot, autre chose est le complot. Or, n'oublions pas que c'est avant tout l'existence du complot, puis la participation de Hubert à ce complot, que M. le procureur général est tenu de prouver ; à ce prix, est le succès de son accusation.

« Cette preuve, il ne saurait la tirer des visites de Hubert aux frères Chayeau, ni de son arrestation à leur domicile, car il pouvait y faire autre chose que conspirer. *Il pouvait....* Dans ce mot est écrit l'acquittement de Hubert ; car, au lieu d'une preuve positive, le ministère public ne vous offre de sa culpabilité qu'une présomption faillible, et ce n'est pas sur une présomption, sur une possibilité, souvent trompeuses, que la conscience d'un honnête homme prononce une condamnation. »

Ici M⁰ Moulin discute la ° circonstance d'actes commis ou commencés pour faciliter l'exécution du complot, et termine cette partie de sa défense par le résumé suivant :

« Ici je m'arrête, Messieurs, car j'en ai dit assez sur ce premier chef de l'accusation.

« Avec la lettre même de la loi (et la lettre est tout en matière criminelle), j'ai démontré que ce complot, construit avec tant de peine par le ministère public, n'a jamais existé, parce que jamais il n'y a eu entre les conjurés résolution d'agir irrévocablement arrêtée;

« Parce qu'il n'y a jamais eu entre eux concert, c'est-à-dire accord , soit sur les moyens, soit sur la distribution des rôles , soit sur le lieu, soit sur le jour de l'exécution ;

« Parce qu'entre eux tout s'est passé en conversations, en conciliabules , où aucune mesure définitive n'a été prise, en projets vagues, fugitifs, par cela même sans danger , et qui ne tombent pas sous le coup de la loi pénale.

«Subsidiairement, et l'existence du complot admise, j'ai prouvé qu'aucun acte n'avait été commis ou commencé pour en faciliter l'exécution;

» Enfin que tous les efforts du ministère public ont été impuissants pour rattacher Hubert à ce complot, et que sa participation n'ayant pas été établie , il ne saurait manquer d'être acquitté. »

Me Moulin consacre la seconde partie de sa plaidoirie à l'examen du double délit d'outrages envers des agents de l'autorité, et de cris séditieux publiquement proférés , reproché à Hubert.

Il écarte les dépositions des officiers de paix, seuls témoins invoqués par l'accusation, comme intéressés au procès, comme différant entre elles, comme en désaccord avec les témoignages de Vasselart et de sa femme, concierges de la maison où Hubert a été arrêté; et après un rapide résumé de ses moyens, il termine en ces termes son improvisation :

« Ma mission touche à son terme, messieurs les jurés, la vôtre va commencer, belle, mais périlleuse mission, qui vous permet d'ouvrir ou de fermer la porte des prisons, de donner ou de refuser la liberté.

« Il y a quelques jours à peine, le chef de la justice, constatant l'état de calme et de prospérité du pays, faisait entendre à la tribune nationale les mots de *ralliement* et de *conciliation* : « Rallier et concilier, c'est, disait-il, la pensée du trône et du pays. »

« Ce procès, messieurs les jurés, vous offre l'occasion de vous associer à cette pensée du trône et du pays, à ces vœux de ralliement et de conciliation.

« Entre un verdict de condamnation, qui ne fait qu'accroître les inimitiés, aigrir les ressentiments, irriter les haines, semer les vengeances ; qui n'a jamais effrayé un conjuré, ni défendu le prince contre des conspirations nouvelles; qui trop souvent propage la foi politique, comme le martyre propageait la foi religieuse ;

« Et un verdict d'acquittement, qui efface les dissidences, calme les colères, éteint les mauvaises passions, ruine les partis ; qui prouve la sécurité du pays, et en même temps la force et la générosité du pouvoir : c'est à votre conscience à choisir.

« Hommes d'honneur, citoyens dévoués au trône et aux institutions, amis du pays, votre choix né saurait être douteux, et c'est sans crainte que les accusés en attendent la manifestation. »

M. le président. La parole est à Me Joly, défenseur de Combes et de Dulac.

Me Joly signale une impossibilité morale dans la réunion de treize individus complotant un assassinat. L'histoire apprend qu'il y a eu des hommes qu'un fanatisme politique ou religieux a poussés au meurtre des rois. Ces hommes sont rares et isolés : on n'a pas reconnu de complices aux Ravaillac, aux Damiens, aux Louvel : c'est à grand'peine que de nos jours on a trouvé trois ou quatre coupables de l'attentat de 28 juillet. Le défenseur, après avoir discuté rapidement la question du complot et la moralité de Bray, fait remarquer que rien n'établit que les pistolets trouvés sur le toit de la maison de Combes y aient été déposés, soit par celui-ci, soit par sa femme. Maye et Bray sont venus dans cette maison. Cette circonstance n'expliquerait-elle pas la présence des pistolets à l'endroit où on les a découverts ? Une chaleureuse péroraison termine cette plaidoirie.

L'audience est suspendue à une heure et reprise à deux heures moins un quart.

Me Auguste Marie, défenseur de Delont, discute avec habileté les charges relatives à son client. Après avoir expliqué sa vie et son entrée dans la société des Droits de l'Homme, il rappelle que Delont n'a jamais été vu dans la maison Chaveau où l'accusation place le siége du complot ; qu'il n'était pas à la réunion des conjurés du 26 juin. Il signale le témoignage de Marlin attestant que Delont venait chez Combes comme ami de la maison et que ses conversations étaient toujours étrangères à la politique. Quant aux faits rapportés par Fieschi relativement à ce qu'il aurait su par Boireau du complot de Neuilly, le défenseur rappelle que Fieschi n'était pas alors dans cette voie de franchise qu'il a adoptée depuis. Le témoignage de Bray en tant qu'il est accusateur pour son client, est isolé ; d'ailleurs il n'attribue à Delont que des propos qui ne sauraient jamais constituer la complicité. Il est dangereux, dit-il, de baser une accusation sur des propos. L'histoire a fait justice de cette loi de Henri VIII, roi d'Angleterre, qui réputait conspirateurs ceux qui prédisaient la mort du roi.

Il finit en disant que si à une époque qui n'est pas loin de nous la sévérité a pu et dû dicter les décisions du jury, il peut sans crainte aujourd'hui prendre pour divise l'indulgence.

Après la plaidoierie de Me Marie, M. le président demande si M. Joly est à l'audience.

Sur la réponse affirmative de l'avocat, M. le président lui annonce que sa plaidoierie nécessitant quelques questions qu'il désire adresser à son client, il n'a pas voulu les faire en son absence.

M. le président. Combes, vous prétendez que Bray a joué près de vous le rôle d'agent provocateur, avez-vous quelques faits qui établissent cette provocation ?

Combes répète plusieurs faits déjà connus : Bray lui a parlé de son antipathie contre le gouvernement, de son désir de le voir renversé, de société qu'il connaissait.

M. le procureur général. Dites-nous s'il vous a parlé d'entrer dans un complot contre la vie du roi?

Combes. Je ne dois rien répondre à ce sujet.

Me Joly se lève. Messieurs, mon client n'a rien à répondre à cette question, elle est dangereuse : s'il vous répond affirmativement, vous en ferez une arme contre lui, et vous direz : le complot est donc constant, vous l'avouez. Défenseur, je dois le protéger dans son inexpérience contre tout ce qui peut le compromettre ; et d'ailleurs, je dois dire que c'est moi qui ai trouvé, et dans les pièces du procès, et dans les débats, la preuve que Bray est un provocateur, je vous l'ai démontré, messieurs les jurés, M. le procureur général prouvera le contraire s'il le peut (Sensation).

Gabriel Chaveau, interpellé par M. le président, donne des explications sur ses relations avec Bray.

Huillerye se lève. Messieurs, Bray m'a démenti quand j'ai déclaré que dans notre rencontre rue Ste-Marguerite, il m'avait proposé d'enlever les détenus d'avril, et m'a dit : Huillerye, je vous crois un homme sûr, je fais partie d'une société secrète, dont le chef est un ancien capitaine; le personnel de la société est de 40 personnes, tous anciens militaires; le chef voudrait être affilié à une autre société. Il désire seulement n'être pas connu. Je vous y conduirai. J'ai refusé, messieurs, et Bray m'a dit que j'étais un homme faible, que j'avais tort de nier appartenir aux sociétés secrètes. Je n'ai rien dit, mais ma conviction fut que Bray était tout au moins un homme exalté.

Bray a nié que Charles Chaveau lui eût parlé de son projet d'expédition en Espagne, et cependant il devrait se souvenir qu'un jour, en sortant, il nous donna l'adresse de M. Auzou, rue de Bondy, 72, et celle de M. Schwartz, rue Bleue, 25, tous deux recrutant pour l'Espagne. Je dis *nous*, messieurs, car j'avais le secret de Charles; moi aussi, je devais partir avec lui, si on m'avait promis le grade d'officier de santé. Oui, nous devions former une compagnie *franche*, nous armer à nos frais. L'on n'a, il est vrai, saisi aucune arme à mon domicile, cependant je dois dire que j'ai des pistolets. Et quant à ces poignards, dont l'utilité vous semble si problématique, n'oubliez pas que pour joindre l'armée d'Isabelle, nous avions à traverser des pays occupés par les troupes de don Carlos.

M⁰ Coin de Lisle, défenseur de L'Eglantine, fait connaître les bons antécédents de son client. C'est un ouvrier laborieux, un bon père de famille. Arrivant aux cartouches qu'on lui attribue et sur lesquelles on a trouvé le texte du poème *Renaud*, il fait remarquer que le papier de ces cartouches est usé, en mauvais état, et que d'après l'opinion des experts, leur confection remonte à plusieurs années; elles n'ont donc pas été fabriquées pour ce complot. L'Eglantine n'a pas été présent aux vérifications des pièces de conviction, et notamment des cartouches dont on fait une charge contre lui; par conséquent, il est possible qu'il y ait eu confusion; et que ces cartouches ne soient pas celles qui ont été saisies à son domicile. L'Eglantine a constamment déclaré qu'elles ne lui appartenaient pas.

Pas de formes dit, Mᵉ Coin de Lisle, imposées dans l'instruction, sous peine de nullité; par conséquent, pas de recours en cassation. Nous vivons sous la foi de la loyauté, des soins, de l'exactitude des magistrats et de leurs subordonnés. Une erreur suffit donc pour perdre un citoyen, et je ne comprends pas que M. le procureur général n'abandonne pas une accusation fondée sur des procédures qui ne constatent pas l'identité des prétendues pièces de conviction.

Mᵉ Virmaître s'étonne d'avoir à défendre Duval, qui n'a eu aucune relation avec les autres accusés, et contre lequel il n'existe aucune charge. Duval sera nécessairement acquitté; mais il n'en aura pas moins été accusé d'un complot; et l'accusation a cela de commun avec la calomnie que quel que soit le résultat, il en reste toujours quelque chose.

M. le président. La parole est au défenseur de Boireau.

Mᵉ Massot. Je n'ai que de courtes observations à

faire dans l'intérêt de Boireau. Je désire ne les présenter que lors des répliques.

M. le président. Nous apercevons le terme de cette affaire. Demain auront lieu les répliques de M. le procureur général et des défenseurs. Nous remettrons à vendredi pour notre résumé et la délibération du jury. Il est bon que cette délibération se fasse de jour pour que MM. les jurés puissent examiner convenablement les pièces de conviction qui leur seront remises, et notamment les bourres et les cartouches.

L'audience est levée à cinq heures moins un quart et renvoyée à demain dix heures.

Audience du 7 avril.

A l'ouverture de l'audience, M. le président fait approcher à la barre le témoin Marlin.

M. le président : Marlin, avez-vous assité à toutes les plaidoiries ?

Marlin : Non, Monsieur.

M. le président : Avez-vous dit que si on avait parlé du baril devant vous, vous auriez nécessairement entendu ce qui se serait dit à cet égard ?

Marlin : Je travaillais près de la fenêtre. Le bruit des voitures a pu me faire perdre quelques détails de la conversation.

M. le président : Le témoin Lepage est-il présent ?

M. Lepage ne repond pas.

M. le président : M. le procureur général a la parole pour la réplique. (Un profond silence s'établit).

M. le procureur général commence en ces termes :

« Avant de répondre aux défenses que vous avez entendues, nous éprouvons le besoin de nous associer aux sentiments que les défenseurs ont exprimés sur l'institution du jury. Il n'est personne, MM. les jurés, qui ne reconnaisse aujourd'hui les hautes garanties qu'il présente, qui ne rende hommage à ses lumières, à son impartialité, à la sagesse, et la fermeté de ses décisions. Cette institution, sanctionnée par notre pacte fondamental, régularisée par nos lois, est dans la plénitude de sa force et de sa puissance. Cette haute et légitime confiance qu'inspire le jury, tous les corps judiciaires la méritent. Depuis les degrés inférieurs, jusqu'aux sommités les plus élevées, il n'est pas un magistrat qui n'apporte dans l'accomplissement de ses devoirs, la plus consciencieuse loyauté, qui ne recule à la pensée d'une injustice. »

Après ces paroles, M. le procureur-général combat les principales objections de la défense. Il revient sur ses observations premières, relatives aux documents que présente l'accusation, sur le but, l'organisation, les principes et les vœux de la Société des Droits de l'homme : « Cette société coupable, s'écrie-t-il, après avoir levé l'étendard de la révolte, après avoir porté la guerre civile dans nos rues, est descendue à l'assassinat... »

Ici, une extrême agitation se manifeste au banc des accusés.

Ch. Chaveau, avec feu : Ce n'est pas vrai !

M. le président fait signe de la main à l'accusé qu'il n'a pas le droit d'interrompre ; ses co-accusés, notamment Delont, l'engagent aussi à se calmer ; cet incident n'a pas de suite.

M. le procureur-général, reprenant son discours, poursuit l'examen des charges particulières à chaque accusé ; il rappelle les paroles prononcées par plusieurs d'entre eux, lors de leur arrestation, et celles qu'un agent de l'autorité a placées dans la bouche de la dame Chaveau, en disant qu'elle s'était écriée qu'elle voulait tirer la ficelle, lorsqu'on conduirait les agents de l'autorité à la guillotine.

Ch. Chaveau, se levant : Des preuves ! des preuves !..

Les accusés s'efforcent de calmer son exaspération. Delont, placé derrière lui, le prend par le bras, et s'efforce de le faire asseoir. « Non, non, s'écrie Ch. Chaveau, de pareilles faussetés me révoltent... Je ne puis laisser passer de telles infamies !!... »

M. le président. Les défenseurs ont obtenu jusqu'ici que les accusés gardassent le silence. S'ils oublient ces sages recommandations, nous saurons leur appliquer les dispositions de la loi.

Quand le calme est rétabli, M. le procureur-général reprend la parole, et finit sa réplique sans nouvelle interruption.

Mes Plocque, Rittier, Briquet, Moulin, Auguste Marie, Coin de l'Isle, Virmaître, Massot et Joly répliquent à leur tour.

Me Joly, dans sa réplique, résume en un seul corps

de défense tous les moyens de l'accusation , et tous les arguments qui lui sont opposés. Ce résumé se termine par de nouvelles et dernières considérations sur le témoin Bray.

Les accusés, interpellés séparément, déclarent n'avoir rien à ajouter aux paroles de leur défenseur. Madame Chaveau seule recommande en peu de paroles, ses deux fils à la clémence du jury.

L'audience est renvoyée à demain , dix heures, pour le résumé du président et l'arrêt.

Audience du 8 avril.

A dix heures et demie l'audience est ouvert , M. le président Sylvestre de Chanteloup prend la parole et résume les débats de l'affaire. Dans ce résumé soigneusement préparé à l'avance et emprunté jour par jour aux longs détails des débats, ce magistrat retrace fidèlement et sans rien omettre les arguments de l'accusation et ceux de la défense.

A onze heures et demie le jury se retire. Après quatre heures trois-quarts de délibération , il rentre en séance. La Cour est introduite; un profond silence s'établit dans l'auditoire.

La déclaration du jury est négative sur toutes les questions à l'égard de Mme Chaveau et des accusés Leroy , Combes, Delont, Dulac , Duval, l'Eglantine et Boireau.

Charles Chaveau est déclaré coupable d'avoir, en 1835, participé à une résolution d'agir concertée et arrêtée entre plusieurs personnes; ladite résolution ayant pour but de commettre un attentat contre la vie du Roi, et ayant été suivie d'actes commis et commencés pour en préparer l'exécution. Le jury déclare toutefois qu'il existe à son égard des circonstances atténuantes.

Gabriel Chaveau, Huillerye, Husson, Hubert sont déclarés coupables du même crime sans cette circonstance que la résolution d'agir ait été suivie d'actes commis et commencés pour en préparer l'exécution. Le jury déclare aussi qu'il existe à leur égard des circonstances atténuantes.

Huillerye et Hubert sont déclarés coupables d'outrages commis envers un commissaire de police dans l'exercice de ses fonctions, et ayant pour but d'inculper son honneur et sa délicatesse; Hubert est en outre déclaré coupable d'avoir proféré des cris séditieux.

M. le président : Faites monter les accusés veuve Chaveau, Delont, Combes, Duval, Leroy, Dulac et Boireau : les autres accusés ne seront amenés que plus tard.

Ces huit accusés sont introduits et prennent tous place sur le banc d'en bas au milieu d'un profond silence. Madame Chaveau, en se voyant séparée de ses fils, paraît plongée dans la plus vive douleur. Delont, au contraire, ne peut cacher sa joie. Combes et Duval sourient à leurs parents et amis.

M. le président prononce l'ordonnance d'acquittement et ordonne que les huit accusés soient mis sur le-champ en liberté, s'ils ne sont retenus pour autre cause. « Les accusés, dit ce magistrat, vont être élargis tout de suite sauf Boireau. »

En entendant ces paroles, Boireau se lève et s'apprête à parler ; puis il réfléchit, frappe la barre d'un violent coup de poing et se rassied.

Madame Chaveau ne peut retenir ses sanglots ; les gardes qui l'accompagnent sont obligés de la soutenir, son visage est baigné de larmes ; elle pousse des cris douloureux en disant : « Mes enfants ! mes chers enfants ! mes pauvres enfants ! On la conduit hors de l'audience ; longtemps encore on entend sa voix répétant avec l'accent le plus déchirant : « Mes enfants ! mes enfants ! mes pauvres enfants !

Cette scène de douleur produit sur l'auditoire un effet difficile à décrire. Le silence le plus morne règne dans l'assemblée. Ceux qui viennent d'entendre un ordre d'élargissement prononcé en faveur de leurs proches, de leurs amis, n'osent, en présence de la douleur de cette malheureuse mère, manifester la joie qu'ils éprouvent.

Quelques instants se passent ; les frères Chaveau, Huillerye, Husson et Hubert sont amenés par les gendarmes. Gabriel Chaveau salue l'auditoire ; Husson prend son chapeau et le jette loin de lui avec colère ; Huillerye croise les bras, et Hubert sourit en faisant des signes d'intelligence à ses amis, puis il serre les dents et froisse un chiffon de papier qu'il tient à la main.

Lecture est donnée aux accusés de la déclaration du jury. En entendant la réponse affirmative à son égard sur les circonstances atténuantes, Huillerye hausse les épaules en disant à demi-voix : « Grand merci, vraiment ! »

M. de Montsarrat, substitut de M. le procureur général, requiert contre les accusés l'application des peines portées par la loi.

M. le président. Les accusés ou leurs défenseurs ont-ils quelques choses à dire sur l'application de la peine ?

Me Plocque. Si je prends la parole, c'est pour réclamer toute l'indulgence de la Cour en faveur de mes jeunes et malheureux clients. Certes, j'aurais pu me taire et laisser la Cour sous l'impression des dernières paroles qu'a fait entendre hier Mme veuve Chaveau, lorsqu'elle vous a supplié de lui laisser ses fils, les seuls soutiens de sa vieillesse. J'aurais pu laisser la Cour sous l'impression des cris de douleur qu'elle vient de faire entendre, en apprenant qu'elle allait recouvrer la liberté et la recouvrer sans ses fils. Mais je crois pouvoir encore utilement rappeler à la Cour la position de mes clients, leur jeunesse, leur inexpérience. J'espère que la Cour ne balancera pas à tempérer autant qu'elle le peut la rigueur des peines, en descendant leur minimum jusqu'où il peut descendre.

Huillerye se lève, sa pâleur est extrême, ses poings serrés appuient fortement sur la barre, M. le président, dit-il.

M. le président. Vous ne pouvez parler que sur l'application de la peine ; si vous avez quelque chose à dire sur l'application de la peine, vous avez la parole : autrement la Cour ne pourrait vous entendre.

Huillerye, d'une voix étouffée. J'ai quelque chose à dire..... [oui, j'ai quelque chose à dire. (D'une voix éclatante). Ecoutez-moi.....

M. le président. Prenez garde, Huillerye....

Les frères Chaveau. Assieds-toi , Huillerye! assieds-toi ! tais-toi !

Les avocats présents s'efforcent de calmer Huillerye, dont l'exaltation va visiblement toujours en augmentant.

Huillerye. Soyez tranquilles.... soyez tranquilles, mes amis..... On me dit de me taire, on me dit de m'asseoir..... mais je veux parler...

Hubert. Nous sommes républicains, nous mourrons républicains !

(Les gendarmes font asseoir Hubert, qui répète avec plus de force encore ce qu'il vient dire).

M. le président. Si vous troublez l'audience, Hubert, je vous ferai sortir : vous serez reconduit en prison, et, comme la loi nous en donne le droit, nous vous ferons signifier l'arrêt en prison.

Hubert, se penchant sur la barre et étendant la main vers le banc des jurés : Nous ne sommes pas des assassins, et vous avez condamné des innocents. Les républicains n'assassinent jamais, jamais ils ne connaissent l'assassinat.

M. le président. Hubert, gardez le silence, encore une fois taisez-vous !

Hubert, continuant malgré les efforts des gardes placés près de lui : L'assassinat n'est pas le fait d'un républicain : c'est bon pour les partisans de la monarchie...

M. le président. Pour la dernière fois, taisez-vous, et ne troublez plus l'audience, ou je saurais user du pouvoir que la loi me donne. Indépendamment des peines nouvelles que vous pourriez attirer sur votre tête, je vous ferai sortir de l'audience, et l'arrêt vous serait lu dans votre prison. Conservez le respect que vous devez à la justice.

Huillerye: Je suis calme, moi, je suis calme.

M. le président. Aussi, ce n'est pas à vous que je m'adresse, Huillerye.

Huillerye : Je suis venu calme, moi, me livrer à la justice; j'avais confiance en elle; je suis venu de moi-même à elle, parce que je me croyais innocent; j'ai eu confiance dans la bonne foi du jury, je me suis mis entre ses mains. J'ai été dans l'erreur.

M. le président. Vous ne pouvez vous expliquer que sur l'application de la peine. Quant à la question de culpabilité, elle est résolue par la déclaration du jury.

Hubert, se levant et d'une voix haute : Nous saurons souffrir pour notre belle cause : on ne souffre jamais assez pour une cause aussi belle.

Huillerye. Le jury, m'a cru coupable; je suis innocent; je l'ai prouvé en venant moi-même, sans crainte, me livrer à la justice.

Hubert, forçant sa voix, et étendant la main vers l'auditoire : Nous sommes coupables à vos yeux, mais le public nous absoudra.

M. le président. Gardez le silence, vous n'avez pas la parole.

Huillerye. Il doit au moins appartenir à des condamnés de dire ce qu'ils ont dans le cœur.

M. le président. Vous ne pouvez parler que sur l'application de la peine.

Huillerye, d'une voix tonnante. Eh bien ! voilà mon dernier mot : je ne veux pas de votre indulgence; non, je n'en veux pas ! Je ne veux pas de diminution de peine... je veux la mort ! la mort ! entendez-vous ? Donnez-moi la mort ! Voyons si vous l'oserez.

Hubert. Oui, la mort ! la mort ! Nous la voulons...

M. le président. Gardes, faites sortir Hubert et Huillerye.

Huillerye, les dents serrées. Je suis calme, vous

voyez, je suis très calme; je ne m'emporte pas.

Hubert. Allons, osez donc faire dresser l'échafaud de Pepin et de Morey !

Huillerye. Je n'ajoute plus rien, moi; je suis prêt à mourir. Versez le sang innocent !

Hubert. Il retombera sur vos têtes.

Les efforts des défenseurs pour calmer les accusés sont inutiles. Hubert et Huillerye sont dans un état d'exaltation difficile à décrire.

M. de Monsarrat, substitut du procureur-général, se lève, et prend les conclusions suivantes :

« Nous, substitut du procureur-général près la Cour royale; attendu que les accusés Hubert et Huillerye, par leurs clameurs et leurs vociférations séditieuses, mettent obstacle au libre cours de la justice ;

« Requérons qu'il plaise à la Cour, en exécution de l'article 10 de la loi du 9 septembre 1835, les faire retirer de l'audience et reconduire en prison, où copie leur sera donnée de notre réquisitoire, et des arrêts à intervenir.

M. le président. Il sera consigné au procès-verbal que Hubert et Huillerye ont troublé l'audience. Ils vont être immédiatement reconduits à la Conciergerie; leur arrêt y sera lu.

Huillerye. Allons ! je ne dirai plus rien ; je vous prie de me laisser, je ne dirai plus rien.

Hubert. J'en appelle au peuple. Le peuple jugera entre vous et nous. Ce ne sera pas long !

M. le président. Au premier mot d'interruption, je vous fais sortir.

Hubert. Vive la république ! vive la république !

Huillerye. Vive la république !

M. le président. Gardes, faites sortir les accusés Huillerye et Hubert.

Hubert. Au revoir, mes amis, au revoir, nous nous reverrons ; au revoir tout le monde.

M. le président. Husson, avez-vous quelque chose à dire pour votre défense ?

Husson, en pleurant. Je suis innocent, je n'ai rien

de plus à dire. (Une agitation très vive règne dans tout l'auditoire.)

M⁰ Rittier. Je désire que la Cour, avant de prononcer la condamnation qui doit atteindre les accusés, veuille bien au moins laisser passer quelques instants, afin que les impressions de la scène que nous venons de voir à l'instant, ne réagissent pas sur la condamnation...

M. le président. La Cour vient tout-à-l'heure de donner un exemple éclatant de sa modération, elle aurait pu faire constater les délits commis à l'audience, par les accusés, et prononcer contre eux une peine.

M⁰ Rittier. Je ne faisais qu'un appel à la modération de la Cour.

M. le président. La Cour n'a pas besoin de leçons de modération ; elle vient de le montrer à l'instant même.

M⁰ Rittier. Je la supplie donc de ne pas se laisser impressionner par la scène qui vient de se passer sous ses yeux. Je dirai, pour Hubert, qu'il était bien jeune quand il est venu à Paris, qu'il y est resté sans appui, sans soutien, sans autre ressource que son travail et son intelligence. Malgré les paroles qu'on vient de faire entendre, la Cour ne pensera pas que nous soyons dans un moment où la sévérité soit désirable. Des raisons que je n'ai pas besoin de développer, doivent, au contraire, porter la Cour à une grande indulgence.

La Cour se retire pour délibérer ; les défenseurs se groupent autour des cinq condamnés, et leur adressent des consolations et de vives exhortations au calme.

Après un quart-d'heure de délibération, la Cour rentre en séance, elle prononce un arrêt par lequel elle ordonne que, vu le trouble apporté à l'audience par deux accusés, l'arrêt qu'elle a rendu leur sera signifié.

L'arrêt condamne :

Charles Chaveau à 10 ans de détention.

Huillerye à 5 ans de prison.

Hubert à 5 ans de prison. (La peine de l'année d'emprisonnement prononcée antérieurement contre Hubert pour insulte envers un magistrat, se confondra dans ces 5 années.)

Gabriel Chaveau à 5 ans de prison.

Husson à 3 ans de prison.

Ordonne qu'à l'expiration de leur peine, les cinq accusés resteront pendant dix ans sous la surveillance de la haute police.

Il ordonne en outre, que la signification faite aux accusés Huillery et Hubert, les avertira qu'il n'ont que trois jours pour se pourvoir en cassation.

M. le président. Faites retirer les condamnés.

Mᵉ Moulin. Je demande la parole.

M. le président. L'audience est levée.

Mᵉ Moulin. Je demande qu'il me soit donné acte de ce que M. le président n'a pas demandé à Hubert s'il n'avait rien à dire sur l'application de la peine.

M. le président. Cela ne sera pas consigné au procès-verbal. J'ai interpellé les accusés, et Hubert ayant troublé l'ordre, a, conformément à la loi, été expulsé de l'audience.

La Cour se retire.

G. Chaveau, en se retirant. Je saurai supporter ma peine avec courage, mais sachez, MM. les jurés, que vous avez assassiné une mère de famille en nous condamnant.

Husson. La république nous vengera ! (Les accusés sont emmenés.)

L'audience est levée à cinq heures et un quart. Après la levée de l'audience, on entend tous les accusés qui, réunis en bas à la petite porte de la Conciergerie, ont en chœur entonné la *Marseillaise*.

FIN.